비판적 교수학의
가능성의 언어에 대한 비판적 분석

비판적 페다고지는 세상을 변화시킬수 있는가?

비판적
페다고지는
세상을
변화시킬수
있는가?

초판 1쇄 인쇄 2014년 10월 2일
초판 1쇄 발행 2014년 10월 11일

지은이 Cho Seewha
옮긴이 심성보·조시화

펴낸이 김승희
펴낸곳 도서출판 살림터

기획 정광일
편집 조현주
북디자인 꼬리별

인쇄·제본 (주)현문
종이 월드페이퍼(주)

주소 서울시 마포구 서교동 395-27
전화 02-3141-6553
팩스 02-3141-6555

출판등록 2008년 3월 18일 제313-1990-12호
이메일 gwang80@hanmail.net
블로그 http://blog.naver.com/dkffk1020

ISBN 978-89-94445-72-4 03370

*가격은 뒤표지에 있습니다.
*잘못된 책은 바꾸어 드립니다.

비판적 교수학의
가능성의 언어에 대한 비판적 분석

비판적 페다고지는 세상을 변화시킬수 있는가?

Cho Seewha 지음
심성보·조시화 옮김

살림터

대부분의 국가들—그리고 국가를 건설하고자 하는 나라들—은 학교교육에 대해 비판적 질문을 제기하는 사람들의 역사를 갖고 있습니다. 학교교육은 단지 지배집단의 이데올로기적 목적과 문화적 형태와 내용을 재생산하는 것인가? 학교교육이 기존 사회에 대해 중대한 문제를 제기할 수는 없을까? 더 나아가서 학교교육은 사회를 재구성하는 데 적극적으로 참여할 수 있도록 재구성될 수 있는가?

미국에서 이런 질문을 제기했던 가장 뛰어난 인물 중의 한 사람은 조지 카운츠George S. Counts입니다. 그는 교육학자들에게 사회 변혁이라는 의제를 던졌던 핵심 인물 중 한 사람입니다. 그의 조그만 책, 『학교가 감히 새로운 사회질서를 수립할 수 있는가?Dare the School Build a New Social Order?』[1932]는 교육자들이 자본주의적 전제와 절차에 도전하지 않으면 안 된다는 뚜렷한 목표와 신념을 가진 주장의 한 고전적 예입니다. 미국 밖으로는 파울로 프레이리Paulo Freire가 이런 질문을 던진 인물 중 가장 중요한 한 사람임이 분명합니다. 그는 실제로 사회 변혁을 위한 사회적·문화적·교육적 활동을 위해 구체적 방안을 제공했습니다. 또한 소수자 공동체 운동을 한 사람으로는 듀보이스W. E. B. Du Bois, 우드슨Carter G. Woodson, 제임스C. L. R. James가 이런 활동 과정에 대한 효과적 분석들과 자료를 제공하였습니다. 이 외에도 많은 이름들이 거론될 수 있습니다.

이러한 질문들에 참여했고, 그것들에 비판적으로 대답했으며, 그리고 더 나아가 비판적 교육을 하는 실질적 방법을 제시했던 오랜 역사가 있다는 사실은 "비판적"이라고 부를 만한 자료가 광범위하다는 것을 상기해야만 합니다. 『비판적 교육의 루틀리지 핸드북』에서 아우Wayne Au, 건진Luis Armando Gandin, 그리고 나 자신M. Apple은 새로이 등장하는 비판적 교수학의 이론, 정치, 그리고 실천의 다양성에 주목하고 있습니다.Apple, Au & Gandin, 2009 이런 다양성의 경향은 마르크스주의와 신마르크스주의 접근, 그리고 탈구조주의와 탈근대주의 분석, 페미니즘, 원주민들의 투쟁과 그들의 인식론, 장애인 운동, 동성애 이론에 터한 많은 논의들을 포괄하고 있습니다. 더 나열하면 끝이 없을 것입니다. 이들은 모두 사회의 지배적인 경제적·사회적·문화적 관계와 그 관계를 재생산하는 교육에 대한 심각한 불만에 그 근거를 두고 있습니다. 이 중에 많은 논의들은 단지 '부정성/문제점을 입증하는' 단계를 넘어 부정적 교육에 대한 대안을 만들어내는 과정으로까지 나아가고 있습니다.Apple, 2010; 2012b

비판적 교육 집단들—하나가 아닌 여러 집단—에 속한 많은 사람들은 "비판적 교수학critical pedagogy"의 전통을 세우는 일에 참여하고 있다고 스스로 생각합니다. 비판적 교수학의 근원은 다양하고, 그를 지칭하는 명칭 또한 다양합니다. 그러나 비판적 교수학의 근원을 제대로 이해하는 것은 매우 중요합니다. 그 이유는 모든 분야가 그러하듯이, 왜 이러한 급진적 질문을 하게 되었는지, 그런 질문들의 이론적·정치적 근거가 무엇인지에 대한 집단적 기억들이 상실될 위험이 있기 때문입니다

이 책의 저자인 조시화 교수는 비판적 교수학 문헌과 그것과 관련된 논의에 나타난 강점과 약점을 비판적으로 분석하고 있습니다. 조시화 교수의 『비판적 페다고지는 세상을 변화시킬 수 있는가?*Critical Pedagogy and Social Change*』가 다른 비판적 교수학과 확연히 다른 점은 이 책이 "비판적 교수학critical pedagogy"과 "비판적 교육 이론critical education theory"의 전통에 대해 강력한 문제 제기를 한다는 점입니다. 조시화 교수는 비판적 교수학이 그들이 주장하는 만큼 강력하지 않은 것 아니냐를 묻고 있습니다. 본질적으로 그녀는 "비판적 교수학"과 "비판적 교육 이론"의 전통이 미국과 같은 사회를 지배하고 있는 경제적·정치적·이데올로기적 관계에 대항할 만큼 진정으로 급진적인지를 묻고 있습니다. 이런 질문에 대한 그녀의 대답은 비판적 교육을 하고 있는 일부 사람들을 당황스럽게 할 수도 있습니다. 궁극적으로 그녀가 이 책에서 역설하는 바는, 비판적 교수학의 이름으로 진행되는 많은 것들이 너무 수사적으로 변질되었고, 사회의 착취와 지배의 구조, 그리고 그것을 뒷받침하고 있는 복잡한 관계의 본질을 이해하는 것에 비판적 교수학이 소홀했다는 점입니다.

그동안 조 교수 자신이 교육 및 사회의 비판적 프로젝트에 지적으로나 정치적으로 깊이 참여해왔기에 그녀의 비판은 '우정적' 비판이라고 할 수 있습니다. 그리고 이 책의 독자들 일부는 조 교수의 논변

에 동의하지 않을 수 있지만, 그녀가 제기하고 있는 근본적 이슈와 비판들을 진지하게 받아들이는 것이 우리 모두에게 도움이 되리라 봅니다. 조 교수는 이 책에서 비판적 교수학의 전통으로부터 영향을 받은 많은 사람들이 분명하게 대답해야 할 중요한 질문들을 제기하고 있기 때문입니다.

분석철학의 한 자명한 진리는 "언어"가 많은 일들을 할 수 있고 또한 한다는 점이며, 그리고 이 점은 매우 중요하다는 것입니다. 언어는 묘사를 하는 데 쓰일 수도 있고, 설명, 통제, 비판, 정당화, 연대, 사회동원을 하는 데도 이용될 수 있습니다.Austin, 1962; Wittgenstein, 1963을 보라 "수사적 언어rhetorical language"는 정당화, 연대, 사회동원과 결합되어 있습니다. 그러나 수사적 언어는 다른 과업을 수행하는 데 있어 빈약한 수단에 지나지 않을 수 있습니다. 이것이 바로 조 교수의 『비판적 페다고지는 세상을 변화시킬 수 있는가?』에서 제기하고자 하는 중요한 핵심입니다. 비판적 교수학의 전통 일부는 현실세계의 복잡하고 다원적인 구조와 권력 관계를 분석하고, 그런 구조를 바꿀 대안적 전술을 모색하지는 않은 채, 그저 비판적 슬로건들에 머물러 있는 모습을 보입니다.

이런 결점 때문에 많은 부정적 결과들이 초래되고 있다는 것은 안타까운 일입니다. 이 결점은 비판적 분석의 설명적 잠재력을 약화시키고 있습니다. 이러한 결과는 비판적 분석이 가장 중요한 이때에 도리어 비판적 분석을 소외/무력화하려는 사람들을 돕게 됩니다. 그리고 이러한 수사학적 입지/태도는 전략적 감수성을 결여하도록 하고 있습니다. 그리고 이 전략적 감수성은 비판적 과제의 실질적 가능성에 대한 섬세한 이해로서 그람시Gramsci가 말한 '진지전war of position'에서 결정적으로 중요한 것입니다.Gramsci, 1971을 보라

물론, 이런 문제 제기가 비판적 교수학 전부에 해당되지는 않습니다. 가장 중요한 비판적 교수학의 여러 문헌들은 훨씬 덜 수사적입니다. 이런 문헌들은 지역사회와 사회운동에 대한 구체적인 이해와 참여에 근거하고 있으며, 문화 활동가들과 그리고 모든 단계의 교육 체제에서 비판적 교육을 실천하고 있는 교육자들과 함께하는 데에 근거하고 있습니다.Watson, 2010; Apple, Au, & Gandin, 2009를 보라 분명 이런 종류의 활동은 조 교수도 지지하고 있을 겁니다. 동시에 지난 몇십 년 동안 국가에 대해, 문화와 정치 및 경제 사이의 복합적 관계에 대해, 그리고 교육제도와 여러 교육 분야의 가능한 과제들에 대해 상당히 견고하고 치밀한 이론적·정치적 분석이 있어왔습니다. 이런 분석들의 대부분은 분명 조 교수도 인정하리라고 믿습니다.Lipman, 2011; Wright, 2010; Apple, 2006; Apple, 2012a를 보라

조 교수의 『비판적 페다고지는 세상을 변화시킬 수 있는가?』는 이런 지난날의 분석/연구들을 주목하고 있는 동시에 우리로 하여금 교육의 내·외부 모두의 비판적 과제의 토대가 될 사회적 비전과 비판적 동기와 재결합해야 함을 상기시켜줍니다. 이 책은 상대적으로 비록 분량은 작지만, 이 책이 갖는 시사점은 큽니다. 여러분이 이 책을 읽으면, 왜 그런지 알게 될 것입니다.

마이클 애플
위스콘신 대학교 교육과정과 수업 및 교육정책학과 석좌교수

Apple, M. W.(2006), *Educating the 'right' way: Market, standards, god, and inequality*, 2nd edition, New York: Routledge.

Apple, M. W.(ed.) (2010), *Global crisis, social justice, and education*, New York: Routledge.

Apple, M. W.(2012), *Education and power, Routledge Classic Edition*, New York: Routledge.

Apple, M. W.(2012), *Can Education Change Society?*, New York: Routledge.

Apple, M. W. Au., & Gandin, L. A.(eds.)(2009), *The Routledge international handbook of critical education*, New York: Routledge.

Austin, J. L.(1962), *How to do things with words*, Cambridge, Ma: Harvard University Press.

Counts, G. S.(1932), *Dare the school build a new school?*, New York: John Day.

Gramsci, A.(1971), *Selections from the Prison Notebooks*, New York: International Publishers.

Lipman, P.(2001), *The new political economy of urban education*, New York: Routledge.

Watson, V.(2012), *Learning to liberate*, New York: Routledge.

Wittgestein, L.(1963), *Philosophical investigation*, Oxford: Blackwell.

Wright, E. O.(2010), *Envisioning real utopias*, New York: Routledge.

감사의 말

　나에게 위대한 멘토가 두 사람이나 있었다는 사실은 큰 행운이라고
생각합니다. 이 두 멘토가 없었다면, 아마 이 책이 세상에 나오지 못했
을 겁니다. 첫 번째로 위스콘신 대학의 미숙한 대학원 시절에 나를 학
문적으로 지도하였던 마이클 애플 교수님에게 감사를 드리고 싶습니
다. 위대한 정신과 따뜻한 마음을 가진 지도 교수를 모시고 있다는 것
은 크나큰 기쁨이었습니다. 당시 내가 수강한 과목들에서 배운 것들을
다 기억하지 못하지만, 그 유명한 "금요일 세미나"에서 얼마나 많은 것
을 즐겁게 배웠는지는 아직까지도 (그리고 영원히) 기억이 납니다. 마이
클 애플 교수님이 나에게 좋은 멘토였듯, 이제 나 또한 내 제자들에게
좋은 멘토가 되려고 합니다. 그래서 더욱 그의 가르침과 지도에 대한
나의 감사는 깊어가는 듯합니다. 두 번째 말하고 싶은 사람은 툴리오
마란하오입니다. 그는 나의 동료이고 친구이며, 특히 인생의 멘토이기
도 했습니다. 그가 이 세상을 떠날 때까지 우리는 식사와 와인을 즐기
며, 수많은 대화를 함께 나누었습니다. 서로 함께 지낸 시간은 짧게 끝
났지만, 나를 이렇게 지적으로나 학문적으로 성장하도록 도와준 나의

사랑하는 친구였던 그이에게 감사를 표하고 싶습니다. 그대가 지금 살아 있다면 아마 이 책이 출간되는 것을 보고 자랑스러워했을 겁니다.

이 책을 쓰도록 격려해준 나의 사랑하는 친구, 즈스 리오날도에게도 특별한 감사를 보내고 싶습니다. 오랜 동안 그는 나의 지적 동반자였습니다. 그와 함께 점심을 하며 나눴던 많은 대화들과 때로는 열띤 논쟁들이 아름답게 기억됩니다. 그런 영민한 정신을 지닌 친구를 가지고 있다는 것은 커다란 행운입니다. 또한 비판적 교수학과 교육 리더십 프로그램에서 내가 가르쳤던 박사과정 제자들에게도 감사하지 않을 수 없습니다. 그들로부터도 나는 많은 것을 배웠습니다. 수년간에 걸쳐 수많은 것을 가르쳐준 다른 친구와 사람들도 있습니다. 그들 가운데 존 세임, 이연주, 케리 프랭크, 잰 프랭크, 캔대스 초우, 스테펀 필리온, 팻 버넬, 최신아, 안영옥, 강희경을 언급하고 싶습니다.

이 책을 쓰도록 안식년과 연구기금을 제공한 토마스 대학에도 감사를 드리고 싶습니다. 여러 번에 걸쳐 원고가 지연되었음에도 참고 기다려준, 그리고 통찰력 있는 제안을 해주었던 루틀리지 출판사의 편집자 캐서린 버나드에게도 큰 감사를 드리고 싶습니다. 그리고 끝으로 가장 중요한 사람인 나의 딸 서림에 대한 고마운 마음은 이루 말로 표현할 수가 없습니다. 내 딸 서림이는 이 책의 이곳저곳을 꼼꼼히 살피면서 나의 흐트러진 문장을 모두 다듬어주었습니다. 무엇보다 딸의 지원이 없었다면, 아마 이 책은 세상의 빛을 보지 못했을지도 모릅니다. 딸이 나에게 얼마나 소중한지를 그가 알고 있다고 생각하니 정말 다행입니다.

조시화 씀

    내가 영어로 책을 쓰리라고는 어릴 적에는 아마 상상도 못했을 테고, 더구나 그 책이 거꾸로 나의 모국어인 한국어로 번역된다니, 생각하면 참 묘하다. 처음에는 설레고 뿌듯하고 그랬는데, 이제 이 서문을 쓰려고 앉아 있자니, 뭔가 뒤집어진 것 같기도 하고, 비 내리는 날씨 탓인지 왠지 약간 서글픈 것 같기도 하고, 그렇다.

    우선, 이 책을 번역하고 싶다고 어느 날 호주에서 연락해주신 심성보 교수님께 진심으로 감사를 드린다. 심 교수님의 번역 제안과 초안이 없었다면, 아마 이 책이 번역 출간되지 않았을지도 모른다. 정말로 이 책은 심성보 교수님의 번역과 나의 번역이 함께해서 이루어진 공동의 작품이다. 그리고 이 책을 출간해주시는 살림터 출판사 정광일 대표님에게도 깊은 감사의 마음을 전하고 싶다.

    여태껏 나는 번역이라는 데에 별 관심이 없었다. 한데, 이리저리해서 원래 계획에 없던 공동 번역을 하게 되었고, 그래서 나의 책이 나의 첫 번째 번역작이 되었다. 번역이 쉽지 않은 일이란 건 익히 알고 있었지만, 직접 해보니 생각보다 훨씬 더 어려웠다. 원저자인 내 자신에게 여러 번 짜증이 날 정도로 말이다. 더구나 번역하다 보니 이 책의 부족한 점들이 더 뚜렷하게 보이기 시작했다. 한 책을 제대로 이해하려면 그 책을 번역해보아야 한다는 친구의 말이 실감나게 다가왔다. 마음에 안 드는, 그래서 다시 쓰고 싶은 부분들도 있었지만, 최대한 원본에 충실하게 번역하였다. 단 드물지만 꼭 필요한 몇 곳에는 이해를 돕기 위해 약간의 보충, 의역을 덧붙였다.

이 책은 비판적 교육과 사회 변화에 대한 것이다. 비판적 교육학은 내가 학생으로서 공부한 전공 분야이고, 또 교수로서 이십 년간 가르쳐온 나의 학문, 연구 분야이다. 내가 비판적 교육에 관심을 가지게 된 것은 박사과정을 위해 미국으로 건너가기 전, 한국에서의 학부 시절부터였다. 때도 없이 날아다니는 최루탄과 돌과 화염병 속에서 비판적이 아닌, 그냥 교육, 그냥 교육학을 공부한다는 것은 공허함을 넘어 비겁함이라고 느껴졌었다. 사회 변화에 대한 관심은 훨씬 더 일찍부터, 아마 중학교 때부터 가졌던 것 같다. 학교에서 그리고 사회에서 보이는 많은 허위와 거짓말들이 어린 나이에도 참 한심스럽고 답답하게 느껴졌었다. 그래서 이 책을 쓰는 데 얼마나 걸렸느냐는 질문에 가끔 망설이게 된다. 구상부터 출판까지 3년여 걸렸다고 하면, 그 이전의 많은 공부들과 고민들이 아쉬울 것 같고, 그렇다고 거의 평생 걸렸다 하기에는 그만한 역작은 분명 아니기 때문이다.

읽다 보면 나오지만, 독자들이 이 책을 읽는 데 도움이 될 몇 가지만 간략하게나마 미리 밝혀두는 게 좋을 듯하다.

첫째는, 비판적 교수학critical pedagogy과 비판적 교육학critical education의 구분이다. 아주 간단히 말해, 비판적 교육학은 교육과 권력power과의 관계를 연구하는 것으로, 매우 광범위한 개념이다. 그리고 비판적 교육학이라는 큰 우산 아래 비판적 교수학이 한 부분으로 있는, 즉 비판적 교수학은 비교적 최근에 나타난, 비판적 교육학의 한 하위 영역이다. 이 책은 비판적 교수학에 대한 비판적 성찰이지, 비판적 교수학의 거부/반대가 아니며, 더구나 비판적 교육 전체에 대한 비판/반대가 아니라는 것을 미리 분명히 하고 싶다.

둘째는, 전반적으로 이 책은 이론적이지만 특히 3장은 매우 이론적이고 독자가 비판적 이론에 어느 정도 익숙하지 않으면 좀 난해한 부분들도 꽤 있다. 그 많은 그리고 복잡한 이론들을 충분히 설명하자면 끝이 없을 것 같아서, 그리고 이 책의 목적이 비판적 이론들의 소개가 아닌지라 간단히 설명하고 넘어간 부분들이 있다. 이해하기 어려운 부분들이 있더라도 그냥 읽어나가거나, 이론들이 너무 골치 아프면 이 장을 빼먹고 읽어도 책 전체를 이해하는 데 큰 문제가 없다는 점을 말해두고 싶다.

셋째는, 이 책에 국한된 문제는 아니지만, 그래도 다시 한 번 지적하고 싶은 점은 이 책은 미국의 맥락에 근거하여 쓰였다는 것이다. 다들 알다시피, 한국의 교육은 미국과 결코 같지 않으며, 한국의 사회 또한 미국 사회와 다른 점들이 많고, 더구나 교육과 사회의 관계에도 공통되는 부분들도 분명 있지만 여전히 근본적인 차이점들이 있다는 것에 유념하면서 이 책을 읽어야 한다. 이 책을 나름 비판적으로 쓴 것은 나의 몫이었고, 이제 그것을 비판적으로, 한국의 맥락에 맞게 읽는 것은 독자의 몫인 셈이다.

끝으로, 서울대학교 교육학과 교수님들과 학우들, 한국교육개발원에서 같이 일했던 많은 동료들, 그리고 위스콘신 대학에서 열정적으로, 그야말로 젊음을 불태우며 같이 공부하고 고민했던 학우들에게 그 많은 추억들을 그리며 고마움을 전한다. 마지막으로, 영어 원저에는 큰 도움을 주었으나 한글 번역에는 도와줄 필요가 없어서 피차간에 다행이었지만, 그래도 가끔 나의 푸념을 들어주고 응원해주었던 나의 딸 홍서림에게 고마운 마음을 전하고 싶다.

미니애폴리스에서
조시화

차례

* 1~7장의 본문이 끝나는 부분에 담겨 있는 주의 설명은 역자(심성보)가 붙인 주해이다.

제1장
이 책은 어떤 책인가?

이 책이 제기하는 질문과 목표

"비판적 교수학Critical Pedagogy"은 "비판적 교육Critical Education" 진영 내에서 "가능성의 언어"를 발견한다는 취지를 가지고 1980년대에 출현한, 상대적으로 새로운 영역에 속한다.Giroux, 1997 비판적 교수학의 궁극적 목적은 학교와 교육을 "변화의 행위 주체"로 세우는 일이다. 비판적 교수학은 학교에서 더욱 평등적 권력 관계를 세우고, 학습자의 목소리를 강화하고, 비판의식의 고양을 도모하고, 그렇게 함으로써 궁극적으로는 교육을 통한 사회의 변화를 추구한다. 이것은 숭고한 목표라고 할 수 있다. 좀 더 진지하게 생각해보면, "사회 변화를 위한 학교"라는 이념 혹은 이상은 매우 야심찬 추구라고 할 수 있다. 특히 최근 교육계를 휩쓸고 있는 신자유주의 흐름을 생각하면 "사회 변화를 위한 학교"라는 이상은 비현실적인 망상처럼 보인다. 요즘의 교육계를 지배하는 이야기는 효율성, 책무성, 경쟁, 그리고 표준화 검사 같은 것들이다. 오늘날 사회 변화의 행위 주체로서의 교육이라는 이념은 큰 관심을 끄는 주제가 아니다. 그렇다면, 과연 이런 내·외부의 어려운 상황 속에서 비판적 교수학은 진정 사회 변화라는 사명을 다할 수 있겠는가?

이 질문은 최근 비판적 교수학에 대한 중대한 비판이 있어왔기에 더욱 시의성을 갖는다. 예를 들어, 한때 비판적 교수학의 주요한 지지자였던 맥러런Peter McLaren은 비판적 교수학이 사회 변화를 촉진시킬 가능성이 더 이상 없다고 단언한 바 있다. 그는 "비판적 교수학은 더 이상 후기 자본주의 사회에서의 노동의 사회적 분할과 학교교육의 재생산 기능 효과에 강력하게 도전할 수 있는 적절한 사회적 혹은 교육적 플랫폼으로 기여할 수 없다."는 주장을 개진한 바 있다.McLaren, 1998: 448 비판적 교수학이 바로 이 "가능성의 언어language of possibility" 추구를 위해 탄생한 만큼, 맥러런의 이런 비판은 중대한 타격을 가하는 발언이 아닐 수 없다. 그렇다면 비판적 교수학의 정체성 자체에 도전하는 이런 심각한 비판이 왜 생긴 것일까?

이 책은 교수학의 "가능성의 언어"를 비판적으로 분석하면서, 비판적 교수학이 "가능성의 언어"라는 주장을 문제 삼는다. "가능성의 언어" 그리고 "변화 주체로서의 학교school as a change agent"라는 주제를 세심하게 검토하는 데는 여러 가지 이유가 있다. 우선, 비판적 교수학이 출현한 지가 거의 30년이 되었다는 사실이다. 이제는 비판적 교수학이 얼마나 "가능성"이라는 과제를 잘 처리해왔는지를 물어볼 적절한 때가 된 듯하다. 지금까지 비판적 교수학은 어떤 가능성들을 제시하였는가? 비판적 교수학이 제시해왔던 대안들은 얼마나 현실적이고 효과적이었는가? 그 대안들은 사회 현실에 얼마나 영향을 미칠 수 있는가? 이 책이 하고자 하는 과제는 비판적 교수학의 현실과 상태를 검토하는 일이라고 할 수 있다.

또한 비판적 교수학 분야는 간間학문적/다多학문적 성격 때문에 광범위한 영역의 이론적 관점들을 포함하고 있다. 따라서 "가능성의 언어" 자체에 대해 다양한—때로는 갈등적인—해석과 관점들이 있다. 우리 모두가 가능성/희망/변혁의 교육을 추구한다고 말한다고 해도, 실제로는 각자 다른 생각/이념을 뜻하고 있을 수도 있다. 그래서 우리가 가능성/희망/변혁의 교육을 말할 때 무엇을 의미하는 건지, 그리고 사회 변화를 위해서라고 말할 때 어떤 종류의 사회를 상상하는지는 그렇게 분명하지 않다. 이후의 장에서 볼 것이지만, 비판적 교수학 내에는 여러 가지 많은 대안들이 제시되고 있다. 이렇게 다수의 서로 다른 관점들이 있다는 것은 혼란을 초래할 수 있다는 점에서 문제이다. 따라서 "가능성"에 대한 이런 다양한 이념과 관점들을 종합/정리하는 것이 긴요하다. 그래서 이 책은 비판적 교수학 내의 여러 가지 관점들을 분석/종합함으로써 학교를 사회 변화의 행위자로 서도록 하는 여러 가지 방안들을 확인하고, 비판적으로 검토하는 작업을 시도할 것이다.

비판적 교수학은 가능성의 언어를 제시하고 있다는 일반적 주장과는 반대로, 이 책에서 내가 주장하는 바는, 비판적 교수학이 "가능성"을 충분하게/분명하게 설명/제시하지 않고 있다는 점이다. 가능성은 종종 평등, 사회정의, 민주주의, 돌봄/배려, 유토피아와 같이 개괄적이고 추상적 원리/용어로 제시되고 있다. 두말할 필요도 없이, 이런 이념과 원리는 비판적 교수학에서 매우 중요하며, 이런 원리들을 심도 있고 비판적으로 이해하는 것은 분명 중요한 일이다. 그런데 문제는 이 추상적 원리들이 비판적 교수학 내에서 실질적인 대안적 교육 alternative education의 형태로 구현하는 작업을 거의 발견할 수가 없다는 점이다. 따라서 내가 이 책에서 주장하는 바는, 비판적 교육의 추상적 이념으로부터 실제적/현실적인 대안 프로젝트를 추출해야 할 필요가 있으며, 그러기에 그 대안 프로젝트들을 비판적으로 검토할 필요가 있다는 것이다. "가능성의 언어"가 어떻게 개념화되고 있는가? 비판적 교수학의 근저에는 어떤 정치관이 있는가? 비판적 교수학은 주류/지배 교육에 대해 어떤 대안적 비전을 제시하고 있는가? 그런 대안들은 진정 비판적 교수학이 추구하는 사회 변화를 가져올 수 있는가? 사회 변화의 비전이란 진정 무엇을 의미하는가? 우리는 어떤 종류의 사회 변화를 말하고 있는가? 이것들은 이 책이 다루고자 하는 핵심적 질문들이다.

이 책은 두 가지 목표를 가지고 있다. 첫 번째 목표는 비판적 교수학의 "가능성의 언어"를 비판적으로 검토하는 일이다. 이 목표를 위해 이 책은 첫째, 비판적 교수학의 역사적 그리고 이론적 맥락을 분석할 것이다. 이런 맥락에 대한 분석은, 왜 비판적 교수학이 가능성 언어를 어떤 특정 방향에서만 찾고 있는지를 이해하는 데 꼭 필요하다. 그런 분석을 바탕으로, 이 책은 비판적 교수학의 여러 가지 이념과 접근들을 종합 정리할 것이다. 그리하여 비판적 교수학에는 네 가지 주요한 대안적 프로젝트(경험의 프로젝트, 다자성과 포함/포용의 프로젝트, 반위계적 민주주의 프로젝트, 개인적 자각의 프로젝트)가 있다고 주장한다. 결국 이 책은 이 네 가지 대안적 프로젝트들을 비판적으로 검토할 것이다.

각 프로젝트에 대해, 그 이론적 틀, 정치적 지향성, 기본적 가정들을 탐구하고, 그 프로젝트에 대한 논쟁과 비판들, 그리고 그 한계를 분석할 것이다.

이런 분석과 종합에 근거해서 이 책이 주장하는 바는, 비판적 교수학이 사회에 영향을 미치고 변화를 가져온다고 주창하지만, 오히려 비판적 교수학의 주류 담론 속에 내재되어 있는 한계들이 사회 변화의 가능성을 차단하고 있다는 것이다. 이런 이유를 근거로, 이 책은 현 상태로서의 비판적 교수학은 사회를 "변화"시키기보다는 잘해야 현 사회를 "개선"하는 정도일 뿐이라고 주장한다. 이 책은 현재 "가능성의 언어"라는 것이 협소하고 한쪽으로 치우쳐 이해되고 있다고 보며, 그렇기 때문에 이 책의 두 번째 부분은 비판적 교수학의 주류에서 상실되었거나 주변으로 밀려났던 "다른 대안들"을 탐색하고 제안한다. 이를 위해 이 책은 최근의 비판적 교수학 문헌, 특히 세계화와 관련된 문헌을 검토할 것이다.

비판적 교수학 분야에의 기여

비판적 교수학의 문헌들은 세 가지 범주, 즉 이론적 범주, 교수학적 범주, 정치적 범주로 분류될 수 있다. 첫 번째 범주는 '이론적' 연구이다. 이 연구들은 비판적 교수학의 기초를 구성하는 비판 이론들critical theories에 초점을 맞추고 있다. 많은 사람들은 프레이리를 비판적 교수학의 창시자로 보고 있지만, 비판적 교수학은 여러 다양한 이론들을 포괄하고 있다. 이런 다양한 이론들은 물론 서로 몇 가지 공통성을 갖고 있기는 하지만, 때로 서로 다른 유형의 비판적 교수학이나 주안점을 만들기도 한다. 비판적 교수학 중 많은 문헌들은 그것을 뒷받침하는 여러 가지 핵심적 이론들을 다루고 있다. 예를 들면 프랑크푸르트 비판 이론, 그람시, 알튀세르, 프레이리, 신新마르크스주의, 탈구조주의 이론, 탈근대주의 이론, 페미니즘 이론, 그리고 탈식민주의 이론이 그것이다.Ellsworth, 1988/1992; Lather, 1991; Luke & Gore, 1992; Zavarzadeh & Morton, 1994; McLaren, 1995; Morrow & Torres, 2002; Kincheloe, 2004; Gur-Ze'ev, 2007

비판적 교수학의 두 번째 범주는 '교수학적' 연구이다. 이 문헌들은 미시적 수준의 교수학에 초점을 맞추고 있다. 이 문헌들의 초점은 교실에서 비판적 교수학을 사용하는 방법에 맞추어 있다. 이 문헌의 주요 연구 영역은 더 민주적이고 비판적인 지식을 위하여, 그리고 더 민주적인 교육제도와 학교 문화를 이루기 위해, 무엇을 어떻게 가르치느냐에 관한 것이다.Shor, 1992; hooks, 1994; Rethinking Schools, 1994; McLaren, 1997; Elenes, 2003; Wrigley, 2006 이 범주에는 광범위한 연구들이 있다. 역사와 사회와 같이 비판적 교수학에 적절한 과목뿐 아니라, 적합하지 않아 보이는 수학과 과학과 같은 과목들에 대해서도 비판적 교수학 접근을 적용한 연구들이 있다.Gilbert, 2011 이 범주는 유치원에서부터 대학까지 모든 단계의 교육을 포괄하고 있으며, 여러 다양한 나라들에서 비판적 교수학을 실천/응용하는 연구들이 포함되어 있다.

세 번째 범주는 '정치적' 연구이다. 이 문헌들은 교육의 정책과 실제에 영향을 미치는 이슈와 문제에 대한 정치적 분석을 하고 있다. 이 연구들은 광범위한 이슈를 포괄하고 있다. 예를 들면, 글로벌 자본주의Allaman, 2001; Apple et al., 2005; Fischman et al., 2005; McLaren, 2005; Cote et al., 2007; Spring, 2007, 신자유주의Apple, 2001; Giroux, 2004; McLaren & Jaramillo, 2007, 인종차별주의Leonardo, 2002, 2005; Allen, 2004; Darder & Torres, 2004; Grande, 2004; Watkins, 2005; Bernal et al., 2006; Lieu & Antrop-Gonzalez, 2011; Orelus, 2011, 사회적 성과 성 정체성Ellaworth, 1988/1992; Luke & Gore, 1992; Weiler & Mitchell, 1992; Macdonald & Sancher-Casal, 2002; Fine, 2003; Hickman, 2011, 매스미디어, 대중문화 그리고 테크놀로지Duncan-Andrade & Morrell, 2007; Suoranta & Vaden', 2007; Calrroll-Miranda, 2011; Kress & DeGennaro, 2011, 고부담 시험Janesick, 2007, 도시학교Anyon, 2005; Duncan-Andrade & Morrell, 2008 등이 그것이다.

위의 세 범주는 비판적 교수학의 경계와 방향을 파악하기 위한 하나의 개념적 도구로 제시된 것이다. 실제 많은 연구는 단 하나의 범주에 속해 있지 않다. 교수학적 차원의 연구이든, 정치적 차원의 연구이든, 대부분의 비판적 교수학 저서들은 이론적 연구를 포함하고 있다.

그러나 비판적 교수학에는 위의 세 가지에 속하지 않는 또 하나의 연구 범주를 생각해볼 수 있다. 그것은 비판적 교수학, 그 자체의 목표와 범위에 대한 연구인데, 나는 그것을 "메타 분석meta-analysis"이라고 부르고자 한다. 비판적 교수학의 목표는 무엇이며, 혹은 무엇이어야 하는가? 비판적 교수학은 무엇을 하며, 무엇에 초점을 두고 무엇을 추구하여야 하는가? 1980년대 후반과 1990년대 전반에 비판적 교수학이 진정 권력으로부터 자유로운지, 주체에게 권한을 부여하는지, 그리고 어떻게 하면 그렇게 할 수 있는지라는 물음에 대한 진지한 논쟁이 있었다. 이 논쟁은 기본적으로 신마르크스주의자와 탈구조주의자 사이에 벌어진 일련의 논쟁이었는데, 탈구조주의자인 여성들이 남성들이 주를 이루고 있던Giroux, 1988a; McLaren, 1988 신마르크스주의 이론을 비판하는 양식으로 벌어졌었다.Ellsworth, 1988/1992; Lather, 1992; 1998; Luke & Gore, 1992 이 논쟁은 본질적으로 비판적 교수학에서 신마르크스주의와 탈구조주의 중 어느 것이 더 나은 이론적 틀인지, 즉 이론적 수준의 논쟁이었다.

그런데 최근 비판적 교수학의 목표와 범위에 대한 논의가 다시 일어나고 있다. 이번 논쟁이 일어난 계기는 과거와 다른데, 그것은 "세계화" 현상이다. 지난 10여 년 사이 세계화에 대한 인식이 높아졌고, 그 결과 비판적 교수학에도 그 영향이 미치기 시작했다. 요즘 비판적 교수학이 신자유주의적 세계화에 어떻게 대처해야 하고, 또 어떻게 대처할 수 있는지에 관한 연구가 늘고 있다.Allman, 2001; Apple, 2001; Giroux, 2004; Apple et al., 2007; Fischman et al., 2005; McLaren, 2005; Cote et al., 2007; Gur-Ze'ev, 2007; McLaren & Jaramillo, 2007; Spring, 2007 비판적 교수학에서 유토피아 교육학Peters & Freeman-Moir, 2006; Cote et al., 2007, 지역-기반place-based 교육학Gruenewald & Smith, 2007; Martin & Riele, 2011 같은 아이디어가 제시되었고, "신neo"과 "탈post" 식민주의적 이론에서 나온 새로운 이론적 틀Duncan-Andrade & Morrell, 2008; Morrell, 2008; Lissovoy, 2008; Leonardo & Porter, 2010이 소개되고 있다.

본 저서는 위에서 언급한 메타 분석 범주에 속한다. 이 책은 비판적 교수학이 무엇을 해야 하고, 무엇에 초점을 두어야 하는지, 그리고 무엇을 추구해야 하는지를 검토한다. 이것은 비판적 교수학의 철학적 배경과 그 대안들을 비판적으로 분석하는, 즉 "가능성의 언어"에 대한 이론적 분석, 메타 분석이다. 그러나 이 책은 여타 저서들과는 두 가지 점에서 다르다. 첫째는 연구에 대한 질문이고, 둘째는 그것의 연구 방법이다. 첫째, 이 책은 제기하고 있는 질문 자체가 희귀하고 독특하다. 비판적 교수학의 대안적 프로젝트는 무엇이며, 이러한 대안 프로젝트가 충분히 비판적인가? 좀 놀랍게도, 비판적 교수학의 프로젝트를 전체적으로 종합하고 비판·분석하는 연구는 내가 아는 한 보지 못했다. 비판적 교수학이 어떤 대안을 제시하고 있고, 어떤 종류의 정치성이 비판적 교수학을 뒷받침하고 있는지에 대한 연구는 거의 없는 편이다. 위에서 논평한 연구들의 대부분은 단 하나의 주제—예를 들어 세계화, 인종차별주의, 프랑크푸르트학파—에 초점을 맞추고 있다. 다소 과감할지는 모르나, 필자는 본 저서에서 비판적 교수학의 정체성이라고 할 수 있는 "가능성의 언어"라는 이념 그 자체에 대한 메타 분석을 시도한다. 이 책은 비판적 교수학의 광범위한 관점들을 변혁의 주체로서 교육과 가능성의 언어라는 이념에 초점을 맞추어 분석 검토한다. 비판적 교수학 내에는 각자 고유한 관점을 가진 다양한 서로 다른 프로젝트들이 존재한다. 이 책은 비판적 교수학이 이런 다양한 프로젝트들을 어떻게 설정하고 있는지, 그리고 그 설정이 프로젝트의 범위, 접근, 방향에 어떤 영향을 미치고 있는지를 검토한다.

이 책이 다른 연구와 다른 두 번째 이유는 이 책의 분석 방법, 즉 역사적 분석과 정치경제학적 접근에 있다. 위에서 언급한 대로, 1980년대와 1990년대에 있었던 페미니스트와 비판적인 남성 교육학자 사이의 논의는 이론적 논쟁이었다. 비판적 교수학의 본질과 목표에 대한 최근의 저서도 여전히 주로 이론적 탐구에 맞추어져 있다. 이런 추상적/이론적 분석 방법과 달리, 이 책은 실질적/구체적 프로젝트, 즉 비판적 교육/학교는 어떤 형태를 갖추고 있으며, 무엇을 하고 있는지를 분석한다. 달리 말하면, 이 책이 시도하는 바는 추상적인 이상과 제안들을 현실에 기반을 둔 실질적 형태로 구체화하는 것이다. 그렇게 하는 데 있어, 이 책은 비판적 교수학의 정치적 성향이 어떻게 형성되어 변화해왔는지를 전체 사회의 경제적, 정치적, 사회적, 그리고 문화적 변화라는 거대한 역사적 맥락 속에서 분석한다. 비판적 교수학의 많은 아이디어들은 학문 분야의 주류 성향과 그 변화, 그리고 신新사회운동과 신좌파의 정치 성향과 그 변화를 반영하여 나오거나 또는 그들과 노선을 함께한다. 따라서 비판적 교수학의 핵심적 개념들을 제대로 이해하려면 이 개념들이 유래하고 있는 맥락을 이해하는 것이 매우 중요하다.

논의를 위한 전제와 한계

논의를 계속하기에 앞서, 먼저 몇 가지 전제를 밝혀둘 필요가 있다. 이 책이 하고자 하는 목표를 제시하는 것만큼이나 도움이 되는 것은, 이 책이 시도하지 않는 게 무엇인지를 분명히 밝히는 것이다. 첫째, 이 책은 비판적 교수학을 어떻게 실천하느냐는 "실용적인" 지침을 제시하는 게 목표가 아니다. 교실에서 비판적 교수학을 실천하는 방법에 대한 책과 연구들은 많이 나와 있다. 위에 언급한 대로, 이 책의 목표는 비판적 교수학 내에 있는 대안적 프로젝트를 명시적으로 추출·분석하는 것이다. 이 책이 "가능성의 언어"에 초점을 두는 이유는 이론적이고 추상적인 담론이 지배적인 비판적 교수학을 분석해서 그로부터 사실적이고 구체적인 대안을 유출하려고 하기 때문이다. 그것이 필자가 "프로젝트"라는 용어를 의도적으로 사용하는 이유이기도 하다. 이런 의미에서 이 책은 비판적 교수학의 이념을 구체화하려는 노력이라고 말할 수 있다. 물론 구체화가 실천적 차원에 기여할 수도 있으나, 구체화the concrete가 반드시 실용화the practical와 같은 것은 아니다.

둘째, 이 책은 비판적 교수학의 이론적 기초를 논평하거나 그것의 핵심적 개념을 설명하려고 하지 않는다. 이미 그런 설명을 하는 책은 많이 나와 있다. 물론 이 책은 "가능성의 언어"와 관련된 비판적 교수학을 뒷받침하는 다양한 이론들을 분석한다. 이 책의 목표는 비판적 교수학의 기본적 이론들을 설명하는 것이 아니고, "가능성의 언어"에 대한 이론들을 분석하는 것이다. 그러므로 나는 독자들이 어느 정도 비판적 교수학의 기본적 개념들과 이론들에 익숙하다고 가정하고 이 책을 썼다.

셋째, 이 책은 비판적 교수학의 대안을 제시하려는 게 아니다. 위에서 진술한 대로 이 책의 목표는 비판적 교수학이 제시한 여러 가지 대안들을 분석하고 종합하는 것이다. 이런 분석을 하는 의도는 물론 대안적 교육 비전을 탐색하는 데 시사점과 방향성을 주고자 하는 것이다. 나는 이 책이 비판적 교수학에 몇 가지 일반적 방향성과 시사점을 제공하기를 바라기는 하지만, 비판적 교육의 대안적 모델을 구체적으로 제시하는 것은 이 책의 의도가 아니다. 다시 말하면, 이 책의 목적은 우리가 현재 어디에 위치해 있는지를 검토하는 것이고, 그래서 우리 미래의 방향을 올바로 잡기 위함이다.

마지막으로, 이 책은 비판적 교수학 연구/문헌들 모두를 포괄하지 않는다. 이 책에서 내가 분석하는 비판적 교수학은 영어로 된 문헌에 제한되어 있다. 그리고 필자의 분석—비판적 교수학의 이론적 지향, 정치적 성향, 그리고 담론의 흐름—은 현재 미국의 역사적·문화적 맥락에서 이루어진 것이다. 여러 다른 나라들의 비판적 교수학 간에는 공통된 점들이 물론 존재할 것이다. 하지만 각 나라의 사회적·정치적·문화적 상황에 따라 비판적 교수학의 의미와 접근 방법들은 다를 수 있다. 우리가 알다시피, 담론의 의미는 그것이 놓여 있는 장에 따라 좌우된다. 그러기에 나는 이 책의 비판적 교수학에 대한 이해와 분석이 보편적이라거나 모든 곳에 적합하다고 주장하지 않는다.

각 장의 개괄

2장은 비판적 교수학의 역사적 맥락을 제시하고, 비판적 교수학의 기원을 탐구한다. 즉 비판적 교수학이 "왜" "어떻게" 1980년대에 출현하였는지를 분석한다. 이 "기원"을 이해하는 것은 매우 중요하다. 왜냐하면 그 기원이 비판적 교수학이란 무엇이며, 학교를 변화의 주체로 만들기 위해 어떤 프로젝트를 세울 것인지를 결정짓기 때문이다. 이 장은 비판적 교수학에 영향을 미친 여러 요인들을 정리하고 있으며, 그 요인들을 적대자(주류의 교육), 대응자(신마르크스주의), 구원자(파울로 프레이리), 윤곽(탈근대주의), 경쟁자(페미니즘), 도전자(반인종차별주의, 탈식민주의)로 분류하여 탐색한다. 2장은 경계선에 대한 질문으로 마무리를 한다. 어느 것이 비판적 교수학이고, 어느 것이 아닌지를 어떻게 결정하는가? 누가 비판적 교수학자이고, 누가 아닌가? 다른 말로 하자면, 비판적 교수학의 경계를 어떻게 결정할 것이며, 왜 그것이 중요한지를 탐구한다.

3장은 비판적 교수학의 이론적 맥락을 분석한다. 그것은 문화 연구와 문화정치학이 출현했던 광범위한 역사적 배경에 초점을 맞추고 있다. 최근, 문화 이론들은 비판적 교육 이론에 중요한 영향력을 미쳐왔다. 왜 문화가 학문 연구와 신좌파 정치의 최전선에 서게 되었는가? 어떻게 문화가 그렇게 중요해졌는가? 이러한 움직임을 촉진시킨 정치적·경제적 맥락은 무엇인가? 이런 문화 이론들은 이전에 해결하지 못했던 어떤 문제를 해결해주고 있는가? 이 장은 이들 문제들을 탐구하고, 문화 이론과 문화정치학의 정치·경제학적 분석을 한다.

4장은 비판적 교수학의 주류들에 의해 제시된 주요 대안적 프로젝트를 검토한다. 먼저 비판적 교수학의 두 가지 주요한 의제, 지식의 변혁(교육과정)과 교수학(좁은 의미에서 가르침)을 분석한다. 어떻게 비판적 교수학이 신마르크스주의 교육 이론과 비슷하고 다른지 초점을 분석한다. 그 분석에 근거하여, 이 장은 비판적 교수학의 중심적인 네 가지 대안적 프로젝트를 추출하고 있다. 그것은 "경험의 프로젝트", "다수성과 포함/포용의 프로젝트", "반위계적 민주주의의 프로젝트", 그리고 "개인적 자각의 프로젝트"라고 필자는 명명한다. 그리고 이 네 가지 프로젝트 각각에 대해, 그것의 이론적 토대와 지향, 주장과 논쟁, 그리고 한계와 문제점들을 세밀하게 검토한다.

2장에서 4장까지는 비판적 교수학의 가능성 언어를 비판적으로 검토하고, 가능성 언어가 한쪽으로 치우친 협소한 접근임을 밝히는 데 집중한다. 이를 바탕으로, 5장과 6장은 가능성 언어의 경계를 어떻게 넘어설 수 있는지를 시도한다. 이런 시도는 대안적·비판적 교육을 위한 우리의 사고 지평을 보충·수정하고, 확대·확장하기 위해서이다.

5장은 "가능성의 언어"를 탐구하는 데 또 다른 중요한 연구 분야인 세계화에 대한 최근의 교육 문헌에 초점을 맞춘다. 다른 이슈보다도 훨씬, 세계화는 글로벌 자본주의에 대한 저항의 프로젝트를 제시하도록 교육 연구를 자극해왔다. 이 장은 세계화에 대하여 비판적 교육학이 제기하는 다섯 가지 주요한 이슈/문제를 검토한다. 그것은 (1) 아무런 대안이 없다TINA, (2) 도구주의와 비인간화, (3) 하나의 글로벌 문화(보편주의), (4) 글로벌 자본주의, (5) 서구적 식민화이다. 그리고 이 다섯 가지 문제점에 각각 해결책으로 제안된 다섯 가지 대안(유토피아주의, 휴머니즘, 지역주의, 글로벌주의, 탈식민주의)을 분석한다.

6장은 최종적인 큰 질문을 다룬다. 비판적 교수학이 사회 변화의 주체라고 주장한다면, 우리는 어떤 종류의 새로운 사회를 추구하는가? 대부분의 비판적 교수학 문헌들은 사회정의, 평등, 민주주의와 같은 새로운 사회를 이룰 몇 가지 기본 원리만을 제시할 뿐, 구체적인 사회 체제의 형태/모습은 제시하고 있지 않다. 우리가 신자유주의 글로벌 자본주의에 대항한다고 할 때, 사회주의를 추구한다는 것인가 아니면 자본주의의 개혁을 추구한다는 것인가? 우리는 세계화 자체를 반대하는 건가, 아니면 다른 대항적인 세계화를 주장하는 것인가? 대안적 사회는 민주적 글로벌 체제인가, 아니면 민주적인 지역 중심적 사회 체제인가? 이 문제를 다루기 위해 이 장은 여러 가지 이론에서 제시된 반체제적 대안들을 개관한다. (1) 개선주의자: 복지국가와 함께 하는 사회민주주의; (2) 글로벌주의자: 글로벌 사회주의와 초국가적 정치; (3) 지역주의자: 자급자족 경제 체제와 지구촌 민주주의; (4) 공과 사를 결합한 혼합경제. 이 장은 이런 대안들 간에 존재하는 몇 가지 기본 논쟁점들을 강조하는 것으로 마무리한다.

결론의 장인 7장은 이 책이 비판적 교수학 분야에 기여하는 바를 밝힌다. 그러기 위해 이 책의 주요한 주장들이 다시 부각될 것이다. 비판적 교수학에 대한 나의 분석의 결론들, 즉 탈정치화, 자유주의적/개량주의적 경향, 도덕주의, 문화와 탈근대주의, 미시적 수준의 접근, 이상주의적 경향을 자세히 설명한다. 비판적 교육의 미래를 위한 몇 가지 기본적 원리를 제시하는 것으로 이 장은 마무리된다.

제2장
비판적 교수학의 역사적 기원

비판적 교수학은 어떻게 출현하였는가?

비판적 교수학의 핵심적 개념들이 모두 새로운 것은 아니다. 모든 이론들이 그렇듯이, 비판적 교수학 역시 이전의 이론과 개념들에 기초하고 있다. 예를 들면 학생들과 '함께' 지식을 구성한다는 비판적 교수학의 아이디어는 이미 100여 년 전 존 듀이의 "경험"의 이념Dewey, 1902/1938에서, 그리고 최근에는 구성주의constructivismVygotsky, 1978, 1997에서 보여주었다. 또한 학교를 변화의 행위 주체로 보는 이념 또한 완전히 새로운 것이 아니다. 20세기 초에 "사회적 재건주의social reconstructionism"는 학교가 사회 변화에 영향을 줄 수 있고, 그렇게 해야 한다는 이념에 바탕을 두고 있던 이론이다. 그것은 조지 카운츠의 『학교가 감히 새로운 사회질서를 수립할 수 있는가?』1932라는 소책자에서 이미 제시된 바 있다. 최근에는 1960년대의 미국의 시민권 운동과 다문화 교육 이론에서도 같은 생각을 발견할 수 있다. 물론 비판적 교수학은 앞서 언급한 진보주의 교육 운동, 구성주의나 다문화 교육 이론보다는 훨씬 더 정치적인 이론이다. 그럼에도 불구하고, 비판적 교수학과 위에서 말한 교육 이론들 간에는 상당한 유사성이 있음을 부인할 수 없다. 게다가, 비판적 교수학의 일부 핵심 아이디어는 미국의 원주민들의 신념 체제와 상당히 유사하다.Grande, 2004

   비판적 교수학이라는 이름이 만들어지기 이전에도, 분명 개별적으로 자신의 교실에서 비판적 교수학을 실천하고 있던 교사들이 있었을 것이다! 그렇다면 왜 굳이 이런 "비판적 교수학critical pedagogy"이라는 새로운 이름이 만들어졌을까? 비판적 교수학이란 새로운 분야를 탄생시킨 역사적 맥락은 무엇인가? 비판적 교수학의 많은 기초적 개념들이 전혀 새로운 것들이 아니라면, 비판적 교수학의 경계를 어디에 두어야 할까? 이 장은 비판적 교수학이 출현한 역사적 맥락을 탐구하고자 한다. 왜, 어떻게 1980년대에 비판적 교수학이 출현하였는가? 이 출현의 기원을 이해하는 것은 매우 중요한데, 그 이유는 그 기원이 비판적 교수학의 정체성, 초점, 의제, 정책, 그리고 대안의 모습을 만들었기 때문이다. 따라서 이 장은 비판적 교수학의 정책과 대안 프로젝트에 큰 영향을 미친 여러 역사적 배경들을 검토한다.

적대자: 주류의 교육 패러다임

   "비판적 교수학"이 무엇인지를 파악하는 좋은 방법은 그것이 무엇을 '위한' 것인지를 이해하는 것보다, 무엇에 대해 '반대하는지'를 이해하는 것이다. 비판적 교수학이 주류의 교육 패러다임을 반대한다는 점은 자명할 것이다. 그런데 주류의 교육 패러다임 내에는 여러 가지 다양한 관점들—보수주의로부터 신자유주의까지—이 있는데 비판적 교수학은 정확하게 무엇을 반대하는 걸까? 주류의 교육 패러다임에 대해서는 이미 수많은 비판들이 이루어졌다. 주류 교육 패러다임의 문제점으로 지적된 바를 열거하자면, "은행 저축식 교육" 모델, 교육과정의 부적절성, 표준화 검사에 대한 의존, 비민주적인 학교 문화, 그리고 차별과 불평등의 용인 등이다. 많은 교육의 양상에 대해(교육과정, 수업, 평가, 교실 경영, 학교 문화), 주류의 교육 패러다임과 비판적 교수학 사이에는 정말 차이가 있다.

주류의 교육 패러다임과 비판적 교수학 간의 차이는 근본적으로, 각각의 패러다임이 사회 안에서 학교의 기능과 역할을 어떻게 보는지 그 차이에서 유래한다. 전체적으로 봐서, 비판적 교수학Critical pedagogy과 비판적 교육 이론들Critical education theories은 주류 교육 패러다임의 두 가지 주요한 명제를 비판/반대한다. 비판적 교수학이 반대하는 주류 교육 패러다임의 첫 번째 명제는 학교를 "위대한 평등 장치great equalizer"로 보는 이념이다. 미국에서 1840년대부터 1880년대까지 공립학교 체제가 도입된 이래, 학교는 모든 사람들에게 평등하고 공정한 기회를 제공해주는 업적주의 제도로 여겨졌다. 학교교육을 통해서, 학생들은 가족 배경의 차이에 상관없이 학교에서, 나아가 사회에서 성공할 수 있는 동등한 기회를 갖는다는 것이다. 대부분의 사람들은 학교가 경제적, 정치적, 문화적, 군사적, 종교적, 그리고 기타의 사회제도와 비교하여 평등한 제도라고 생각한다.

그렇다고 해서, 지배적 교육 패러다임이 학교교육의 불평등한 결과들을 인정하지 않는 것은 아니다. 이 관점에 따르면 불평등한 결과는 불행한 일이기는 하나, 개인 간의 능력에 분명 차이가 있으므로—태생적이거나 환경적이거나—불평등한 결과는 피할 도리가 없는 것이며, 자연스럽고 심지어 바람직하다고 본다. 대체로 보아 이것이 보수파 the conservative의 입장이다. 한편, 다른 관점을 가진 사람들은 학교 체계 안에 특정한 집단들—예를 들어 여성, 소수자, 가난한 사람—에 대한 차별이 존재한다는 것을 시인·인정한다. 하지만 그들의 관점에 따르면, 이런 차별은 예외적인 현상일 뿐이고, 전체 학교 체제는 여전히 평등과 업적주의meritocracy[1]에 기반을 두고 있다는 것이다. 대체로 보아 이것이 자유진보주의자the liberal의 입장이다.

비판적 교수학을 포함한 비판적 교육 이론들은 이런 "평등 장치 명제equalizer thesis"를 거부하거나, 아니면 적어도 비판/도전하는 입장을 취한다. 먼저, 비판적 교육 이론들은 교육의 기회가 점점 더 많은 사람들에게 주어진 건 사실이지만, 모든 사람들에게 평등한 교육의 기회가 주어진 적은 미국 역사상 한 번도 없었다는 점을 지적한다. 그리고 동등한—또는 비교적 등등한—기회가 주어졌을 때도, "타자들others"이라고 간주되는 일부 아이들을 차별하는 여러 가지 기제—예를 들어 계열화tracking—가 학교 내부에 있다는 점을 문제 삼는다. 한발 더 나아가, 일부 사람들은 "평등한 기회"는 기본적으로 불평등의 개념을 전제로 하고 있다고 주장한다.Apple, 1982; Spring, 1989 다시 말하면, 평등한 기회란 불평등한 결과를 위해, 즉 "지도자"와 "추종자" 사이를 선별하기 위해 모두에게 동등하게 기회를 주는 것뿐이라는 것이다. 그래서 조엘 스프링Joel Spring은 학교가 평등 장치가 아니라 분류 장치sorting machine라고 주장한다.Joel spring, 1989, 2008a

마이클 애플과 조엘 스프링과 같은 비판적 교육 이론가들은 학교가 모든 사람들에게 평등한 기회를 제공하지 않을 뿐 아니라, 기존의 불평등을 재생산/확대하고, 그 재생산을 정당화하는 이중의 기능을 수행한다고 본다. 그렇지만 학교가 사회의 불평등을 재생산하는 데에 실제로 얼마만큼의 역할을 하는지에 대해서는 비판적 교육학자들 간에는 서로 다른 견해가 있다. 일부 비판적 교육자들은 자유주의 입장과 똑같이, 학교 불평등의 결과들이 학교의 결함과 불완전함 때문에 생겨난 예외적인 현상이라고 본다. 이와 다르게, 학교에 의한 불평등 재생산을 예외적이 아니라 기본적/원칙적 현상으로 보는 비판적 교육학자들도 있다. 그들에게 학교 제도란 원래 불평등한 결과들을 (재)생산하기 위해서 기획된 것이며, 따라서 불평등은 "의도되지 않은" 결과가 아니다. 위의 두 입장을 간단히 정리하자면, 비판적 교수학 내에 자유주의적liberal 비판적 교수학과 급진적radical 비판적 교수학이 있다는 것이다.

비판적 교수학이 반대하는 주류 교육 패러다임의 두 번째 이념은 주류의 교육 패러다임에 깔려 있는 도구적 이성/합리성instrumental reasoning이다. 주류 교육 패러다임의 하나의 본질적 관점은 학교교육을 개인에게나(더 나은 직업을 얻기 위해서), 사회 전체에게나(경제 발전이나 국가 형성을 위해서) 목적을 위한 도구로 보는 것이다. 물론 학교교육에 대한 도구적 접근에는 다양한 차원이 있다. 예를 들면, 학교에서 배우는 지식은 기본적으로 시험을 통과하기 위한 도구이고, 시험 점수는 좋은 대학에 들어가기 위한 도구이고, 대학은 노동시장에서 더 나은 직업을 얻기 위한 도구이다. 대부분의 일반 대중에게 자명한 진실은 우리가 학교를 다니는 이유가 결국은 더 나은 직업을 갖는 데 필요한 자격증을 얻기 위해서일 것이다. 근대 자본주의 사회에서는 거의 모든 것이 목적을 위해 도구화되었고, 그리고 자본주의 사회에서 최종적 목적은 물론 이윤이다. 우리는 노동과 자격증을 팔 뿐만 아니라, 자신의 인격, 매너, 태도, 미소조차 판다. 근대 학교 제도는 도구적 합리성에 기반을 둔 근대 국가 및 사회와 함께 출현했다. 이런 도구적 합리성은 학교는 물론 사회 전반에 너무 만연해 있어서, 때로 우리의 일상생활에서 그것을 인식하고 독해하기조차 어렵다.

　비판적 교수학은 학교와 사회를 지배하고 있는 도구적 합리성instrumental rationality과 물신화reification—이는 비인간화와 억압을 초래한다—를 비판한다. 따라서 비판적 교육 패러다임은 인간화와 사회 변화를 위해 학교를 변혁하려고 한다. 어떤 사람들은 비판적 교수학 역시 목적만 다를 뿐 학교교육을 목적을 위한 수단으로 보는 게 아니냐고 반박할 수도 있다. 비판적 교수학에서도 학교교육은 사회 변화나 더 좋은 사회의 건설이라는 목적을 위한 마찬가지의 도구라는 주장이다. 이런 주장은 "도구적 합리성"에 대한 단순하고 문자적인 잘못된 이해에서 비롯된 것이다. 하지만 그런 측면으로 본다면 비판적 교수학과 주류 교육 패러다임을 구분 짓는 결정적인 차이는 학교가 궁극적으로 어떤 목적을 위한 것이냐에 있다. 주류 교육 패러다임은 학교가 기본적으로 현 사회 체제를 유지—개선과 개혁을 하면서—하기 위한 제도라고 보는 데 반해, 비판적 교수학은 학교를 사회를 변화시키려고 노력하는 사회제도로 본다. 이런 차이는 궁극적으로 그들 각자가 사회를 어떻게 보느냐에서 기인한 것이다. 현 사회를 평등하고 정의로운 체제라고 본다면, 당연히 학교의 역할은 사회 구성원을 잘 사회화시켜서 그런 안정된 사회를 유지·재생산하는 것이다. 반면 현 사회를 불평등하고 부정의하다고 본다면, 학교의 역할은 기존의 불안정한 사회 체제를 보존·재생산하는 게 아니라, 사회를 더 좋은 것으로 변화시키는 것일 터이다.

이러한 근본적 차이 때문에 두 패러다임은 학교교육 및 교육의 많은 측면에서 다른 접근 방법을 사용하게 된다. 일반적으로 주류의 교육 패러다임은 기술적 틀—"방법hows"에 초점—을 가지고 교육에 접근한다. 이 패러다임은 교육과정, 가르침, 학습, 평가, 훈육, 교실 경영 등의 교육적 이슈들은 기술적이고 비정치적 성격의 문제라고 보며, 따라서 절차적 모델을 구상하는 것에 초점을 둔다.Apple, 1979; Giroux, 1983; Poster, 2004 반대로 비판적 교육 패러다임은 권력을 강조하고, 그래서 교육, 학교교육, 그리고 가르침pedagogy의 정치적 차원에 더 많은 초점을 둔다. 요약하면, 비판적 교육/교수학은 교육 이슈를 정치적 문제로 해석/정리하는 반면, 주류의 교육 패러다임은 그것을 기술적 문제로 해석/정리한다.

대응자: 신마르크스주의

월러스틴Immanuel Wallerstein이 지적한 대로, 새로운 이론/관점을 이해하는 데에는 그것이 이전의 이론/관점에 대한 대응/대항으로 나온 것임을 생각하면 이해가 잘 된다.Wallerstein, 2004a: 1 이 점은 비판적 교수학에도 적용된다. 비판적 교수학에도 대응을 하는 상대편이 있다. 그 상대편은 초기 비판 이론들, 특히 신마르크스주의 교육 이론이다. 때로는 금기 용어인 "마르크스주의"를 감추기 위해 "갈등" 이론이라고도 불린다. 그렇다면 비판적 교수학은 신마르크스주의 교육 이론의 무엇에 반박/대응하는 건가? 신마르크스주의 교육 이론에 대해서는 이미 많은 사람들의 문헌들이 나와 있기 때문에, 이 장은 신마르크스주의 교육 이론의 핵심 개념들만을 검토한다. 특히 이 핵심 개념들에 대해 비판적 교수학이 어떤 대응/반응을 했으며, 그리고 이런 대응이 비판적 교수학 자체의 정체성을 어떻게 형성하였는지에 초점을 맞출 것이다.

미국의 시민권 운동 시대 이후, 자본주의 사회에서의 학교 역할을 비판적으로 검토하는 것에 대한 관심이 다시 새롭게 출현했다. 1970년 대에 교육과 사회구조의 관계를 설명하는 다양한 유형의 거시적 이론들이 등장하였다. 이들 가운데 가장 영향력 있는 이론 중 하나는 보울스와 긴티스Bowls & Gintis, 1976의 저서이다. 학교가 불평등을 감소시킨다고 믿는 일반적/자유주의적 신념과 달리, 이 두 사람은 자본주의 사회─이 경우 미국─에서는 교육이 근본적으로 경제적 불평등을 재생산한다고 주장하였다. 특히 보울스와 긴티스는 자유주의적 교육 이데올로기에 대해 효과적 비판을 하는 데 성공을 거두었다. 이들은 이 비판을 통해 학교교육에 대한 관계적·정치적·경제적 분석을 하는 데에 있어서 중요한 기초를 제공하였다.

그러나 그들의 연구는 이미 많이 지적된 바와 같이 여러 문제점들이 있다. 보울스와 긴티스 이론에서 가장 크게 문제가 되는 점은 그들의 "경제적 결정론"이다. 그들의 저서는 마르크스의 유물론에 기초하였기 때문에 이데올로기의 측면을 무시하고 있다. 또한 그들의 결정주의적 이론은 재생산 과정에 내재해 있는 모순적인 메커니즘을 설명하지 않았고, 그리고 할 수도 없었다. 그런데 공평하게 말하면, 보울스와 긴티스도 재생산 과정에서의 모순을 인지하고 있었다.

> 물론 교육 체제가 불평등을 정당화하는 데 이용되는 과정에 문제가 전혀 없는 것은 아니다. 한 형태의 불의를 숨기고 존속하는 데 이바지하는 구조와 이데올로기는 종종 다른 형태의 불의를 공격하는 논거를 제공한다. 교육 기회의 평등과 업적주의라는 이데올로기는 바로 이런 모순적 기제들의 하나이다.Bowles & Gintis, 1976: 103

이런 말을 보울스와 긴티스가 하였지만, 사실 그들은 "토대"와 "상부구조" 사이에 존재하는 모순을 전혀 밝혀내지는 못하였다. 더구나 그들은 교육과정과 학교의 내부적 현상들이 재생산 메커니즘에 아무런 상관이 없다고 보았고, 따라서 그것을 지엽적인 이슈로 간주하였다.Apple, 1979 카라벨과 핼시가 지적한 대로, 보울스와 긴티스는 교육의 비인지적 측면에 대해 어느 정도 통찰을 제공하긴 했지만, 학교의 내부적 활동은 대체로 "블랙박스"로 남겨두었다.Karabel & Halsey, 1977: 44

이후 등장한 비판적 교육 이론들은 보울스와 긴티스의 한계를 넘어서기 위한 시도를 하였다. 일부 학자들은 학교가 기존의 사회적·경제적 구조를 (재)생산한다는 보울스와 긴티스의 주장을 수용하면서, 실제 재생산 과정이 어떻게 일어나는지를 설명하려고 시도하였다. 비

판적 교육 이론가들은 이런 시도를 하면서 그람시Gramsci, 알튀세르
Althusser, 홀Stuart Hall의 저작을 사용하였으며, 문화적 자본, 숨겨진 교
육과정, 이데올로기/헤게모니, 그리고 국가기구로서의 학교와 같은 새
로운 개념을 소개하였다.Bourdieu & Passeron, 1977; Apple, 1979: 1982; Dale et al.,
1981; Giroux, 1983, 1988b; Carnoy & Levin, 1985 이들의 주된 주장은 학교가 문
화/상부구조의 한 부분으로서 자본주의 사회의 헤게모니를 (재)생산
하고 정당화하는 중요한 역할을 한다는 것이다. 학교와 교육은 다음
과 같은 여러 가지 기제를 통해 이 역할을 수행한다.

1. 교육과정에 어떤 지식은 포함하고, 어떤 지식은 배제할지를 선택한다.
2. 학생들에게 어떤 특정한 규범과 가치를 전달한다(숨겨진 교육과정).
3. 특정한 사회적 상호작용과 활동들을 이용하여 미래 직업을 위해 학
   생들을 분류한다.

신마르크스주의 이론들은 학교교육에 대한 강력한 비판을 제공하
는 데에 있어서는 매우 성공적이었다. 이런 그들의 기여는 의심의 여
지가 없다. 그러나 그들이 성공하지 못한, 그래서 자주 비판을 받았던
부분은 신마르크스주의 이론들이 사회를 변혁시킬 실현성 있는 교육
대안을 제시하지는 못했다는 점이다. 이런 대안의 결여가 바로 1980년
대 비판적 교수학이 출현하도록 한 것이다. 비판적 교수학의 지지자
들은 초기의 신마르크스주의 교육 이론들이 "비판의 언어language of
critique"만을 제공했다며 비판의 화살을 퍼부었다. 보울스와 긴티스[1976]
의 주장대로 교육과 정치가 결국은 경제에 의해 결정된다면, 사회를

변혁하기 위해 학교가 할 수 있는 게 별로 없다는 결론에 이르게 되고(오직 경제의 혁명만이 해결책이니), 이런 결론은 많은 교육자를 좌절시켰다. 보울스와 긴티스의 대응correspondence 이론이 가진 주요한 한계는 자본주의 체제를 완전히 견고한/강력한 체제로 해석함으로써 행위 주체와 저항이라는 요소를 간과했다는 것이다. 여기서 윌리스Paul Willis, 애플Michael Apple, 지루Henry Giroux가 등장한다. 이런 경제적 결정론과 그것의 비관론을 극복하기 위해 비판적 교수학은 그 초점을 경제에서 문화로 이동하게 된다(이 부분은 3장에서 다시 논의할 것이다).

요약하면, 비판적 교수학은 이전의 비판 이론들의 경제적·문화적 결정론에 대한 대응으로서 그리고 그것을 수정하려는 시도로서 등장하였다. 인간 주체와 저항의 가능성을 도입함으로써 비판적 교수학자들은 비판의 교육학만이 아닌 "희망의 교육학"을 건설하려고 시도했다. 근본적으로 비판적 교수학의 목적은 신마르크스주의의 결정론적이고 비관주의적 결론을 수정하고, 비판의 언어를 "가능성의 언어"로 변화시키는 것이었다.Giroux, 1997: 108

구원자: 파울로 프레이리

그러면 비판적 교수학은 어디에서 그 "가능성의 언어"와 "희망의 교육학"을 발견하였는가? 비판적 교수학자는 여러 다양한 이론과 관점들로 방향을 돌렸는데, 프랑크푸르트학파, 실존주의, 휴머니즘, 탈구조주의, 탈근대주의, 그리고 탈식민주의 등이 그것이다. 그렇지만 많은 사람들이 동의하듯, 비판적 교수학자들이 궁극적으로 "희망의 교육학"을 찾은 곳은 파울로 프레이리였다. "프레이리와 함께 오늘날 우리가 이해하는 그런 비판적 교수학의 개념이 등장하였다."[Kincheloe, 2004: 69] 1968년에 저술된 프레이리의 가장 영향력 있는 책 『피억압자의 교육학Pedagogy of oppressed』은 1970년대 이래 전 세계적으로 많은 언어로 전파되었다. 이 책은 세계의 많은 노동운동과 공동체운동에 영향을 미쳤다. 이 저서는 특히, 억압이 심하고, 비민주적인 정치 체제에 대한 반대 투쟁이 활발했던 제3세계(저개발 국가)에 큰 영향을 미쳤다. 그렇지만 미국과 제1세계(선진 국가)에서는 프레이리의 영향력이 달리 나타났다. 급진적 운동을 결여한 이런 나라들에서는 그의 교육학이 종종 교육자들에 의해 교수 기술이나 교수법 같은 탈정치적 형태로 이용되었다.[Allman, 1999; Kincheloe, 2004]

어떻게 보면 비판적 교수학은 프레이리에 대한 관심을 다시 불러일으키는 데 중요한 역할을 하였다. 프레이리에 대해서는 이미 많은 문헌들이 나와 있으므로, 이 장은 이 책과 관련된 두 가지 질문에만 초점을 맞추고자 한다. 첫째, 왜 비판적 교수학은 프레이리에게로 귀결하였으며, 둘째, 비판적 교수학의 정체성과 프로젝트를 형성하는 데 프레이리는 어떤 영향을 미쳤는가? 우선 비판적 교수학이 프레이리에게로 귀결한 이유는 간단하고 분명하다. 그것은 그가 희망과 가능성의 요소를 제시했기 때문이다. 다른 비판 이론들이 주로 "비판"에 초점을 맞춘 반면, 프레이리는 "해방"으로 유도될 수 있는 변혁적 교육을 제시했다. 달리 말하면 그는 "해체deconstruction"뿐만 아니라, "(재)구성re/construction"에도 초점을 두었기 때문이다. 그래서 킨치레Kincheloe는 프레이리를 "비판적 교수학의 희망의 예언자"라고 호칭하였다.Kincheloe, 2004: 72 프레이리는 아무리 한계적 상황이라고 하더라도 학교가 사회 통제와 재생산의 도구가 아니라 해방적으로 될 수 있다고 주장하였다. 그는 교육이란 학습자/참여자의 현실에 대한 비판적 인식을 개발하는 실천이라고 보았고, 이런 실천은 효과적으로 "의식화conscientization"로 유도될 수 있다고 보았다.

프레이리의 교육 원리는 개인 또는 개인의식의 전환이 그 핵심이다. 이는 억압/현실의 운명적 수용으로부터 현실을 더 좋은 것으로 변화 시킬 수 있다는 비판적 의식/희망으로 바꾸는 것이다. 이런 전환은 가 능하다. 프레이리에 따르면, 그 이유란 더욱 완전한 인간이 되고자 하 는 것은 인간과 역사의 소명vocation이기 때문이다Freire, 1970/1997. 달리 말하면, 프레이리에게는 희망과 가능성의 토대는 "인간화humanization" 되려는 인간의 운명/본성에 있다. 이런 완전한 인간이 되고자 하는 필 연적 소명 때문에 인간은 한번 자각을 하게 되면, 완전한 인간화를 제 압하는 억압을 제거할 수밖에 없다고 프레이리는 주장하였다.

비판적 교수학이 프레이리에 이끌렸던 또 다른 이유는 그가 해방의 이야기뿐만 아니라 해방의 방법론Lissovoy, 2008: 11을 제시하였기 때문이 다. 그는 이를 "의식화의 방법론"Freire, 1970/1997이라고 불렀다. 그의 변 혁적 교육학 이론은 실제적 프로젝트로부터 건설된 것이다. 그가 브라 질에서 시작하여 이후 칠레, 기니비사우, 니카라과, 그리고 여타 지역 으로 확대시킨 문해 프로그램이 그것이다. 프레이리는 『피억압자의 교 육학』에서 해방적 교육학을 발전시키고 그것을 실행에 옮기기 위해 무 엇이 필요한지를 상세하게 기술하였다. 비록 프레이리는 자신의 방법을 그대로 복사해서 사용해서는 안 된다고 경고했지만, 그럼에도 그의 교육 이론이 지닌 가장 큰 장점은 그가 "문제 해결식 교육"—변혁의 교육학—을 참여자와 함께 실천하는 방법을 제시하였다는 점이다.

프레이리가 희망과 변혁의 교육학을 제시하긴 했지만, 그를 비판적 교수학에 이용/적용하는 데에는 몇 가지 도전과 문제점들이 있다. 하나의 도전은, 파울라 올만Paula Allman[1999]이 지적하였듯이, 프레이리의 사고 속에 들어 있는 마르크스주의적 토대를 이따금 독자들이 이해하지 못했다는 점이다. 프레이리의 핵심적 개념들—역사, 인간화, 현실의 비판적/변증적 인식, 대상과 주체 사이의 관계—은 마르크스 이론에 대한 배경적 지식과 이해가 없으면 제대로 파악될 수가 없다. 왜 프레이리는 "우리 시대의 근본적 테제를 '지배domination'"라고 했는지 Freire, 1970/1997: 84, 원래의 강조, 그리고 왜 프레이리가 우리 시대의 한계 상황을 사람들의 사물화/물질화[2]라고 주장하였는지를 제대로 이해하지 못하면, 프레이리의 해방의 교육학을 이해할 수 없다. 프레이리 교육 이론의 핵심 개념인 억압이나 해방이 "물화thingfication"나 "물신화 reification"와 연관되어 있다는 것을 이해하지 못하면, 프레이리를 제대로 이해할 수 없다. 실제로, 학생들이 프레이리의 책을 읽으면서 "억압"의 개념을 이해하기 어려워하는 경우가 드물지 않게 존재한다. 학생들은 "누가 억압자인가?"라고 묻는다. 억압을 우리가 살아가면서 한 번쯤 겪게 되는 고난으로 이해해버리면, 프레이리의 억압이란 개념은 희화화되고 비정치화하게 된다. 억압에 대한 이런 비정치적 이해는 우리가 모두 억압받는 사람이라든가, 혹은 한 사람이 억압받는 사람이면서 동시에 억압하는 사람이라는 식의 해석을 하게 되는 것이다. 이는 프레이리를 잘못 이해하는 것이다. 올만이 주장하듯, 마르크스주의에 대한 지식의 결여 때문에 프레이리의 교육학은 종종 단순한 교수 방법으로 잘못 이해되거나 적용되어왔다. 이런 식의 프레이리에 대한 잘못된 이해와 사용은 불행하게도 일부 비판적 교수학 문헌에서도 발견된다.

프레이리와 관련된 또 다른 논쟁점은 프레이리와의 접목이 비판적 교수학을 어떤 특정 방향/경향으로 쏠리게 하였다는 점이다. 프레이리는 개인의 의식을 변혁하는 것에 초점을 두었고, 그 영향으로 비판적 교수학도 개인적 프로젝트에 초점을 맞추었다(이 점은 4장에서 다시 논의될 것이다). 또한 프레이리는 사회 변화를 이루는 데 있어 문화적 활동을 크게 강조하였다. 달리 말하면, 그의 관심은 문화 혁명에 있었지 정치 혁명이나 제도 혁명에 있지 않았다. 이런 문화적 행동과 문화적 혁명의 강조는 비판적 교수학이 문화정치학cultural politics으로 나아가게 하도록 영향을 미쳤다. 그렇긴 하지만, 여기서 지적되어야 할 점은 문화정치학이 비판적 교수학의 주축이 된 사실이 유독 프레이리의 영향 때문만은 아니라는 것이다. 오히려 "문화적 전환"은 1970년대 이래로 좌파 정치 및 학자들에게 영향을 미쳤던 전반적 추세였다(3장에서 상술할 것이다). 따라서 프레이리 자신도 그 시대의 전반적 추세의 영향을 받았다는 것으로 이해하는 것이 중요하다.

마지막으로 교육적 프로젝트와 정치적 프로젝트, 이 양자의 관계에 대한 논쟁이 있었다. 프레이리는 교육적 프로젝트를 정치적 프로젝트의 필수적 요소로 보긴 했지만, 교육적 프로젝트—현실의 비판적 인식—가 반드시 정치적 변혁을 이뤄내지는 못한다고 분명히 밝혔다. 그는 "현실의 비판적 인식은 필수적이나, 그 자체가 해방을 위한 충분조건은 아니다. 현실의 비판적 인식을 통해 비억압자들이 자신을 자유롭게 하는 투쟁으로 뛰어들게 만들어야만 그들은 자신들이 빠진 모순을 해결할 수 있다."Freire, 1970/1997: 31라고 말한 바 있다. 그럼에도 불구하고, 프레이리의 교육적 프로젝트에 초점을 둠으로써 쉽게 해방을 위한 다른 조건들을 간과하였고, 이는 결국 정치적 프로젝트로 유도할 수 있는 교육 프로젝트에 대한 논의를 왜곡해버렸다. 비판적 교수학이 스스로의 범위를 학교교육 내의 프로젝트에만 한정한다면, 이는 학교가 성찰하고 탐구할 수 있는 다른 잠재적 프로젝트를 배제하게 될 것이다.

많은 사람들은 프레이리를 비판적 교수학의 창시자이자 핵심 인물로 간주하고 있지만, 비판적 교수학 내부에서는 프레이리의 위상을 둘러싸고 서로 다른 관점들이 있다. 일부 사람들에게 비판적 교수학은 프레이리에 대한 것이 전부이다. 즉, 비판적 교수학은 그에게서 시작하여 그로 끝난다. 그들에게는 프레이리가 비판적 교수학이고, 또한 비판적 교수학이 프레이리이다. 이와 달리, 다른 사람들은 프레이리를 비판적 교수학을 구성하고 그에 기여했던 많은 사람들 가운데 한 사람으로 간주한다. 이들에게 비판적 교수학은 프레이리만이 아니고, 그 이상이다. 이것은 근본적으로 비판적 교수학의 정체성과 경계선에 대한 시각 차이에서 연루한 것이라 보인다. 일부 사람은 비판적 교수학을 주로 가르침에 대한 것—협소한 의미의 교수—이라고 보고, 미시적 수준에 초점을 둔다. 다른 한편, 일부 사람은 비판적 교수학을 더 거시적 수준에서 보고 학교교육과 사회 간의 더 넓은 권력 관계에 초점을 둔다. 이를 달리 표현하면, 미시적 입장은 비판적 교수학critical pedagogy에서 교수학pedagogy에 강조를 두고, 거시적 입장은 비판적 교수학에서 비판적critical에 강조를 둔다. 그동안 비판적 교수학은 대체로 미시적 수준에 더 맞추어져 있었다. 그리고 이것은 비판적 교수학이 마르크스주의 교육 이론에 대항/반박하였던 이유이다—마르크스주의 교육 이론은 거시적 입장이었다.

결론적으로, 프레이리가 희망의 예언자, 비판적 교수학의 창시자/구원자로 간주되고 있지만, 그가 비판적 교수학에 어떤 구체적 영향을 미쳤는지에 대해서는 몇 가지 의문들이 남아 있다. 프레이리는 희망의 교육학을 위한 상징적 인물일 뿐인가? 그는 정말 비판적 교수학을 비관주의적 결론으로부터 구해냈는가? 그의 문제 해결적 교수학에서 제시한 해방적 교육이 과연 비판적 교육자들이 모색하는 학교교육의 대안적 비전을 위한 해답인가? 프레이리의 이론과 교수학은 주류의 신자유주의적 교육 패러다임에 대한 대안을 제시하고 있는가?

윤곽: 탈근대주의

비판적 교수학 이론이 신마르크스주의 교육 이론과 거리를 두고, 그것을 넘어 대안적 교육—가능성의 언어—을 찾는 노력을 할 때, 비판 이론에서는 커다란 변화의 물결이 출렁거리고 있었다. 1970년대 후반 이래, 비판 이론들은 마르크스주의, 즉 구조적 마르크스주의, 유물적 마르크스주의, 정통적 마르크스주의, 혹은 통속적 마르크스주의로 불리는 여러 마르크스주의들로부터 떨어져 나오고 있었으며, 새로운 종류의 비판 이론들이 활발히 유통되기 시작했다. 이것이 탈post-이론들—탈구조주의, 탈근대주의, 탈식민주의—의 등장이었다. 그리고 비판적 교수학은 이런 변화의 파도에 크게 영향을 받으면서 형성되었다. 사실 영향을 받지 않았다면, 그것이 더 놀랄 일일 것이다. 여기에서 먼저 짚고 넘어가야 할 게 하나 있다. 일부 사람들은 탈구조주의와 탈근대주의를 구별 짓고, 그들을 다르게 취급하는 반면(좀 미묘한 차이가 있다), 또 일부 사람들은 둘 사이를 구별하지 않는다(어느 정도 기본적 공통성이 있다). 나는 이 책의 목적을 위해 이 둘을 구별하지 않고 다룰 것이며, 탈구조주의와 탈근대주의라는 용어도 섞어서 쓴다는 점을 밝혀둔다.

3장이 1970년대 탈근대주의 출현의 역사적 맥락을 포괄적으로 다루고 있기 때문에, 여기에서는 탈근대주의가 비판적 교수학에 기여한 두 가지 핵심적 영향만을 다룰 것이다. 탈근대주의가 비판적 교수학에 미친 핵심적 영향은 다수의 "주변성marginalities"이라고 할 수 있다. 마르크스주의 이론의 계급 중심적 접근에 반대하면서, 탈구조주의는 하나의 중심이란 존재하지 않는다고 주장한다. 오히려 사회적 성, 인종, 성 정체성, 장애, 종교, 민족의 원천과 같은 다수의 주변성이 있다고 주장한다. 그리고 탈근대주의에 따르면, 어떤 주변성의 의미/중요성은 미리 결정되어 있는 것이 아니고, 맥락적이라고 주장한다. 어떤 한 맥락에서는 인종이 가장 중요할 수 있지만, 다른 맥락에서는 성 정체성이 가장 중요할 수 있다. 일부 사람에게는 성이 가장 중요한 주변성일 수 있지만, 다른 사람에게는 장애가 가장 중요할 수 있다. 이런 다자성과 이질성의 인정은 비판 이론에 포괄성을 가져야 함을 요청한다. 이것이 바로 페미니스트와 일부 반인종차별주의자들이 탈구조주의와 탈근대주의에 관심을 갖는 이유이다. 그러나 다자성은 많은 난감한 문제들을 초래하였다. 여러 주변성이 존재한다면, 그들 사이의 관계는 무엇인가? 개개의 주변성의 의미가 맥락적이라고 한다면, 어떤 주변성이 다른 주변성보다 더 중요한지를 알 수 있는 방법이 있는가? 모든 주변성들은 다 똑같이 중요한 것인가, 아니면 그것 또한 맥락에 따라 다른가? 모든 게 맥락에 따라 달라진다면, 우리는 상대주의로 전락하는 게 아닌가? 만약 한 이론이 할 수 있는 게 "맥락에 따라 다르다"일 뿐이라면, 그 이론은 과연 무슨 소용이 있을까? 그동안 이런 질문들이 논의되었다.

탈근대주의의 또 다른 기여는 "주체 형성subject formation"에 대한 새로운 이해이다. 마르크스 이론과는 대조적으로, 탈구조주의는 주체 형성을 매우 복잡하고, 비결정적이며, 그리고 느슨한 것으로 본다. 탈구조주의자에 따르면 주체 형성은 이데올로기와 의식—개념들과 신념들—뿐만 아니라, 감정과 욕구도 포함한다.Kincheloe, 2004를 보라 따라서 주체는 단지 더 복잡하기만 한 게 아니라, 더욱 파편화되고, 떠돌아다니고, 고정되어 있지 않다. 정신분석의 개념들을 이입하여 이루어진 주체 형성에 대한 탈구조주의자들의 지대한 관심은 계급 이상으로 우리의 주체를 형성하는 또 다른 영향력에 대한 민감성을 보여주었다. 반복하자면, 바로 이 민감성은 페미니스트와 반인종차별주의자들이 환영하는 부분이다.

그러나 탈근대주의와 비판적 교수학의 결합에는 하나의 역설이 존재한다. 근본적으로 탈근대주의는 의심/회의, 그리고 불가능성의 담론이다. 한편으로 탈근대주의는 근대주의의 계몽주의 프로젝트를 반대한다. 그러나 다른 한편, 탈근대주의는 마르크스주의의 혁명적 프로젝트에도 회의적이고 비판적이다. 탈근대주의자들은 마르크스주의를 "고상한high" 근대주의라고 부른다. 그래서 "가능성의 언어"를 위한 비판적 교수학이 탈근대주의—회의의 담론—에 귀착/결합했다는 것은 흥미로운 선회/역설이라고 하겠다. 어떻게 이 상반된 두 담론을 결합하느냐를 두고 비판적 교수학 내부에서 열띤 논의가 벌어졌다. 한쪽에서는 비판적/저항적 탈근대주의자들은 "가능성"이라는 자신들의 궁극적 목적을 포기하지 않으면서 탈근대주의를 수용하려고 한다. 다른 탈근대주의자들은 가능성이란 이념을 "전체적totalizing"이고, "도덕적moralizing"이라고 간주하며 그에 반대 입장을 취한다.

경쟁자: 페미니즘

비판적 교수학이 출현하고 유통되고 난 이후 거의 즉각적으로 페미니스트들(백인-페미니스트들)은 비판적 교수학에 의문을 품으면서 도전하기 시작했다. 그 이전부터 이미 페미니스트들은 신마르크스주의 이론과 여타의 비판 이론들이 사회적 성gender에 대한 관심을 결여하고 있다고 비판을 해왔다. 다만, 다른 점이 있다면 이번의 비판은 비판적 교수학이 사회적 성 문제를 홀대한다는 데 그치지 않고, 비판적 교수학 자체를 페미니스트들이 비판하기 시작했다는 것이다. 엘리자베스

엘스워드Elizabeth Ellsworth는 자신의 유명한 글, 「왜 권한을 부여받았다고 느껴지지 않는가? 비판적 교수학의 억압적 신화를 탐색하기」에서 비판적 교수학에 정면으로 도전하면서 그것이 사실상 "지배의 관계를 유지한다."고 주장하였다.Ellsworth, 1988/1992 그녀에 따르면, 그 이유는 비판적 교수학의 바탕이 되는 핵심적 가정이 비역사적이고 탈정치적인 추상 이념들이기 때문이라는 것이다. 그녀가 진술하기를, "권한 부여하기empowerment, 학생의 목소리, 대화, 그리고 '비판적인' 용어조차 모두 억압적 신화들이다(위의 책)." 예를 들어, 그녀는 "학생의 목소리student voice"라는 개념도 매우 문제가 많은 것이라고 보았다. "왜냐하면 한번에 모든 목소리를 낼 수는 없기 때문이다. 어떤 한 여성의 정치화된 목소리도 부분적이고, 복합적이고, 모순적일 수밖에 없다."위의 책, 1988/1992: 104 그러기에 "학생들에게 권한을 부여하는 것student empowerment이 개괄적이고 일반적인 휴머니즘적 용어로 정의되어 '효율적으로 행동하는 능력'으로 이해되어버렸고, 따라서 사회·정치적 지위, 제도, 집단에 도전할 수 없게 돼버렸다."같은 책: 99고 그녀는 주장한다. 그러므로 그녀에 따르면, 비판적 교수학이 민주적 교육의 기본이라고 제시한 "대화"라는 것은 불가능할 뿐 아니라, 억압적이 될 수도 있다는 것이다.같은 책: 106

같은 맥락에서 칼멘 루크Carmen Luke[1992]도 비판적 교수학의 기본들을 문제시하였다. 그녀에 따르면, 비판적 교수학은 자유주의/근대주의에 기반을 두고 있는데, 이 주의들은 남성 중심적 이론이다. 비판적 교수학은 문제가 있다고 루크는 주장한다. 그 이유는 "비판적 교수학의 담론 속에 있는 해방적 자기 권한 부여, 사회적 권한 부여, 해방적 합리성과 시민성 교육이라는 교육 정치educational politics는 평등과 참여 민주주의라는 자유주의의 인식론에 접목되었기"같은 책: 29 때문이다. 그리고 이들 자유주의 개념들은 "남성 중심적 주체를 상정하고 있고, 따라서 '사회적 성'을 위한 해방적 의제가 되기에는 이론적으로나 실제적으로 문제가 된다."같은 책: 29고 그녀는 주장한다.

이러한 비판을 기반으로 일부 페미니스트들은 "페미니즘적 탈구조주의 이론"이 비판적 교수학에게는 더 좋은 방향이라고 주장하였다.Luke & Gore, 1992 그럼 그들은 왜 탈구조주의에 끌리는 걸까? 그 주된 이유는 앞서 언급한 대로, 탈구조주의가 다자성과 주체의 형성에 초점을 두기 때문이다. 페미니스트들은 신마르크스주의의 계급 중심성에 대한 불만을 표출하기 위한 새로운 이론이 필요하였다. 물론 신마르크스주의자들은 이미 계급 중심의 틀을 넘어서서 권력 역동이라는 공동 중심성을 받아들였다. 예를 들어 애플은 삼위일체—계급, 인종, 사회적 성—를 항상 견지하고 있었다. 신마르크스주의자들과 비판 이론가들이 그들의 담론에 성 사회화와 인종 문제를 포함하고 있었지만, 페미니스트들은 여전히 성 사회화와 가부장제도가 충분히 심각하게 다루어지지 않고 있다고 느꼈을 수 있다(마땅히 그럴 만했다). 탈구조주의의 다자성과 주체 형성에 대한 강조는, 자신들의 주장을 펴기 위한 공간을 개척하려던 페미니스트들에게는 딱 들어맞는 것이었다. 다시 말해, 탈구조주의는 그렇게 할 수 있는 언어를 제공했다. 그렇게 볼 때, 사회적 성gender을 계급만큼이나 비중 있게 이론에 이입시키려 하던 페미니스트들이 탈-이론들—탈구조주의와 탈근대주의—을 포착한 것은 당연한 일이었다. 그리하여 미셸 푸코Michel Foucault는 오래된 상징인 칼 마르크스Karl Marx의 왕관을 박탈함으로써 페미니스트들이 가장 선호하는 인물이 되었다.

비판적 교수학에 탈구조주의를 강력하게 이입한 것은 의심할 여지가 없이 페미니스트들의 커다란 공헌이다. 그러나 여기에도 몇 가지 문제점들이 존재한다. 만약 비판적 교수학이 페미니스트들이 제안한 대로 비판 이론의 토대를 이루는 사회정의, 평등, 민주주의와 같은 개념들을 거부한다면, 비판적 교수학이 어디로 갈지는 분명하지 않다. 예를 들어, 사회정의가 근대주의적/자유주의적 개념이고, 그래서 포기되어야 한다면 무엇을 비판적 교수학을 위한 길잡이 개념으로 삼아야 하는가? 아니면, 그런 지침이 되는 원리를 아예 찾지 말아야 하는 건가? 만약 실천에서의 틈새와 균열이야말로 변화를 위한 위대한 통찰력과 가능성을 제시한다면Orner, 1992: 84, 어떤 틈새와 균열이 위대한 통찰력을 제시할 수 있는가? 아니면 모든 균열이 똑같이 통찰력을 제시하는가? 이 주제들은 매우 다루기 어려우며, 심각한 문제들이라고 할 수 있다. 페미니스트들이 비판적 교육 이론에 탈구조주의와 탈근대주의를 선구적으로 도입하는 데에는 성공하였지만, 자신들이 비판한 근대주의적/자유주의적 개념에 대한 대안을 제시하는 데는 성공하지 못했다.

페미니스트들이 주장하는 또 다른 이슈는 인종에 대한 관심의 결여이다. 탈구조주의적, 탈근대주의적 페미니스트들이 비판적 교수학을 단일에서 복수로, 그리고 계급에서 다수의 주변성으로 변화시켰다는 것은 확실하다. 그러나 다원주의에 대한 그들의 주장에는 인종과 관련된 한계가 보인다. 이런 한계를 보여주는 좋은 사례는 루크와 고어Luke & Gore의 저작인 『페미니즘과 비판적 교수학Feminism and Critical Pedagogy』1992이다. 이 책의 한 장으로 들어 있는 엘스워드의 글 1988/1992은 인종, 성, 그리고 여타 주변성을 다 포함하고는 있지만, 사실 이 논문은 성보다는 인종 문제를 더 다루고 있다. 이 같은 사실은 이 논문이 기초했던 그녀의 수업 제목이 "미디어와 반인종차별주의 교육학"이라는 데에서 알 수 있다. 그런데 루크와 고어의 책은 인종 문제가 결여되어 있고, 엘스워드의 글은 성이라는 이슈만을 위해 이용하고 있다. 루크와 고어의 책에 등장하는 어느 누구도—그리고 이 책에 반응했던 어떤 사람도—이 책의 인종차별에 대한 흥미로운 침묵에 주목을 하지 않고 있다. 페미니스트들은 계급을 넘어서 사회적 성을 통합함으로써 비판적 교수학에 도전하였지만, 다른 주변성들, 특히 인종 문제를 포함하지는 못했다. 그래서 인종 문제는 비판적 교수학의 담론 안에서 포괄되는 것을 기다려야 했다.

도전자: 반인종주의와 탈식민주의

미국 사회에서 인종은 매우 고통스러운 주제이고, 항상 그러했다. 비판 이론이 인종 문제를 홀대한 것에 대해서는 상당한 기간에 걸쳐 제기되었고 비판이 계속 있어왔다. 그러나 최근, 인종 문제는 특히 페미니즘 내에서 골치 아픈 이슈로 등장하였다. 이것은 페미니즘 이론이 1980년대 이래 학문 분야의 선두에 서 있었기 때문이다. 따라서 페미니즘이 자연스럽게 민족과 반인종차별주의를 위한 싸움터가 되었다.

예를 들어 벨 훅스bell hooks[1884]는 백인-페미니즘white-feminism에 강력한 비판을 가했다. 그녀는 연대의식/자유주의적 페미니즘과 급진적 페미니즘의 전제들을 비판하면서 백인-페미니즘에 대한 그동안의 상식적 수준의 순진한 설명에 동의하지 않았다. 초기 백인 페미니스트들의 의식 부재라든가(백인 여성은 소수 여성들에 대해 잘 몰랐을 뿐이다), 페미니즘 학문의 발달 수준 때문이라든가(페미니스트 운동의 초기에는 이해될 수 있는, 또 백인 페미니스트들은 점점 그들의 '백인성whiteness'을 인식하고 있었지만), 낙수 효과의 설명(페미니즘은 백인의 것이었지만, 나중에는 모든 여성에게 도움이 될 것이다)을 부정하였다. 그와 반대로, 훅스는 "백인-페미니즘은 (사회의) 내재적 모순을 호도/위장함으로써 도리어 계급사회를 공고화하는 데 기여했다."고 주장한다.같은 책: 20-21

위에서 언급한 대로, 초기 비판적 교수학의 인종에 대한 관심 결여는 엘스워드[1988/1992]를 비롯한 일부 페미니스트들에 의해 이미 지적된 바 있다. 그 이후에도, 다른 많은 사람들은 비판적 교수학이 인종 문제를 적절하게 다루지 못했다고 지적하였다.hooks, 1994; Ladson-Billings, 1994; Kindcheloe & Steinberg, 1998; Leonardo, 2002, 2004; Allen, 2004; Grande, 2004; Lynn, 2004; Parker & Stovale, 2004; Spring, 2007 그러나 앨런Ricky Lee Allen이 지적하였듯, "이런 비판들은 주목을 받지 못했고, 계급에 기반을 둔 비판적 교수학은 변하지 않은 채 그대로였다."Allen, 2004: 123 즈스 리오날도Zeus Leonardo도 같은 소감을 피력하였다. "인종 문제는 비판적 교수학의 발전에서 이차적인 역할만을 해왔다."Leonardo, 2004: 117 리오날도에 따르면 이렇게 된 이유로 "마르크스주의 영향력이 너무나 커 비판적 교수학은 계급 관계를 비판하거나 문제 삼는 데 우선을 두게 되었다."고 말한다.^{같은 책} 많은 비판적 이론가들과 교육자들은 인종의 중요성에 대해서는 동의하지만, 계급과 인종 간의 관계는 논쟁적 주제이고, 그에 대해 오랫동안 뜨거운 논쟁을 벌여왔다.

페미니즘이 탈구조주의와 함께 비판적 교수학에 진입한 것과 비슷하게, 인종 문제 또한 특정한 이론적 경향을 가지고 비판적 교수학에 진입하였다. 지난 20여 년 동안 인종차별에 대한 이슈와 연구는 탈식민주의 이론에 의거하여 발전해왔다. 탈구조주의가 인종 연구를 위한 길을 터준 셈이다. 간단하게 핵심만 말하자면, 탈구조주의는 본질적으로 권력과 지식의 관계에 대한 연구이다. 최근의 인종 연구는 탈구조주의를 그 이론적 틀로 받아들였고, 인종주의와 식민지주의를 탈구조주의에 이입시켰다. 이리하여 탈식민지주의는 본질적으로 탈식민적 권력과 식민적 지식 간의 관계에 대한 연구이다.^{Loomba, 1998} 사이드_{Edward Said}, 바바_{Homi Bhabha}, 그리고 스피박_{Gayatri Spivak}을 선두로 한 탈식민지주의는 인종주의 연구에서 강력한 연구 분야로 등장하였고, 인종 연구의 새로운 영역이 되었다. 그 이후 백인성, 백인의 특권, 비판적 인종 이론, 문화 연구, 정체성의 정치 등 다양한 인종 연구가 번창하였다.

이러한 지식에 관심이 모임으로써 탈식민지주의 연구는 탈근대주의가 전체적으로 그렇듯 문화, 담론, 상부구조에 집중하는 경향을 띠게 되었다. 이는 탈식민주의의 세 거장—사이드, 바바, 스피박—이 모두 문학 이론가라는 사실에서도(이는 단순한 우연이 아니다) 알 수 있다. 탈식민지주의 이론은 비판적 연구로 하여금 인종 문제에 대한 깊은 이해를 가지도록 유도했다는 공로가 있긴 하나, 탈식민지주의 이론의 지나친 문화적 접근은 인종 문제에 대한 구조적·물질적 이해를 경시하였다는 비판을 동시에 받았다. 다시 말하자면, 문화주의culturalism는 탈식민적 연구에만 해당되는 이슈가 아니다. 1980년대 이래 문화주의는 사회적 정치학social politics에서는 물론이고, 학문 이론에서도 주된 관심 주제가 되었다. 물론 인종과 탈식민지성은 단지 문화적이지는 않고, 또 그래서도 안 된다. 그러나 이런 담론 분야의 특수성 때문에 인종주의는 종종 유물론/계급의 경제주의와 반대되는 문화주의와 동일시되곤 한다(이 논의는 3장에서 더 보게 될 것이다).

경계선의 이슈

내가 지금까지 논의한 것은 '이념'으로서의 비판적 교수학이 아니라, 하나의 '연구 분야'로서의 비판적 교수학의 역사적 맥락과 기원이었다. 초반부에서 진술한 대로, 비판적 교수학의 이념은 1980년대에 연구 분야/이론으로서의 출현에 앞서 이미 오래전에 존재했었고, "비판적 교수학"이라는 용어가 생기기 이전에 이미 그것을 실천하는 많은 교육자들이 있었다. 현재도 비판적 교수학이라는 용어를 들어보지도 못했지만, 그것을 실천하고 있는 교사들이 분명히 있을 것이다.

이러한 사실은 우리를 비판적 교수학의 경계선 이슈로 유도한다. 무엇이 비판적 교수학이고, 무엇이 아닌지를 어떻게 결정하는가? 누가 비판적 교육자이고, 누가 아닌가? 달리 말하면 비판적 교수학의 경계선은 어디에 있는가, 그리고 그런 경계가 꼭 있어야 하는가? 이것들은 매우 까다로운 질문이다. 한편에는, 비판적 교수학을 아주 넓게 정의하여 주류의 교육 패러다임을 반대하는 것 모두를 포함시키는 사람들이 있다. 가장 넓은 정의에서 보면, 비판적 교수학은 비판적 교육 이론과 같은 것으로 이해될 수 있다. 다른 한편에는, 비판적 교수학을 더욱 좁게 정의하는 사람들이 있다. 예를 들면 일부 사람들은 비판적 교수학을 프레이리 교육학과 동일시한다. 이런 비판적 교수학에 대한 다른 해석의 발단은 "pedagogy"라는 단어에 있다. "pedagogy"를 교실 속의 행위—가르침/교수—로 한정해서 해석하면, 비판적 교수학은 미시적 수준(주로, 수업 방법)에 초점을 맞추게 된다. 다른 한편, "pedagogy"를 넓게 문화적 (재)생산의 모든 행위로 해석하면, 이때의 비판적 교수학은 미시적 수준(학교에서의 가르침)뿐 아니라, 거시적 수준의 분석(학교를 넘어 더 넓은 사회까지)을 포함하게 된다.

이 책에서 중요한 이슈는 비판적 교수학과 신마르크스주의 교육 이론 사이의 경계이다. 이미 언급했듯이, 비판적 교수학 그 자체의 정체성—"가능성의 언어"로서—은 신마르크스주의 이론에 대한 대응으로 형성되었다. 그러나 신마르크스주의 이론에 대한 비판적 교수학의 대응은 단지 비판이나 거부만은 아니다. 그 대응의 양상은 다양하다. 신마르크스주의에 대한 비판, 신마르크스주의의 심화/정교화, 그리고 신마르크스주의의 거부 등이 그것이다. 어떤 면에서는 비판적 교수학은 초기의 비판적 교육 이론의 정교화이고 확장이며, 어떤 면에서는 비판적 교수학은 초기 마르크스주의 이론과 차별화된다. 이후의 장에서 보겠지만, 분명 이 두 이론들 사이에는 상당한 공통성과 중첩성이 있다. 그러기에 비판적 교수학과 신마르크스주의를 기본적으로 같은 것으로 보고, 양자 간에 경계를 설정하지 않을 수도 있다. 그렇지만 양자를 분리하고, 차이를 강조하는 접근을 하려는 사람 또한 존재한다. 따라서 누구를 비판적 교육자로 구별하고, 비판적 교수학을 어떻게 정의하느냐는, 결국 초기의 신마르크스주의 이론과 후기의 비판적 교수학 간의 관계에 대한 개인의 관점에 따라 달라진다.

양자의 접근 사이에 중첩이 있지만, 이 책은 비판적 교수학과 초기의 신마르크스주의 교육 이론을 구분하는 입장을 취한다. 그 이유는 비판적 교육 전체 분야에 있었던 중요한 사고/이론의 전환을 포착하기 위해서이다. 비판적 교수학의 경계선을 어디로 보든 간에, "비판적 교수학critical pedagogy"의 출현과 함께 "비판적 교육critical education"에는 몇 가지 중요한 변화가 있다. 간단히 말하면, 가능성의 언어의 탐구와 탈근대주의의 영향은 비판적 교육 분야 전체를 다른 방향으로 움직였다.

1 1958년 영국의 사회학자인 마이클 영Michael Young은 그의 저서 『업적주의의 반란 Rise of the Meritocracy』(1958)에서 능력 위주 사회meritocracy라는 용어를 처음 사용하였다. 영국이 세습제 귀족정치 사회로부터 사회적으로 증명된 실력이 지배하는 사회로 이행移行하는 모습을 가상적으로 묘사하였는데, 거기에서는 IQ 플러스 노력이 업적merit으로 간주되었다. 업적이 교육의 성과로서 나타나는 바가 크기 때문에 교육의 역할을 정당화하기 위한 중요한 개념이 된다. 그는 업적주의를 개개인의 IQ에 따라 지위가 결정되는 사회라고 묘사했다. 이른바 지능이 뛰어난 엘리트들이 높은 지위에서 사회를 통치하게 되지만, 점차 권위적이고 오만한 그들은 대중의 반감을 사게 되어 혁명의 희생양이 된다고 적고 있다. 비록 이 단어가 처음 등장한 이 책에서는 부정적인 것으로 묘사되고 있지만, 많은 사람들이 능력 위주의 업적주의를 선호한다.

2 "사물화"란 자율적으로 자기결정에 따라 자유롭게 주체적으로 행위한다고 생각되는 인간의 행위나 사회적 존립상태가 특정 사회적 관계나 가치체계 안에서 자율성이나 주체성을 박탈당한 채, 마치 인간이 아닌/비인간적 존재자나 물질처럼 취급되는 상태를 가리킨다. 이 개념은 마르크스가 『자본론』에서 상품의 물신성을 논하면서 상품의 유통을 통해 저절로 가치가 늘어나는 것처럼 보이는 과정이 실은 자본가가 노동자의 노동력을 투하시켜 상품을 만들면서 거기에 대해 충분히 대가를 지불하지 않고 시장에 유통시켜 거기에서 나온 이윤을 독점하는 과정으로 해명하면서 제기한 물상화物像化, Versachlichung 개념에서 유래한다.

제3장
비판적 교수학의 이론적 맥락: 문화와 문화정치학

왜 문화인가?

근본적으로 1980년대 비판적 교수학의 출현은 문화에 대한 새로운 강조라고 이해될 수 있다. 비판적 교수학은 경제적 결정론과 신마르크스주의 이론의 난관을 극복하기 위한 방안으로서, 경제를 떠나 문화를 향해 그 이론적 초점을 이동하였다. 비판적 교수학은 그 이론적 초점을 경제적 토대(생산력과 생산관계)로부터 상부구조(특정의 역사적 신념 체제, 종교 체제, 사법 체제, 정치 체제 등)로 이동하였다. 그래서 문화/문화적 정치성이 비판적 교수학의 정체성 그 자체가 되었고, 바로 이점에서 비판적 교수학이 이전의 비판적 교육 이론과 차별화되고 구별된다. 이런 비판적 교수학의 문화 중심성은 바로 비판적 교수학의 정의에 잘 나타나 있다. 예를 들어 맥러런은 비판적 교수학을 "학생들의 경험을 바탕으로 하는 문화적 정치cultural politics의 한 형태"라고 정의하였다.McLaren, 1995: 42, 강조 추가 또한 다더Darder, 발터단트Baltodanto, 그리고 토레스Torres도 "비판적 교수학이 학생의 경험과 인식을 정당화함과 동시에 도전함으로써 '문화적 정치'의 개념을 다루려고 하는 것이다."Darder et al., 2003: 11, 강조 추가라고 주장하였다.

"비판적 교수학: 주요한 개념에 대한 고찰"McLaren, 2003에서 맥러런은 다음의 주제를 비판적 교수학의 핵심 개념으로 제시하고 있다.

- 지식의 형식
- 계급
- 문화
- 지배문화, 종속문화, 하위문화
- 문화의 형식
- 헤게모니
- 이데올로기
- 편견
- 담론
- 숨겨진 교육과정
- 문화정치의 한 형태로서의 교육과정
- 문화적 자본

확실히 이들 핵심 개념들의 다수는 문화와 상부구조의 영역에 관한 것이고, 이는 비판적 교수학에서의 문화정치의 우선성을 보여준다. 또한 비판적 교수학의 문화적 토대는 그것의 연구 방법론에서도 나타난다. 비판적 교수학은 문화기술적ethnographic이고 인류학적 연구의 경향성을 보여준다. 비판적 교수학에서 인터뷰, 삶의 역사, 사례 연구, 자서

전적 민족지와 같은 질적 연구 방법이 지배적이고, 그것이 권위 있는 것으로 평가된다. 더 나아가 문화는 비판적 교수학 내에서 인식론적 관점의 우위를 차지하고 있을 뿐 아니라, 정치적 저항과 해방적 정치의 영역이 되었다. 이제 문화/담론 분석과 해체deconstruction가 체제에 대한 저항과 도전의 중요한 영역이 되었다(4장에서 더욱 상술된다).

그렇지만 이런 문화의 강조는 비판적 교수학에만 해당되는 것이 아님을 주목해야 한다. 최근 문화 이론은 비판적 교육 이론 전반에 중요한 영향력을 미쳤다. 1980년대 이래, 문화 이론과 문화 연구에 대한 교육 문헌이 범람한 것을 우리는 목격하였다. 예를 들면, 최근의 다문화 교육multicultural education에 대한 관심의 재등장도 교육 담론에서 문화의 발견과 지배의 영향이라고 볼 수 있다. 게다가 이런 현상은 교육 분야에만 한정되어 있지 않다. 지난 30여 년 동안 "문화"는 일반적으로 사회과학과 인문학의 주류적 주제가 되었고, 문화 이론, 문화 연구, 문화 권력, 문화적 저항, 문화정치학 등으로 광범위하게 활용되었다. 더 나아가서 문화정치cultural politics는 신사회운동에서 주도적인 정치적 위상을 가지게 되었다.Teodori, 1969: Harvey, 1990; Sanbonmatsu, 2004 마이클 데닝Michael Denning[2004]이 말했듯이, 이는 마치 우리가 새롭게 문화를 발견한 것이고, 그래서 어디에나 문화가 존재하고 있으며, 그리고 정말 중요한 것은 문화임을 갑자기 깨달은 듯하다. 또한 이러한 문화적 지배의 추세는 산업화된 서구에만 한정되지 않는다. 차이와 불일치가 일어나긴 하지만, 문화 연구와 문화정치는 지난 20년 동안 세계적 현상이 되었다.

그럼 문화가 왜 비판적 교수학은 물론이고 다른 학문 연구와 좌파 정치의 최전선에 위치하게 되었는가? 문화가 왜 그렇게 중요하게 되었나? 문화를 향한 이런 갑작스러운 움직임을 촉발한 정치적·문화적 맥락은 무엇인가? 문화 이론이 이전에 거론되지 않았던 무슨 새로운 문제를 언급하고 있는가? 이것들은 이 장이 다루고자 하는 질문들이다. 이 질문들을 풀어내는 데 여러 학자들과 접근 방식 간의 이론적 차이에만 초점을 두는 방식을 취할 수도 있다. 예를 들어, 이미 많은 사람들이 작업을 했듯이, 마르크스주의와 탈-이론(탈구조주의, 탈근대주의, 탈식민주의)이 문화를 어떻게 다르게 개념화하는지, 그 차이를 설명하는 방식으로 할 수도 있다. 그런 접근 방식과는 달리, 이 장은 문화의 출현을 촉발했던 역사적·사회적 맥락을 검토하는 접근을 시도할 것이다. 이 장의 목적은 문화 이론의 내용을 검토하는 것이 아니라, 서로 다른 문화 담론과 문화정치가 어떻게 위치하고 있는지에 대한 큰 틀을 분석하는 것이다. 따라서 이 장은 "문화"의 주제를 폭넓은, 때로는 거친 획으로 스케치한다.

문화에 대한 질문의 의미

1970년대에 새롭고 원숙한 형태의 문화 연구가 출현하였다. 그 이래로 "현대 문화 연구"는 문화가 이해되는 방식을 바꿔버렸을 뿐만 아니라, 문화를 사회 이론과 철학 이론의 중심에 위치시켰다. 문화 이론가들은 이런 문화에 대한 새로운 관심과 초점이 1970년대 이후—리오타르Jean-François Lyotard[1984]의 주장에 따르면 2차 대전 이래—극적인 사회의 변화로 나타난 것이라고 주장한다. 탈산업화와 탈근대화 사회에서는 문화가 결정적으로 중요한 중심부—일부 사람들에게는 유일한 중심지—라고, 그리고 그렇게 되어야 한다고 문화 이론가들은 주장한다.

1970년대 이후 사회 체제에 급격한 변화가 있었다는 데에는 많은 사람들이 동의한다. 그러나 그들이 동의하지 않는 점은 그 변화가 근본적 단절이냐, 아니면 정도의 변화냐 하는 것이다. 1970년대 이후의 변화가 이전의 사회적 조건의 단절인지, 아니면 체제 내의 단순한 변화인지에 대해서 그동안 열띤 논의가 있어왔다. 달리 말하면, 이 논의는 리오날도가 지적한 대로, 포스트모더니티postmodernity에서의 "post"를 근대 이후after modernity로 해석하느냐, 아니면 후기 근대late modernity로 해석하느냐의 문제이다. 이렇게 문화의 질문은 궁극적으로 사회의 본질 자체에 대한 질문이다. 탈근대적 조건을 근대로부터의 완전한 단절이라고 본다면, 사회나 자본주의를 분석하고 대안을 제시하는 데 있어 마르크스주의가 더 이상 유효하지 않다는 것을 뜻한다. 이것이 대체적으로 보아 탈근대주의자들의 입장이다. 하지만 탈근대적 조건을 근대나 자본주의의 "후기" 단계로 이해하면, 이는 마르크스주의가 여전히 적합성을 갖는다는 것을 뜻한다. 이것이 대체적으로 보아 신마르크스주의자의 입장이다. 그러므로 문화에 대한 질문이 신마르크스주의자와 포스트-이론가들을 갈라놓았을 뿐만 아니라, 그들 사이에 논쟁을 불러일으켰다. 다소 과감할지 모르나, 이 장은 사회의 본질을 이해하기 위한 의미로서 문화에 대한 질문을 조명해보려고 한다.

이 장에서 나의 핵심적 주장은 20세기에 와서 문화가 중요해진 이유는 '자본주의 그 자체의 변화' 때문이라는 것이다. 이 장이 문화 연구와 문화정치와 관련된 자본주의 변화의 역사적 맥락을 개괄하기 때문에 "문화"를 처리하는 방식은 불가피하게 '영국현대문화연구센터'나 탈근대적 문화 연구보다 더 광범위하게 다루어질 것이다. 문화로의 전환을 더욱 광범위하게 정의하면 사회 이론에서 그것은 물질적 토대로부터 상부구조로의 이동이라고 할 수 있다. 이렇게 볼 때, 내가 보는 바로는 문화로의 이동은 20세기 초부터 대략 1930년대로부터 진행되었다. 그것은 1920~1930년대의 안토니오 그람시Antonio Gramsci의 헤게모니 개념의 '도입으로부터 시작하여 1940~1960년대의 프랑크푸르트학파의 대중문화와 매스미디어에 대한 연구Benjamin, 1937/1978; Adorno, 1938/1978, 1962/1978, 1973); Marcuse, 1969, 1972, 루이 알튀세르의 이데올로기와 이데올로기 국가 장치의 작동에 관한 연구Althusser,. 1971, 비밍엄 문화 연구Hoggart, 1957; Thompson, 1957; 1958; Hall, 1958, 1980; Williams, 1961, 1963, 그리고 1970년대 이래 문화와 지식에 대한 탈구조주의와 탈근대주의 이론Faucault, 1977, 1980; Lyotard, 1984; Baudrillard, 1994에 이른다. 되풀이 말하면, 나의 초점은 이런 다양한 이론들에 대한 상세한 논평이 아니고, 정치·경제의 근본적 변화가 문화의 중요성과 의미를 어떻게 변화시켰고, 그리고 자본주의 생산 방식의 변화가 어떻게 문화를 비판 이론과 좌파 정치의 중심 무대로 올려놓았는지를 보여주는 데 있다. 간단히 말하면, 나의 연구는 문화 연구와 문화정치에 대한 물적/물질적 분석이다.

노동계급 의식과 헤게모니

1차 세계대전 이후 러시아 혁명으로 고무되어 혁명적 투쟁이 분출되었고, 그 혁명의 열기는 아시아, 아프리카, 라틴아메리카 등 전 세계적으로 퍼져나갔다.[Tilly, 2004] 그러나 1930년대에 이르자 유럽에서 프롤레타리아 혁명이 일어날 가능성은 거의 사라져가는 것이 분명해졌다. 유럽의 노동계급은 국제적 노동자 운동과 연대하지 않았으며, 오히려 양차 세계대전 사이에 출현한 국수주의적 파시즘을 지지하였다. 이와 함께 유럽 프롤레타리아는 자본주의 체제로 성공적으로 통합돼버렸다.[Arato & Gebhardt, 1978; Davis, 1999; Wallerstein, 2004a] 왜 유럽의 프롤레타리아는 자신의 노동에 대한 착취를 바탕으로 세워진 자본주의 체제에 순응하였는가? 달리 말하자면, 노동계급은 왜 자신의 계급 이해에 반대되는 것을 수용했을까? 바로 이 문제가 20세기 초반의 마르크스주의자들에게 던져진 가장 핵심적인 질문이었다. 그리하여 이 질문은 마르크스주의자들로 하여금 칼 마르크스Karl Marx와 프리드리히 엥겔스 Friedrich Engels가 충분히 상술하지 않았던 상부구조(이데올로기와 문화)의 영역에 관심을 갖도록 이끌었다. 이 질문에 대해, 그람시는 부르주아의 문화적-정치적 헤게모니에서 그 해답을 찾고자 하였고, 루카치György Lukács는 프롤레타리아의 이데올로기적 위기에 초점을 맞추었다.

마르크스를 다시 떠올려본다면, 한 사회의 지배적 이데올로기는 지배계급의 이데올로기이고, 노동계급은 그들의 허위의식 때문에 지배 이데올로기를 믿게 된다고 한다. 아주 단순화해서 말하면, 노동계급이 자신들의 이익을 보지 못하는 것은 그들이 속았기 때문이고, 그들이 속은 이유는 지배계급이 이데올로기의 생산수단을 지배하고 있기 때문이라는 것이다. 그러나 이런 투박한 마르크스의 설명과는 달리, 그람시[1971]는 그 과정을 속임수의 문제만이 아니라, 오히려 양보와 타협의 문제로 보았다. 그람시에게 중요한 문제는 다음과 같이 실제적이었다. 무솔리니의 파시즘은 왜 이탈리아에서 발생했는가? 이탈리아 사람들은 왜 그것을 지지했는가? 그리고 어떻게 노동계급이 부르주아가 지배하는 유럽에서 권력을 잡았는가? 그람시가 보기에는, 노동계급을 포함한 이탈리아 사람들이 파시즘에 동의하고 받아들인 것은 강요되거나 속아서가 아니라, 지배 블록이 헤게모니hegemony[1]를 이루어낼 수 있었기 때문이다. 그람시는 그런 헤게모니를 형성하는 데에 지식인들이 얼마나 중요한 역할을 하는지를 깨달았다. 그에 따르면, "전통적 지식인들traditional intellectuals"은 지배계급의 이데올로기를 발전시키고, 설명하고, 정당화하는 사람들이다. 따라서 노동계급도 이러한 헤게모니에 대항하기 위해서는 대항 헤게모니 이데올로기를 만들어줄 그들의 지식인―그는 그들을 "유기적 지식인organic intellectuals"[2]이라고 불렀다―이 필요하다고 주장하였다. 그람시는, 계급 전쟁이 단지 국가권력을 둘러싼 투쟁("기동전war of maneuver")[3]에서만이 아니라, 이데올로기와 의식 수준에서의 투쟁("진지전war of position")에서도 일어난다고 하였다. 따라서 그람시는 상부구조도 (더 중요한 것이 없다면) 적어도 물질적 토대만큼 중요하다고 역설하였다.

　루카치[1923/1971] 또한 허위의식 명제를 거부했다. 그람시와 마찬가지로, 그도 노동계급 의식 형성에 있어 문화적 중재 과정의 중요성을 강조하였다. 우선 루카치는 문화적 중재 과정의 복잡성을 강조했다. 그는 문화와 문학작품들이 자동적으로 계급의 이익을 반영/상응한다는 관점에 반대하였다. 한편으로, 문화적 상징/표현이 사회질서의 총체성을 드러내어 표현함으로써 프롤레타리아의 관점을 제시한다면, 그것은 해방적일 수 있다. 그러나 다른 한편으로, 문화적 상징/표현이 우리의 현실과 경험을 파편화하고 분열시키는 것이면, 그것은 "물신화 reification"의 한 형태가 된다. 문화적 상징/표현의 상품화의 증대로 인해, 문화는 해방보다는 물신화의 형태가 되었고, 그리하여 문화는 노동계급의 수동적 태도를 보장하는 통제 기제로 기능하게 되었다고 루카치는 주장한다.Smith, 2000 이런 그의 주제는 이후 특히, 프랑크푸르트 학파에 의해 채택되어 계속 발전되었다.

그람시와 루카치를 통해, 이데올로기와 문화는 이전보다 더 중요한 위치를 갖게 되었고, 노동계급의 이해를 이해하는 데 면밀하게 분석되어야 하는 중요한 영역으로 등장하였다.Sparks, 1996 후에 버밍험 문화 연구가 영국의 노동계급이 왜 대처를 지지하게 되었는지를 설명하려고 했을 때(이것은 이탈리아 노동계급이 왜 무솔리니를 지지했느냐는 그람시의 질문과 기본적으로 동일한 질문이다), 영국의 버밍험 센터는 그람시를 불러내었고, 그것으로부터 헤게모니 문화 이론을 발전시켰다.같은 책 노동계급에 적대적이었던 영국의 대처 정부와 마찬가지로, 미국의 노동계급 또한 1980년대 초 레이건 행정부의 등장에 일조했다. 아마도 이런 정치적 상황의 유사성이, 왜 영국의 문화 연구가 미국의 지식인과 정치적 좌파에 그렇게 큰 영향을 미쳤는지 그 이유 중의 하나일 수 있다.

대중문화 산업과 주체

그람시가 이탈리아에서 파시즘의 등장을 이해하려고 한 것과 같이, 프랑크푸르트학파Frankfurt Schools는 독일에서 파시즘의 등장을 설명하려는 시도를 했다. 풍부한 지적 전통을 물려받은 문명화된 독일인이 어떻게 히틀러를 지지하고, 다른 사람들에게 그렇게 비인간적이고 상상을 초월하는 학살 행위를 저지를 수 있는가? 프랑크푸르트 비판 이론가들에 따르면, 그 대답은 매스컴과 문화산업의 등장, 그리고 그것이 문화와 사회적 주체에 미친 영향에서 발견될 수 있다. 프랑크푸르트학파는 대중문화 산업의 출현이 예술과 문화가 사회에서 하는 기능을 변화시켰다고 역설했다. 계몽주의 시대 이래로, 생활-세계life-world의 영역인 예술은 합리성에 의해 지배되는 체제-세계system-world를 반대하고, 또 그것을 넘어서는 것으로 여겨져왔다.Arato, 1978 예술은 자본주의의 파괴적인 도구적 합리성, 그리고 기능주의의 결과에 대한 해독제로 이해되어왔다.Harvey, 1990 특히, 민중문화의 등장은 엘리트/부르주아 문화에 대항하는 진보적 현상이라고 간주되었다. 보통 사람들의 문화적 표현도 예술이라고 주장함으로써, 민중문화의 출현은 엘리트 문화만이 예술적 가치가 있다는 기존의 통념에 도전하였다. 예술과 문화는 더 이상 귀족만의 전유물이 아니었다.

그러나 매스미디어와 문화산업의 등장과 함께 대중문화mass culture의 진보적 힘은 크게 축소되었다. 이런 매스미디어의 새로운 발달과 대중문화의 상업적 생산이 바로 프랑크푸르트학파가 세심한 관심을 보였던 영역이었다. 이 학파에 따르면 매스미디어와 문화산업은 민중

문화popular culture를 상업화된 대중문화로 변화시켰다. 다른 제조 상품과 마찬가지로, 오늘날 문화는 하나의 소비재로서 대량생산되고 포장되고 배분되고 있다. 달리 말하면, 앤드루 아라토Andrew Arato[1978]가 말한 바 있듯, 예술과 문화가 "물화thingfication"되었다. 프랑크푸르트학파에 따르면, 이 변화는 매우 중요한 것이다. 왜냐하면 그것은 왜 노동계급 문화와 의식이 더 이상 자신의 계급 이익에 근거하지 못하고, 독립적이지 못한 이유를 설명해주기 때문이다. 이제 주체(성)와 의식은 대중/상업문화에 의해 구성되기 때문에, 계급과 문화/의식 사이의 밀접한 관계는 근본적으로 깨어졌다. 그 결과, 프랑크푸르트학파는 더 이상 대중문화는 민중들의 문화를 표현할 수 없다고 주장했다. 그 대신, 문화는 사회적 통제의 주요한 기제가 되었다. 이것이 프랑크푸르트학파가 나치 시절에 미국에서 미디어 연구를 수행하면서 노동계급 의식의 부재와 나치즘의 수용을 설명했던 방식이었다.[Jay, 1973을 보라]

프랑크푸르트학파의 매스미디어 연구는, 매스미디어와 문화산업이 어떻게 "주체"의 형성에 영향을 미치는가라는 새로운 질문을 제기하였다. 그 어떤 것보다, 알튀세르의 저작은 주체의 형성이라는 주제에서 중요한 의미를 지닌다. 그의 이론은, 최근의 문화적 정체성과 주체에 대한 이론들의 기초를 제공해주었다. 알튀세르는 생산관계의 재생산 과정에서 이데올로기의 역할—문화는 이데올로기의 한 하위 부분이다—을 정확하게 분석하고자 했으며, 그럼으로써 이전 마르크스주의 경제적 분석의 실패를 극복하려고 하였다. 그는 상부구조 내에 복잡하고 때로는 모순적인 관계가—이것은 "매개mediation"가 아닌 "절합articulation"으로서 이후에 논의될 것이다—존재하고 있다고 보았고,

따라서 주체가 계급 이익에 의해 결정돼버리는 수동적인 것이라고 보았던 이전의 이론들을 반박하였다. 알튀세르Louis Althusser[1971]는 주체(성)의 형성에 이데올로기적 국가 장치들—예를 들어, 가정, 교육제도, 정치정당, 노동조합, 종교기관, 매스미디어, 문화기관들—이 상당히 중요한 역할을 한다고 주장하였다. 이데올로기 국가장치ISAs의 역할에 대한 알튀세르 생각의 핵심은 20세기에 들어와 상부구조의 제도가 더욱 복잡해졌고, 그들의 역할과 영향도 증대하였다는 것이다.Smith, 2000을 보라 이데올로기[4]를 개인의 물질적 현실/조건에 대한 "상상적imaginary" 관계로 규정한 점, 그리고 담론discourse[5]과 호명interpellation[6]을 통해서 주체의 형성/주체화가 이루어진다는 알튀세르의 이론은 이후 많은 문화 연구의 토대가 되었다.Leonardo, 2003b을 보라

따라서 프랑크푸르트 비판 이론의 문화에 대한 설명이 상당히 어둡고, 그들의 사회 변화의 전망이 상당히 비관적이었던 것—대부분의 프랑크푸르트 학자들이 독일에서 망명한 유태인이었음을 감안하면—을 충분히 이해할 수 있다. 비판 이론은 전반적으로 1950년대 후반 이후 줄곧 허무주의적으로 변해갔다. 비판 이론에서 주체는 기본적으로 사라져버렸고, 사회는 완벽한 세력을 가지고 있는 것으로 이해되었다.Piccone, 1978 이렇게 되면, 자율적 주체의 존재를 붙들고 있는 것이 불가능하지는 않지만, 그것은 매우 어려운 일이다. 이는 자유롭고 자율적인 주체라는 아이디어 자체가 가능성이 없는 것을 말해준다. 그 이유는 오늘날 서구 체제가 지배자의 의식뿐만 아니라 피지배자의 의식까지도 엄격하게 지배하고 있기 때문이다. 이 주제는 이후 프레이리에게 반향이 되어 나타난다.1970/1997 주체의 죽음death of subject[7]이나

탈휴머니즘posthumanism[8]과 같은 이념들의 등장으로 인해Hardt & Negri, 2000, 확실히 급진적 사회 변화를 상상한다는 것은 더욱 어려워졌다. 이 같은 주제는 주로 후기 탈구조주의와 탈근대주의에 의해 수용·발전되었다. 예를 들어, 우리는 권력에 대한 이와 비슷한 묘사, 즉 완전히 관리되어 있는 사회에서 사회의 권력이 어떻게 주체/개인들을 훈육하는지를 푸코1977의 연구에서 볼 수 있다.

국가자본주의와 노동계급의 재구성

위에서 나는 상부구조, 이데올로기, 대중문화가 어떻게 비판 이론에서 중요한 주제로 등장하게 되었는지, 그리고 문화 이론들이 어떻게 매스미디어(프랑크푸르트학파), 교육 체제(알튀세르), 그리고 감옥(푸코)을 통한 주체의 형성에 초점을 두고 진화해왔는지를 간단히 기술하였다. 문화에 대한 관심이 커져가는 것은 이제 계급 전쟁이 문화산업과 "국가의 문화적 장치들"에 의한 문화적 개입을 통해 이루어지기 때문이다.Denning, 2004: 161 문화가 어떻게 계급투쟁의 장이 되었는지를 잘 이해하기 위해서는 20세기 초반에 있었던 자본 축적 방식의 변화를 검토해야 한다.

20세기 초 산업화된 서구의 자본주의는 심각한 위기에 봉착하였다. 이런 위기로 인해 시장은 스스로를 규제할 수 없게 되었다. 이것이 자유방임주의/자유주의적 자본주의의 끝이다, 따라서 경제를 안정시키기 위해서는 정부가 시장에 개입하고 규제해야만 한다는 인식이 생겼다. 이것이 국가자본주의의 시작이다. 1930년대와 1940년대 전체주의 체제의 출현—독일, 이탈리아, 일본은 물론이고, 소련의 스탈린주의와 미국의 뉴딜 정책—은 바로 이런 자본주의의 중대한 위기 때문이었다.Pollock, 1941/1978; Arato, 1978; Harvey, 1990; Wallerstein, 2004a 프랑크푸르트학파의 일원인 프리드리히 폴록Friedrich Pollock은 부분적으로 나치즘이 자유방임적 자본주의의 위기에 대한 대응이었으며, 그리고 안정적 독점자본주의를 위해 필요한 정치 형태라고 간주되었다고 주장했다. 이런 자유방임적 자본주의로부터 국가자본주의로의 변화는 문화에 관해 중요한 의미를 가진다. 자본주의 경제에 대한 국가 규제와 자본주의 안에서 증대된 정부의 역할은 정치적 통치 영역의 중요성을 증대시켰다. 이렇게 중심축이 경제에서 정치로 이동함에 따라 문화의 영역은 점점 사회적 재생산과 정당화를 위해 더 중요해졌다.Arato, 1978

1930년대의 참혹한 공황과 자본주의가 거의 붕괴될 뻔했던 위기를 맞이한 이후에 새로운 유형의 자본주의가 고안되었다. 1930년대 자본주의의 위기는 대량생산되는 제조 상품의 소비가 줄어들었기 때문이라고 해석되었다. 포드주의의 근저에 깔린 동기는 바로 이런 과잉생산과 저소비 문제를 해결하는 것이었다. 포드주의는 노동자에게 소비 상품을 구매할 수 있을 정도의 수입을 제공하였고, 그럼으로써 그들의 소비성을 부추겼고, 이것은 다시 생산을 증대시켰다. 단축된 노동시간 때문에 얻어진 더 많은 수입과 여가는 노동자들을 당시 아주 필요했던 소비자로 전환시켰다. 포드주의는 여러 가지 실험을 거친 다음에 2차 대전 이후 미국에서 지배적인 경제 형태로 자리를 잡았다. 1945년에서 1973년까지의 장기간에 걸친 미국의 경제적 호황은 포드주의와

케인스주의의 결합으로 이루어진 것이다.^{Harvey, 1990}

미국에서 2차 대전 이후의 포드주의와 경제적 호황은 계급구조와 노동계급의 문화에 중요한 영향을 미쳤다. 고등교육 기회의 증가, 새로이 형성된 교외에서의 거주 증가, 대량 소비력의 향상 등은 노동계급을 변화시켰고, 그리하여 노동계급은 새롭게 재구성/형성되었다. 중산층의 삶의 스타일은 이제 노동계급에 의해 편안하게 받아들여졌다. 이런 노동계급의 부르주아화는 당연히 노동계급의 문화와 그들의 계급의식을 변화시켰다. 예를 들면, 스탠리 아로노비츠_{Stanley Aronowitz}[1989]는 2차 대전 이후 미국 교외의 발달이 어떻게 노동계급의 공동체를 파괴하고 노동계급의 문화를 붕괴시켰는지를 밝혀냈다. 바로 이 시기에 노동계급이 매스미디어에서 거의 사라졌다는 것은 결코 우연의 일치가 아니다. 1960년대 초까지 노동계급, 즉 백인 노동자는 영화와 텔레비전에서 많지는 않았지만 존재했었다. 그런데 1970년대 중반에 들어서면서 노동자의 미디어 표현물은 거의 다 사라졌다. 따라서 아로노비츠는 노동계급의 자녀들이 계급 정체성을 형성하는 것이 오늘날 더 어려워졌다고 주장한다. 왜냐하면 "그들이 접하는 미디어물이 그들의 존재를 계속 부정하거나, 아니면 노동계급의 남성 정체성을 신분 상승적 직업들, 예를 들어 경찰, 축구 선수, 일반적인 남성들의 직업들로 치환하였기 때문이다."^{Aronowitz, 1989: 204}

노동계급의 재형성과 노동계급 문화의 변화는 그들의 계급적 지위와 계급의식의 간격을 더 넓혔다. 독자적 노동계급 문화의 형성은 더 이상 실행 가능해 보이지 않았는데, 이것은 단지 대중문화 산업 때문만이 아니라, 노동계급 그 자체가 변화되었기 때문이다. 이런 역사적 맥락 속에서 "영국 문화 연구"가 1960년대에 등장하였다. 그리고 이것은 톰슨E. P Thompson과 호가트Richard Hoggart를 선두로 하여 문화연구센터Centre for Cultural Studies가 노동계급 문화와 교육을 연구하는 "문화주의적 연구" 의제에 초점을 두게 되었던 이유이다.Sparks, 1996; Smith, 2000를 보라

문화적 전환과 현대 문화 연구

위에서 언급한 대로, 20세기 초부터 상부구조의 일부로서 문화는 비판 이론에서 점점 중요해졌다. 그러나 1960년 후반과 1970년대의 문화 이론에서 종종 "문화적 전환cultural turn"이라고 불리는 중요한 단절이 있었다. 이것이 "현대 문화 연구"의 시작이고, 이것과 함께 일련의 신마르크스주의와 탈마르크스주의 이론들—알튀세르에서 버밍엄 문화 연구, 탈구조주의와 탈근대주의 이론, 그리고 탈식민주의 이론에 이르기까지—이 출현하게 된다. 이 장에서 이런 다양한 문화 이론들을 모두 논평할 수도 없고, 또 그렇게 하는 것은 나의 의도도 아니다. 대신에 나는 현대 문화 연구가 서로 밀접하게 연관된 네 가지 특징을 설명하고자 한다. 특히, 현대 문화 연구가 그 이전의 문화 접근과 어떻게 다른지를 부각시키며 설명하려고 한다.

현대 문화 연구들의 첫 번째 특징은 문화가 어떻게 이해되어야 하느냐에 대한 것이다. 초기 마르크스주의나 신마르크스주의 이론들이 상부구조와 문화에 대해 점점 더 큰 관심을 갖기는 하였지만, 그들은 문

화와 경제적 토대 간에 밀접한 관련성이 있고, 궁극적으로는 경제적 토대가 문화를 결정한다는 입장을 여전히 견지하였다. 대조적으로 현대 문화 연구들은 자신들의 담론에서 물적 토대의 중심성을 포기하였으며, 그리고 문화가 물적 토대와 구체적 관련성을 갖고 있지 않거나, 아니면 적어도 그것으로부터 자유롭다고 주장한다.예를 들어 Hindess & Hirst, 1977; Laclau & Mouffe, 1984 따라서 탈구조주의자와 탈근대주의자들은 문문화, 즉 언어와 재현을 자유롭게 표류하고, 분할되어 있고, 결정적이지 않고, 그리고 무한한—사회구조와 관계라는 기초/토대로부터 격리되어 있는—것으로 이해한다. 이것은 그람시를 "절합articulation"[9]이란 개념을 통해 독특하게 해석한 것으로서 임의적으로 연관되는, 그리고 경제에 의해 결정되지 않는 사건들의 결합을 의미한다.

내가 보기에, 문화를 자율적 영역으로 보는 이런 새로운 관점의 등장은 사회적 현실의 변화 때문이다. 오늘날 우리의 현실은 매스미디어와 매스컴의 전 지구적 침투와 함께 매스미디어를 통해 구성되고 재현되는 현실/이미지라는 것이 광범위하게 인식되고 있다. 장 보드리야르 Jean Baudrillard가 자신의 시뮬라시옹 이론에서 날카롭게 그리고 좀 끔찍하게 묘사하였듯이, 이제는 문화와 신호가 우리의 현실/실재를 창조한다Leonardo, 2003a. 재현representation[10]이 바로 우리의 현실이고, 보드리야르와 여타 사람이 주장하듯, 재현 밖의 현실이란 것은 없다. 우리가 경험하는 것은 현실의 시뮬라시옹이지 현실 자체가 아니다. 보드리야르는 이를 "가상simulacrum"[11]이라고 불렀고, 이는 현실에 대한 상상적 관계이다.

현대 문화 연구들의 두 번째 특징은, 문화가 이전보다 더욱 많은 자율성을 갖는다고 봄에 따라, 그것들은 문화에 더 많은 중요성을 두는 것이다. 현대 문화 연구에서는 자본주의의 재생산을 설명하는 데 문화의 역할—교육도 함께—이 더욱 확대되고, 더욱 중요하게 여겨졌다. 현대 문화주의자들은 문화를 경제에 대해 종속적이거나 부차적이라고 보지 않는다. 그래서 알튀세르의 생산관계로부터 이탈과 "재생산"으로의 전환은 바로 이런 자본주의의 이데올로기적 과정에 대한 새로운 관심을 선호하는 것이었다. 알튀세르의 "과잉-결정주의 overdeterminism"[12]란 개념은 문화적 삶이 예측할 수 없는 방식으로 경제적 삶으로 다시 되돌아가서 상부구조가 토대에 영향을 미치게 된다는 것이다. 이렇게 이들은 정치적·이데올로기적 전략의 역할에 큰 강조점을 두었고, 정치적·이데올로기적 전략을 통해 대항 헤게모니 프로젝트가 구성되어야 한다고 보았다.

　내가 보기에, 현대 문화 연구가 문화로 전환한 주요한 이유는 문화 그 자체가 경제적 영역의 중요한 부분이 되었기 때문이다. 문화의 생산과 소비는 글로벌 자본주의의 핵심 산업이 되었다. 매스미디어, 광고, 지식의 생산과 분배, 정보 및 통신은 한때 자본주의를 주도했던 제조 산업을 제치고, 산업화된 사회에서 경제를 주도하는 산업이 되었다. 그래서 "탈산업사회"라고 부른다. 바로 이것이 리오타르[1984]가 그의 명저인 『탈근대적 조건Postmodern Condition』에서 다룬 주제이다. 그에 따르면, 포스트모던 조건/사회는 문화의 영역 내에서 이해되어야 하며, 더 이상 생산양식이나 생산관계 내에서는 이해될 수 없다는 것이다.

　현대 문화 연구들의 세 번째 특징은 문화적 재현이 계급 이익을 그

대로 표명한다는 생각을 부정하는 것이다. 이 새로운 문화 이론들은 정체성/주체 형성은 결정론적이고 목적론적인 것이 아니라, 미리 결정되지도 기대/의도되지도 않은, 더 느슨하고 복합한 과정이라고 이해한다. 이들은 문화적 재현과 해석을 계급 이익이나 경제적 토대의 중개/매개mediation라기보다는, 의미들 간의 협상/교섭, 즉 절합이라고 본다.Smith, 2000 이것의 의미는 그들이 사회 형성/구성에 대한 다른 모델을 제시하고 있다는 점이다. 예를 들어 알튀세르처럼, "관심의 중심이 토대와 상부구조 간의 관계로부터 상부구조 자체 내의 내부적 절합의 정교화로 이동하였다."Sparks, 1996: 82 따라서 현대 문화 연구들에서는 왜 상징, 재현, 의미 등이 주요한 초점으로 되었는지를 이해하는 것은 어렵지 않다. 더불어, 현대 문화 연구의 탐구 초점도 문화의 생산으로부터 문화의 소비로 바뀌었다. 또한 문화가 정체성 형성identity formation에 더 영향력 있는 역할을 한다고 이해됨에 따라, 대중문화가 현대 문화 연구에서 가장 핵심적 주제로 떠올랐다.

　마지막으로, 현대 문화 연구들의 네 번째 특징은 이제 문화적 과정과 정체성 형성이 더 복잡하고 느슨한 것으로 이해하며, 따라서 정체성이 반드시 계급 위치와 계급 이익에 따라 구성되는 것이 아니라는 점을 인정한다는 사실이다. 대신 다른 형태의 사회적 적대들—예를 들면 인종, 사회적 성, 성 정체성—도 정체성 형성과 사회 구성에 계급만큼이나 적절성을 갖는다는 것이다. 따라서 "계급의 중심성" 명제는 심각하게 재검토되고 도전을 받게 되었다. 우리가 아는 바와 같이 그동안 계급, 인종, 성 간의 관계에 대하여 마르크스주의자, 페미니스트, 그리고 반인종차별주의자들 간에 뜨거운 논란을 벌여왔다. 현대 문화 연구들의 핵심적 주장은 비판 이론의 계급-지배성을 넘어 성, 인종, 그리고 다른 형태의 사회적 주변성들이 "공동-중심성"을 갖는다는 것을 인정해야 한다는 것이다. 그 결과, 1970년대 이래 우리는 정체성 정치identity politics에 기반을 둔 "신사회운동new social movements"—시민권 운동, 여성운동, 게이/레즈비언 권리 운동, 녹색 운동, 다문화 운동과 반인종차별주의 운동과 같은—의 등장을 보게 되었다.Harvey, 1990; Sanbonmatsu, 2004; Tilly, 2004

탈근대주의

새로운 문화정치를 이해하기 위해서는 우선 탈근대주의가 무엇이고, 그것이 어떻게 출현했는지를 파악해야 한다. 탈근대주의는 두 상대자와 맞서고 있는데, 근대주의와 마르크스주의가 그들이다. 첫째, 탈근대주의는 서구의 근대성과 근대적 프로젝트에 대한 비판적이고 동요된 의식의 반영이다.Lyotard, 1984; Harvey, 1990 20세기는 발명의 진보와 기술의 발전을 가져왔지만, 동시에 참혹한 재앙과 비극적 비인간성도 목격하였다. 두 차례의 세계대전, 파시즘, 그리고 유태인 대학살은 근대주의적 계몽주의 프로젝트에 대한 신념을 송두리째 흔들어놓았다. 여기서 잠시 상기되어야 할 점은 듀보이스W. E. B. Du Bois1955/2000가 지적하였듯이, 오랫동안 유럽 기독교 문명이 세계 곳곳의 식민국가에서 나치와 같은 잔학 행위를 저질러오고 있었다는 사실이다. 하지만 유럽인의 감수성을 흔들었던 것은 유태인 대학살이었다.Ce'saire,1955/2000 게

다가 20세기에는 식민지 전쟁, 잔학 행위, 대량 인종 학살이 발생했고, 지구의 인구 전체를 수백 번 죽이고도 남을 만큼의 핵무기를 생산하였다. 그렇기 때문에, 탈근대주의는 근대의 계몽주의 철학에 반대하거나, 아니면 적어도 이 철학에 근본적 의구심을 갖고 있다.

다른 한편으로, 탈근대주의는 마르크스주의에 대한 비판 혹은 불신이다. 1920~1930년대에 등장한 스탈린주의는 소비에트 연합을 자본주의화된 서구에 대항한 위대한 역사적 대안이라고 보아왔던 서구 좌파들에게 의구심을 불러일으켰다. 사실, 프랑크푸르트학파도 소비에트 문제로 대해 내부적으로 갈라져 있었다. 그러나 소련의 1956년 헝가리 침략과 1968년 체코슬로바키아의 프라하의 봄Prague Spring 진압 이후, 소비에트 프로젝트는 실패했다는 것이 많은 서구 좌파들에게 더욱 분명해졌다. 이렇게 환상에서 깨어난 신좌파는 사회주의 이론이 대폭 수정되거나 완전히 포기되어야 한다고 주장하기 시작했다. 그리하여 탈근대주의는 더 이상 정신(근대주의)이라든지 혁명(마르크스주의)이라는 "구원"을 믿지 않게 되었고, 리오타르가 표현하듯이, "거대 담론/이론들metanarratives에 대한 불신"Lyotard, 1984, xxiv을 불러일으켰다. 체제 변화나 정치 투쟁에 대한 회의적인 그들의 입장/맥락을 알아야만, 아도르노Theodor Adorno[1938/1978]가 왜 유일한 구원은 예술이라고 했는지(그는 한때 전문적 바이올린 연주자가 되려는 꿈을 갖고 있었다), 푸코Michel Foucault[1988]는 왜 "자기에 대한 배려"에 온 힘을 쏟았는지(그는 이를 위해 고대 그리스로 거슬러 올라간다), 그리고 슬로터다이크Peter Sloterdijk[1997]가 냉소적 이성에 대한 대안으로서 왜 "신체적 냉소주의Kynicism"[13](신체 기능의 엽기성)[14]를 제안했는가를 이해하게 된다.

소비에트의 붕괴와 근대의 계몽주의 프로젝트에 대한 좌절이 새로운 비판 이론과 새로운 정치적 실천praxes의 시작을 가져왔다. 그래서 "신좌파New Left"라 불린다. 계급에 기반을 둔 구舊사회운동은 신新사회운동으로 대체되었다. 1968 운동 이후 일련의 새로운 비판 이론가 집단이 등장하였고, 그들은 자본주의나 국가가 아닌 새로운 영역의 연구를 시작하였다.Brennan, 2006을 보라 더 이상 체제의 변화(예를 들어 사회·정치 제도의 변화)가 진정한 변혁과 인간 해방을 가져온다고 믿지 않게 된 신좌파는 그 대안으로서 몸/개인/지역적 투쟁으로 방향을 돌렸다. 이것이 우리가 지난 30년 동안 정체성의 정치(시민권 운동, 여성 운동, 게이 운동), 지역화된/풀뿌리 정치("글로벌하게 생각하고, 지역적으로 실천하라"), 그리고 사적 정치personal politics("사적인 것이 정치적이다")의 출현을 목격하게 되었던 이유이다.

요약하면, 탈근대주의는 문화를 저항과 해방적 정치에 있어 최우위의 영역/장으로 만들었다. 이러한 원동력으로부터 지난 수십 년간에 걸쳐 다면적인 문화정치가 출현하였다. 문화와 문화정치의 의미는 다양하다. 문화정치의 의미는, 그것을 통해 의도하고자 하는 것에는 여러 차원이 있다. 도구적 이성에 대항하는 삶의 세계로서의 문화정치, 엘리트에 대항하는 대중문화로서의 문화정치, 국가에 대항하는 시민사회로서의 문화정치, 유럽 중심주의에 대항하는 다문화주의와 탈식민지주의/주변부 하층민subaltern[15] 프로젝트로서의 문화정치 등이 있다. 그러나 이런 여러 문화정치의 기저에 있는 공통점은 정치가 문화의 장을 통해 이루어지고 있다는, 혹은 문화가 정치에 있어 중요한 장이 되었다는 생각이다. 다시 말하면, 오늘날의 탈근대적 사회 조건은 생산관계 안에서가 아니라, 문화적 분야의 맥락 안에서 이해되어야 한다는 것이다.Baudrillard, 1975; 1994; Lyotard, 1984 그렇기 때문에, 대항 헤게 모니의 전쟁, 그리고 가능성들이 발견되어야 하는 곳도 바로 이 문화의 영역/장이어야 한다는 주장이다. 구사회운동은 경제에 초점을 두었지만, 신사회운동은 지금 문화에 초점을 두게 되었다. 그리하여 이제 지식, 이미지, 재현, 정체성은 (더 중요한 것이 없다면) 스트라이크, 임금, 노동조건만큼이나 중요하다고 이해되고 있다.

교육에 있어서의 문화 연구

이 장은 지금까지, 20세기 서구에서 왜 문화가 비판 이론과 정치의 최전선으로 이동했는가 하는 질문을 다루었다. 나는 문화 연구와 문화정치의 팽창은 18~19세기의 근대사회로부터 20세기의 탈산업사회로의 전환 때문이라는 것—다소 기능주의적 설명일 수 있으나—을 입증하려고 하였다. 1940년대 포드-케인스적 자본주의로의 전환은 문화와 상부구조를 더 뚜렷하게 부각시켰고, 1970년대의 탈산업사회로의 이행은 지금 우리가 알고 있는 원숙한 문화 연구와 문화정치를 가져왔다.

이 장의 초반부에서 진술한 대로, 과거 30년에 걸쳐 문화는 비판적 교육 문헌에서 중요한 주제가 되었다. 여러 문화 이론들이 교육에서의 문화 연구에 영향을 미쳤고, 교육 문헌에는 문화를 다양하게 정의하고 있고, 사용 또한 다양하다. 교육 분야에 있는 다양한 문화 이론들에 대한 광범위한 문헌을 논평하는 것은 이 장의 영역을 넘어선다. 그 대신에 내가 시도하려는 것은, 비판적 교육 문헌에서 문화정치가 어떻게 개념화되고 이용되었는지를 간략하게 설명하는 것이다. 나는 마이클 데닝Michael Denning 2004의 이론을 수정·도입하여 비판적 교육 이론에 있는 문화 이론들을 다섯 가지로 분류하였다. (1) 문화의 헤게모니 이론, (2) 문화의 상품 이론, (3) 문화의 저항 이론, (4) 문화의 훈육 이론, (5) 문화의 정체성/탈식민주의 이론이 그것이다.

보울스와 긴티스의 영향력 있는 저서1976로부터 시작되어 1970년대와 1980년대 초 비판적 교육 이론가들은 어떻게 학교가 위계적 경제 체제를 (재)생산하는지 그 메커니즘을 설명하려고 시도하였다. 이 시도에서 그들은 당시 미국 학계의 관심을 받기 시작했던 영국의 문화 연구에서 나온 '문화의 헤게모니 이론'의 영향을 받았다. 이런 비판적 교육 이론가들은 그람시, 알튀세르, 스튜어트 홀을 빌려왔고, 숨겨진 교육과정, 이데올로기/헤게모니, 그리고 국가기구로서의 학교와 같은 개념들을 발전시켰다.Apple, 1979, 1982; Dale, et al., 1981; Giroux, 1983, 1988b; Carnoy & Levin, 1985 이들 저서의 주된 주장은 문화/상부구조의 한 부분으로서의 학교는 자본주의 사회의 헤게모니를 (재)생산하고 정당화하는 데 중요한 역할을 한다는 것이다. 학교와 교육은 이를 다양한 메커니즘, 즉 특정 지식이 선택적으로 포함 또는 배제된 교육과정, 학생들에게 전달하는 규범과 가치, 그리고 미래의 직업을 위해 학생들을 분류하는 사회적 상호작용과 실천을 통해 달성한다. 이데올로기 비판은 헤게모니 문화 이론의 핵심이며, 오늘날의 교육의 문화적 연구에서도 헤게모니 문화 이론은 여전히 가장 지배적인 접근이라 할 수 있다.

두 번째로, 피에르 부르디외Pierre Bourdieu의 '문화의 상품 이론' 또한 교육 문화 연구에 중요한 영향을 미쳤다. 부르디외는 문화를 하나의 상품 형태로서 접근하여 어떻게 문화가 문화적 자본을 창출하는 투자로 출현하였는지를 분석했다.Bourdieu & Passeron, 1977 문화의 상품화의 결과로서, 문화—즉 자본으로서의 엘리트 문화—는 이제 "구별/우월성distinction"[16]을 만들어내는 중요한 기제가 되었다.Bourdieu, 1984 부르디외의 개념들—취향Habitus[17], 문화적 자본, 상징적 폭력, 우월성/구별—은 학교 지식에 내재하는 권력 관계를 드러내 보이는 강력한 도구를 제공하였다. 예를 들면, 부르디외는 어떻게 어떤 지식은 높은 지위의 지식으로, 그리고 어떤 지식이 낮은 지위의 지식으로 간주되는지에 대한 비판을 통해 권력의 불균형성을 폭로했다. 특히 그의 "문화적 자본"[18]의 개념은 학교 지식에서 계급뿐 아니라 인종, 성의 권력이 어떻게 작동하느냐를 분석하는 데 광범위하게 이용되었다.예를 들어 Lareau, 1989; Delpit, 1995; Reay, 1998; Harry & Klinger, 2006; Paik & Walberg, 2007

세 번째로, 폴 윌리스Paul Wilis[1977]의 『노동으로 가는 학습Learning to Labor』은 또 하나의 중요한 문화 이론을 제시했는데, 그 이유는 그가 능동적인 문화의 성향을 부각하였기 때문이다. 문화의 헤게모니 이론과 상품 이론과는 달리, 윌리스는 문화적 재생산은 틈새가 없이 꽉 짜여 있는 과정이라기보다, 간파/현실을 꿰뚫어 봄penetration[19], 합리성, 왜곡, 그리고 최종적 병합/흡수가 모순적으로 혼합되어 있는 느슨한 과정으로 묘사하였다. 윌리스가 부각시킨 것은 첫째, 문화는 기본적으로 모순과 저항이 존재하는 약한 부분들을 원래 가지고 있으며, 둘째, 문화는 "상대적 자율성relative autonomy"[20]을 유지하는데, 이는 성차별주의와 인종차별주의와 같은 상대적으로 자율적인 의미들의 영향이 있기 때문이다. 헤게모니 이론과 상품 이론에서 교육의 역할이 결정론적이고 비관적으로 묘사된 것과는 대조적으로, 윌리스의 저항 이론은 변화와 가능성의 잠재력을 제공하였다. 따라서 '문화의 저항 이론'이 왜 비판적 교육자들에 의해 긍정적으로 수용되었는지를 이해하기란 그리 어렵지 않다. 문화의 저항적 성향을 분석하는, 그리고 저항, 투쟁, 변화의 장으로서 문화를 탐구하는 일련의 연구들이 그 후 계속되었다.예: Apple, 1982; Giroux, 1983; Weis, 1990; MacLeod, 1995; Kenny, 2000

네 번째로, 비판적 교육 문헌에 영향을 미친 또 다른 이론은 푸코의 '문화의 훈육 이론'이다. 푸코의 이론은 문화를 국가와 준準국가기구—감옥, 병원, 학교와 같은—에 의해 이루어지는 감시와 욕구의 훈육이라는 일련의 체제들로 개념화하고 있다.Foucault, 1977 이 이론에 따르면, 학교는 몸을 훈육하고 학생의 주체성을 형성하는 강력한 감시 기관이다. 푸코에 의하면, 권력의 영향은 모든 것에, 그리고 모든 곳에 미친다. 이런 푸코의 이론은 사실 아주 비관적인 관점이다. 그러나 비판적 교육에서 푸코의 문화 이론은 때때로 상충되는 방식으로 이용되었다. 일부 사람들은 훈육적 권력이라는 푸코의 개념을 감시 체제로서의 학교를 폭로하는 데 사용하는 반면, 또 일부 사람들은 권력 메커니즘의 파열이나 균열을 더 부각시킴으로써 학교를 저항과 변화를 위한 가능성의 장으로 계획하고 있다.예, Aronowitz & Giroux, 1991; Giroux, 1991; Popkewitz & Brennan, 1997; Popkewitz, Fender, 1999; Palermo, 2002; Bratich et al, 2003; Gabbard, 2006; Peters & Besley, 2007 특히 페미니즘 교육 문헌은 지난 20년 동안 푸코의 권력/지식 개념에 크게 영향을 받았다.예, Lather, 1991; Luke &

Gore, 1992; Gore, 1993; St. Pierre & Pillow, 2000 무엇보다, 푸코의 "정복당한 지식 subjugated knowledge"[21]이라는 개념은 계급 중심의 문화 이론에 도전해 왔던 페미니스트들과 인종 이론가들에게 채택되었다.

다섯 번째로, 최근 들어 등장한 '정체성/탈식민주의 이론'은 교육 문화 연구에서 또 하나의 접근이다. 이 접근에서는 문화는 주로 민중/대중의 공동체로 개념화되는데, 이는 민족적이고-민중적인 것, 그리고 그들의 정체성 형성에 인종차별주의가 미치는 영향에 초점을 둔 스튜어트 홀의 영향 때문이다.Denning, 2004 오늘날 문화 이론가들은 문화가 어떻게 민중—국가, 인종, 이주민, 방랑집단diaspora, 탈식민지적 주체—을 만드는지에 점점 더 관심을 갖게 되었는데, 이는 유럽 중심주의를 비판적으로 분석하고 반박하기 위해서이다. 그러나 정체성/탈식민지주의 이론은 다문화주의를 넘어서는 것인데, 그 이유는 "주변부 하층민subaltern의 문화를 자아와 타자 사이의 변증법의 결과물로, 즉 자아와 타자가 서로를 인지하는 것이 아니라 자아가 타자로 객관화된다."같은 책: 90고 보기 때문이다. 비판적 교육 문헌은 이런 정체성/탈식민지적 문화 이론에 의해 커다란 영향을 받았다. 최근 우리는 비판적 교육 문헌에서 다문화주의에 대한 새로운 관심과 탈식민주의적/주변부 하층민에 대한 이론을 이용하는 문화 연구의 범람을 보게 된다.예, Giroux, 1995; McLaren, 1997; McCarthy, 1998; Leonardo, 2002, 2004, 2005; Allen, 2004; Darder & Torres, 2004; Grande, 2004; Apple & Buras, 2006; Buras & Motter, 2006

비판적 교수학에서의 문화

이 장의 초반부에서 언급한 대로, 문화는 비판적 교수학의 중심부에 위치하고 있다. 그러나 문화와 상부구조의 중요성에 대한 인식은 처음 있는, 새로운 것은 아니다. 신마르크스주의―안토니오 그람시, 루이 알튀세르, 레이먼드 윌리엄스―로부터 영향을 받은 교육 좌파는 문화, 헤게모니, 국가의 중요성을 이미 학문 분야로서의 비판적 교수학이 출현하기 전부터 십 년 이상 분석하고 있었다.Willis, 1977; Apple, 1979; 1982; Dale, et al, 1981; Carnoy & Levin, 1985 그렇다면, 비판적 교수학에서 새로운 것은 어떻게 문화를 이해해야 하는가라는 '방식'에 있다. 신마르크스주의 문화 이론과 달리, 비판적 교수학의 문화 연구는 탈구조주의와 탈근대주의의 영향을 크게 받았다. 달리 말하면, 비판적 교수학 안에 앞서의 다섯 가지 문화 이론이 다 있지만, 그중 가장 주도적인 문화 이론은 훈육적 문화 이론과 탈식민주의적/정체성 문화 이론이다.

이런 비판적 교수학의 탈구조적 문화주의로의 이행은 신마르크스주의자들과 탈-이론가들post-theorists(탈구조주의자, 탈근대주의자, 탈식민주의자) 사이에 심각한 논쟁을 일으켰다. 예를 들어, 맥러런은 곧바로 "탈근대적 문화주의"가 비판적 교수학이 더 이상 사회 변화를 위한 대안을 제공할 수 없는 주요한 이유라고 주장하였다. 그에 따르면, "비판적 교수학은 너무 심리화되었고, 너무 자유주의 방식으로 인간화되었고, 너무 기술화되었으며, 그리고 너무 개념적으로 탈근대주의화되었기에 비판적 교수학이 광범위한 해방 투쟁과 연계될 가능성―전혀 없지는 않지만―은 매우 희박해 보인다."McLaren, 1998: 448고 주장한다.

"유희적 탈근대주의ludic postmodernism"Ebert, 1996 [22]가 비판적 교수학의 문화화에 기여하였다는 맥러런의 주장에 나도 동의한다. 그러나 나는 비판적 교수학의 탈근대주의로의 몰입이 맥러런과 일부 사람들이 주장한 만큼 그렇게 강력하다고는 보지 않는다. 그렇게 강력하지 않은 이유는 우선 탈근대주의의 "언어"가 보통의 일반 교육자들이 접근하기에 쉽지 않기 때문일 수도 있다. 보다 더 중요한 이유는 사회 변화와 가능성이라는 비판적 교수학의 프로젝트가 탈근대주의의 입장과 잘 맞지 않기 때문이다. 게다가 나는 미국의 감각/감수성은 탈근대주의 방식으로 유희적으로 되기에는 너무 낙관적이고, 실용적이고, 도덕주의적이라고 생각한다. 나는 탈근대주의가 그 원인이 아니라Habermas, 1975 서구 복지국가의 정당성 위기와 식민지적 세계 자본주의의 위기에 대한 반영/대응Amin, 1997; Hardt & Negri, 2000이라고 본다.

마지막으로, 나는 비판적 교수학 내의 문화주의 및 문화정치와 연관된 문제점 몇 가지를 간략하게 짚어보려고 한다. 첫째, 비판적 교수학에서 문화에 대한 접근은 아주 다양하고 복잡하며, 때로는 혼란스럽다. 스펙트럼으로 보자면, 한쪽 끝에는 문화를 훈육과 사회적 통제의 매개물로 본 관점이 있고, 반대쪽 끝에는 문화를 하나의 저항과 가능성의 장이라고 보는 관점이 있다. 내가 보기에, 현재 비판적 교수학에서의 문화의 이용은 전체적으로 보아 저항/가능성 스펙트럼 쪽으로 기울어져 있다. 문화의 모순적 특성을 확대 해석함으로써, 이 연구들은 사회를 변혁하는 데 있어 문화의 힘을 과대평가/예찬하는 경향이 있다. 이러한 경향은 부분적으로 이전의 마르크스주의 교육 이론의 비판적인 견해를 극복하려는 그들의 의도 때문이다. 어떤 의미에서는 아마도 해결책이 없는 비판적 교육 이론을 구원하는 데 문화가 활용되었다. 하지만 나는 지나치게 저항에 몰입하는 것은 위험하다고 생각한다. 과잉 저항과 과잉 모순이 있다고 하여 사회 체제가 붕괴되는 것은 아니기 때문이다.

둘째, 문화 영역이 대항 헤게모니 투쟁에 중요하다는 점은 의심의 여지가 없지만, 문화적 정치의 하나의 문제는 문화 투쟁의 힘을 과대하게 평가하고, 사회의 물질적 구조를 소홀히 한다는 점이다.Almad, 1995; Bourne, 1999 이런 비판적 교수학의 "문화주의" 경향은 이미 도전을 받았고 비판되어왔다.McLaren, 1998; Apple, 2000; Scatamburlo-D'Annibale & McLaren, 2004 예를 들어, 애플은 다음과 같이 주장한다.

비판적 교수학의 일부는 매일의 경제, 정치, 문화, 교육 투쟁의 거친 물질적 현실과 단절되어 있다. 그들은 문화적인 것을 낭만화함으로써, 똑같이 중요한 정치경제학과 국가에 대한 분석의 전통을 희생시키고 있다. 그리고 그들의 일부는 "탈post"을 지나치게 강조함으로써 민중들의 일상생활을, 실제 제도 속에서 그들의 생활을 제약하는 구조적 현실을 망각하고 있다.Apple, 2000: 253

그렇게 함으로써, 스카탐부로-다니바레Scatamburlo-D'Annibale와 맥러런이 주장하기를, "문화주의적 논변들은 두 가지 측면에서 심각한 문제를 갖고 있는데, (첫째는) 그들은 자본의 총체적인(그렇다, 총체적이다!) 힘과 기능을 경시하는 선호를 갖고 있고, (둘째는) 문화를 계급의 중심성을 축소하기 위한 구성물로 활용하려고 시도한다."Scatamburlo-

D'Annibale & McLaren, 2004: 185 이렇게, 문화정치는 교육 체제와 사회를 지배하는 불평등의 "구조적" 이슈를 제기하지도 않았고, 그에 대한 해결책도 제공하지 않았다는 지적을 받았다. 제니 본Jenny Bourne은 이 문제를 선명하게 지적하고 있다.

> '탈구조주의와 해체'는 "경제적 결정론"과 "계급 환원주의"라는 목욕탕 물을 버리면서, 자본과 국가에 대항하는 정치적 투쟁이라는 아이까지 버렸다. 그 자리에 대신 시민사회의 사회집단들social blocks에 도전하는 "문화정치"가 있다.Bourne, 1999: 135

셋째, 탈근대적 문화정치의 기본적인 정치적 입장은 "전체성totality에 대한 혐오"이고, 문화정치는 일반적으로 거대 담론meta-narratives에 대한 어느 정도의 불신을 갖고 있다. 어떤 의미에서는, 이것은 우리의 의식과 감성에 있어 하나의 진보라고 볼 수 있다. 이질성의 인정은 유럽 중심주의나 유럽 중심적 보편주의에 대한 현명한 해독제일 수 있다. 이와 함께, 문화정치가 강조하는 차이와 타자성otherness[23]에 대한 민감한 인정은 민주적 원리를 진전시킬 수 있다. 그러나 탈근대적/문화적 정치는 파편적이고 단일 이슈에 기반을 둔—대체로 반反국가적인 전략의 형태를 띤—실천들을 유도할 수 있다. 차이의 존중과 반국가 전략이 지닌 문제는 그것이 강력한 글로벌 자본주의에 대항할 수 있는 적절한 태도가 아닐 수 있다는 점이다. 일부 비판가들이 경고하듯이, 차이의 존중은 실제 신자유주의적 글로벌 자본주의를 심화시키는 데 도움을 주고 있다. 아민Samuel Amin의 비판은 여기에서 인용할 만하다.

> 소위 반정부적 전략은 자신의 이익을 위해 공적 개입을 제한하고(탈규
> 제), 국가의 역할을 경찰 기능으로 축소하는 데 여념이 없는 자본의 전
> 략과 완전히 일치한다. 유사하게, 반국가적 담론은 미국의 역할을 군사
> 적 슈퍼 파워와 세계 경찰로 받아들이도록 고무한다.Amin, 2004: 27

이를 달리 표현하면, 자본주의는 문화에 대하여 적응을 만들어낼
수 있다. 그리고 마지막으로, 문화 연구와 문화정치, 특히 탈근대적 문
화주의를 제3세계의 민중들 다수의 현실에 적용할 때, 우리는 덜 낙
관적이고, 좀 더 신중한 태도를 취할 필요가 있다.

물론 세계화가 전 지구의 동질화를 가져온 것은 사실이다. 우리
는 대중문화의 세계화, 즉 음악, 의복, 영화, 기타 대중 미디어를 목격
하고 있다. 그것을 세계 문화의 "캘리포니아화" 또는 "할리우드화"라
고 부를 수 있다. 그렇지만 세계화는 또한 파편화와 다양화도 불러왔
다.Castells, 1996; Castells et al., 1999; Hardt & Negri, 2000; Harvey, 2000; Amin, 2004 종
족 정체성의 고조와 종족적 갈등의 심화가 그 한 사례이고, 종교적인
근본주의와 세속적인 근본주의의 등장은 또 하나의 예이다. 지구의
일부분—특히 아프리카—은 글로벌 네트워크에서 더욱 주변화되고
있다. 글로벌 자본주의는 부유한 나라와 가난한 나라 사이의 간격을
더욱 확대함으로써 더 심한 양극화를 초래하였다. 이것은 탈근대주의
와 문화정치가 여전히 경제적 자본주의의 야만성이 강력한 힘으로 작
용하고 있는 저개발국가의 민중들에게는 잘 맞지 않는 이유이다. 달

리 말하면, 문화의 전환 현상은 제1세계의 우회로서 위기란 걸 감지하게 된다. 글로벌 자본주의가 생존을 위협하고 있는 지구촌의 많은 사람들에게 문화주의는 사치처럼 들릴 수 있다. 문화 연구와 문화정치가 글로벌 자본주의의 처참한 물적 현실을 충분하게 포함시키지 못하면, 그것은 단지 공허한 지적 실험이 될 수도 있다.

1 "헤게모니"는 사회 안에서 주요한 집단들의 적극적인 합의와 동의를 통해서 얻어진 지도력, 곧 도덕적이고 철학적인 지도력을 말한다. 헤게모니의 개념은 그 원천은 마르크스에 있지만, 그람시에 와서 주목을 받게 되었다. 그람시 이전의 헤게모니는 단순히 정치적 지도력 또는 이론적 지도력을 의미했지만, 그람시에게서는 역사적 블록에 끊임없이 응집성을 부여하는 힘을 말한다. 그람시에 의하면 국가든 사회든 어떤 실체가 존속하기 위해서는 지배계급의 집행력뿐 아니라 피지배계급을 승복시키고 또 그들도 기꺼이 따르는 일종의 도덕적 동의가 필요하며, 이것을 '헤게모니'라고 했다. 헤게모니를 구성하는 기본적인 자원은 동의, 혹은 합의인 것이다. 그람시의 '헤게모니 이론'은 민중의 자발적 동의와 강제력의 지배가 균형을 이룰 때만이 한 사회를 이끌어가는 헤게모니를 유지할 수 있다는 것을 내용으로 하고 있다.

2 '유기적 지식인'이란 이탈리아의 혁명가인 안토니오 그람시에 의해 제시된 개념으로서 지배계급에 대항하여 피지배계급을 지식적·기술적·사상적 측면에서 지원하는 "혁명적 지식인"을 말한다. 물적 토대가 무르익으면 혁명의 기운이 보장된다는 기존의 마르크스주의 분석에 의문을 가진 그람시는 혁명의 하부 토대가 조성되어도 지배계급이 자신에게 고용된 지식, 문화 계층을 이용하여 사상적·문화적·지식적인 헤게모니를 장악하면 혁명은 방해받을 수 있다는 결론에 이른다. 이에 피지배계급은 자신들의 이익에 부합하는 '유기적 지식인'을 양성 및 확보를 하여 지배계급의 헤게모니 장악에 대항해야 한다고 역설하였다. 새로운 사회를 지향하는 '유기적 지식인'의 과제는 우선 자신이 속한 사회를 '역사적 블록'으로서 포착하는 일이다. 즉, 한 사회가 지구 자본주의에 끼워 맞춰져 있는 특정한 조건에 바탕을 두고 다시 그 사회의 대중이 자본의 운동에 끼워 맞춰지는 구체적 양상, 즉 역사적 블록을 분석하는 일이다. 이것은 '자본'의 추상적 운동을 파악하는 데서 더 나아가 '사회'가 이에 결합되어 있는 양상을 있는 그대로 온전히 간파하려는 시도다. 그리고 이 분석에서 나침반 역할을 하는 것이 다름 아닌 '헤게모니', '유기적 지식인', '수동 혁명' 등의 개념들이다. 그리고 일상의 노동을 통해 이 헤게모니가 지속적으로 작동하게 만드는 세력이 곧 지배계급의 '유기적 지식인'들이다. 혁명적 위기 상황에서는 이런 유기적 지식인들의 활동이 대중의 혁명적 분출을 다시 지배 체제에 끼워 맞추는 '수동 혁명'으로 나타난다.

3 '진지전'은 시민사회 내에서 장기적인 지적·도덕적·문화적 헤게모니를 장악하기 위한 투쟁 전략이다. '기동전'은 '진지전'에 대응하는 용어로서, 러시아 혁명과 같은 일차원적인 국가권력을 획득하기 위한 탈권 투쟁과 같은 투쟁 전략을 통칭한다. 그람시는 서구 자유주의 국가들에선 '기동전'이 아닌 '진지전'이 필요하다고 강조한다. 기동전은 제정 러시아와 같이 낡고 약한 고리에서나 가능하기 때문이다. 부르주아 사상이 지배하는 곳에서 프롤레타리아는 이데올로기 전쟁을 수행하며 새로운 도덕과 이상, 가치관을 구축해나가야 한다는 주장이다. 그람시는 혁명을 위해

지식인이 민중 속에서 지배자들과 겨룰 수 있는 대항 헤게모니를 얻어야 한다고 지적했다. 그러기 위해서 참호 속에 숨어서 싸우듯 장기전을 펴는 혁명의 '진지전'이 필요하다고 역설했다.

4 애플M. Apple은 헤게모니를 장악하는 것이 아니라, 어떤 조건을 일정한 기간 동안 형성하는 것을 뜻한다고 말한다. 여기에서 중요한 작용을 하는 이데올로기는 헤게모니를 구성하는 하나의 요소이다.

5 담론은 동일한 형성의 계열에 속하는 언표들의 집합이다. 담론 분석은 쓰이거나 말해진 언어에 들어 있는 단위들의 관계에 관한 연구이다. 탈구조주의자들에게 담론은 텍스트뿐만 아니라, 언어의 의미 작용 일반도 가리킨다. 탈구조주의 이론가인 미셸 푸코는 담론을 특정 대상이나 개념에 대한 지식을 생성시킴으로써 현실에 관한 설명을 산출하는 언표들의 응집력 있고, 자기 지시적인 집합체로 간주하였다.

6 알튀세르는 이데올로기 작동을 기술하기 위해 '호명interpellation'이라는 용어를 사용한다. 알튀세르는 처음 호명을 이론화하면서 경찰이 길을 가는 사람을 불러 세우는 경우를 호명의 예로 든다. "어이, 거기 당신!" 만약 우리가 상상하고 있는 이론적 장면이 거리에서 일어난다고 가정한다면, 호명된 개인은 뒤를 돌아본다. 이 180도의 간단한 돌아섬에 의해 그는 주체가 된다. 왜? 그는 호명이 '분명' 그에게 전달되었다는 것, '호명된 것은' 다른 사람이 아니라 '분명 그였다'는 것을 재인지했기 때문이다. 국가권력(경찰)이 지나가는 사람들을 향해 "여보시오, 거기 당신"이라고 부르면 그 개인은 자기도 모르게 돌아서게 되는데, 그 행위를 알튀세르는 개인이 권위의 힘에 의해 주체로서의 정체성을 승인하는 것으로 파악했다. 여기서 개인을 호명하는 이데올로기적 국가기구/장치ISA는 절대적 주체가 된다. 그런데 이 절대적 주체는, 주체가 동일시하는 동시에 복종하는 일종의 지고한 것으로 상상된다. 개인은 이 상상 속에서 자신을 사회적 관계에 알맞게 조정하는 주체가 된다.

7 "주체의 죽음"은 포스트모더니즘에서 등장한 말로 합리적 이성을 지닌 근대적 주체의 종언을 의미하는 용어이다. 주체subject란 그리스어의 휘포케이메논 hypokeimenon의 번역어로 원래는 '모든 것을 자기에게로 모으는 것', 즉 '복종시키고 종속시키는 것'을 의미했다. 근대 이전의 서양 형이상학은 주체(자아, 마음, 정신, 영혼 등으로 불림)보다 세계와 신의 문제를 주로 다루었다. 1980년대와 1990년대, 특히 탈구조주의자들과 그 이후의 탈근대주의자들이 인간 주체의 타당성에 의문을 제기한 "주체의 해체"를 말한다. 20세기를 마감하면서 희망보다는 절망이 더 압도하는 시대적 분위기를 반영하고 있고, 허무주의적 경향을 보여준다. 이들은 서구 합리주의적/이성에 기초한 거대 서사/큰 이야기, 즉 사회주의, 자유시장, 기독교, 핵무기, 과학적 진보, 나치즘, 파시즘, 전체주의, 합리적/계몽적 주체 등을 불신한다.

8 "탈휴머니즘"은 휴머니즘 "이후"나 휴머니즘을 "넘어"를 의미하는 것으로 휴머니즘에 대한 비판을 시도한다. 탈인간의 실천을 위한 핵심은 관점을 유연하게 변화시키고 서로 다른 정체성을 통해 자신을 드러내는 능력을 갖는 것이다. 탈인간이란

개인을 정의되는 단수가 아니고, 다른 정체성을 갖거나 체현되고 다수의 이질적인 관점으로 세상을 이해하려고 한다. 안정된 존재론이기보다 신생적 존재론이다. 이러한 탈휴머니즘적 경향에 대해 일부 비판가들은 모든 형태의 탈휴머니즘은 공통적으로 일상생활의 실천적 관심과 관련을 맺고 있지 않은 지적 추구를 하고 있다는 비판을 받기도 한다.

9 "절합Gliederung, 節合"은 마주침, 연결, 접속, 짝짓기, 매듭짓기 등과 개념적 친화성을 갖는다. "마디와 마디가 관절처럼 맞붙어 둘이면서도 하나로 작동하는 상태 또는 구성 체계로 일반적으로 정의된다. 절합은 연결되어 있기는 하지만 분리될 수도 있는 관계를 의미한다. 절합은 분리와 연결의 역동적 매듭짓기를 통해 다양한 사회적 실천의 층위들을 작동시키는 독특한 결합이다. 문화적 관계와 문화적 변화는 사전에 결정되는 것이 아니라, 오히려 타협, 참견, 저항, 변혁 등의 부산물이다. 절합하는 원리들은 기존의 요소들을 새로운 유형에 결합시키거나 그들에 새로운 함의들을 부착함으로써 작동한다. 예를 들어 문화 영역은 투쟁의 장이기는 하지만, 경제 영역에 의해 일방적으로 결정되는 영역이 아니라 좀 더 다층적으로 결정되고, 때로는 경제적인 모순과 관계에서 독립적이기도 하다. 절합은 권력이 사회의 다양한 요소들을 범주화하여 장악하는 방식이라고 할 수 있다.

10 "재현再現"은 무엇을 묘사함으로써 연상/상기하는 것이고, 또한 상징화하고, 구상화하는 것이다. "눈앞에 떠올린다."는 뜻으로 "표상"으로 번역되기도 한다. 자동차란 단어를 듣고 자동차를 떠올린다거나 어떤 물체/현상을 보고 자동차가 생각나는 것을 말한다. 따라서 재현/표상 세계는 그 물건을 보고 판단해서 행동한다. 사람은 교재, 담론, 이미지를 통해 실재를 그것의 재현을 통해 파악한다. 실재를 매개가 없이 직접적으로 접근할 수 있는 것은 없다. 사람만이 재현을 통해 실재를 아는 것과 같이, 실재를 보는 새로운 방식의 구성이 필요하다. 재현은 바로 그런 의미가 구성되는 과정이다. 그러므로 일반적으로 대중들의 표상 체계는 이데올로기다. 이데올로기는 현실의 상상적 체험이라서 현실을 있는 그대로 보여주는 것이 아니라, 변형과 왜곡의 형태를 띤다. 알튀세르는 이를 두고 "현실은 결코 투명하지 않다."고 말한다.

11 라틴어 "simulacrum"은 "likeness", "similarity"의 뜻을 갖고 있다. 시뮬라크르 simulacra(simulacrum의 복수)와 시뮬라시옹simulation/simulacres은 실재, 상징, 그리고 사회 사이의 관계를 통합하고자 하는 보들리야르의 철학적 명제이다. 시뮬라크르는 처음부터 아무 실재를 갖고 있지 않거나 원본도 없는 사물을 묘사하는 복사물copy이다. "시뮬라시옹"은 시간을 넘어 실제의 세계 과정이나 체계를 작동시키는 모방이다. 반면, "시뮬라크룸simulacrum"은 결코 진리를 감추는 것이 아니다. 존재하지 않는 것을 진리는 감추지 않는다. 시뮬라크르는 현실의 작동 원리와 그 진정성, 주체와 타자의 문제까지 부당함을 폭로하려는 탈구조주의 철학의 주요 개념이다. 보드리야르는 현대 사회의 많은 시뮬라크르들이 그 원본이 없이도 존재하고 있다는

점을 지적한다. 그리고 이러한 '원본simulacra'과 '복사본simulation'의 경계가 모호해지며 결국 복제물들이 점차 원본을 대체하게 되는 사회가 바로 현대 사회라고 말하고 있다. 결국, 시뮬라크르 개념은 큰 변화를 겪게 되는데 그것이 바로 '원본의 상실'이다. 그는 우리의 현재 사회가 모든 실재와 의미를 상징과 기호로 대체해왔고, 인간의 경험은 '실재의 모방'이 되고 있다고 주장한다.

12 "과잉결정주의"는 1960년대에 알튀세르가 '모순과 과잉결정'이라는 에세이에서 사용하면서 널리 알려졌다. 알튀세르에 의해 선도된 이 용어의 사용은 보다 역사-정치적인 것이었다. 즉 일련의 다양한 사회적 힘들이 결과적으로 정치혁명과 같은 하나의 과잉-결정된 사건으로 나타난다는 것이다. 그에 의하면, 이 용어는 조야한 경제결정론에 대항하는 수단으로 사용할 수 있다는 것이다. 모순의 "불균등성" 혹은 "과잉결정"은 모든 발전의 원동력이다. 혁명은 이런 여러 모순들이 응축되어 과잉 결정될 때, 즉 겹쳐서 상승효과를 일으키며 작동할 때 일어난다.

13 슬로터다이크(독일, 1947~)는 『냉소적 이성비판』(이진우 옮김, 2005, 에코리브르)에서 이데올로기의 지배적인 양식은 '냉소적'이라고 말한다. 냉소주의자들은 시대를 비판한다. 그들은 위계적 질서 체제나 규범적 사회제도에 소속되지 않으려 하며, 그렇게 함으로써 즐거워하고 행복을 느낀다. 냉소적 주체가 알고 있는 가면과 사회 현실 사이의 '거리'는 다치지 않을 만치 거리를 미리 둔다. '끌려가기까지'의 냉소는 절대 하지 않는다. 전매청의 폭리를 냉소하면서도 담배 피우기를 "포기하지 않는" 애연가의 태도야말로 냉소주의의 원형이다. 이러한 냉소적cynical 입장에 대해 지젝은 슬로터다이크의 '키니시즘kynicism(그리이스어 kyon/dog)'을 내세운다. 키니시즘은 냉소주의의 패권을 거부하면서, 공식 문화를 아이러니와 풍자를 통해 통속적이며, 현학적이지 않게, 완벽하게 대중적으로 거부하는 것이다. 고전적인 키니시즘은 공식적인 지배 이데올로기의 비장한 문장들을 일상적인 진부함과 맞닥뜨리게 함으로써 그것들을 웃음거리로 만드는 것이다. 그렇게 해서 종국엔 이데올로기적인 문장들의 숭고한 가치 뒤에 가려진 이기적인 이익들과 폭력과 권력에 대한 무지막지한 요구들을 폭로하는 것이다. 따라서 키니시즘은 논증적이라기보다는 실용적이다. 이데올로기적 문장, 무지막지한 요구를 거부해야 한다. 예를 들어 고약한 정치가가 젊은이에게 애국주의를 요구하는 것은 "너 나가서 죽어라"를 무지막지하게 요구하는 것이다. 이때 키니시즘은 타인의 희생을 통해 얻어지는 개인의 이득이 무엇인지를 폭로한다. 이렇게 그는 완벽한 "전복적 냉소주의"를 요청한다. 위기의 시대에 자기 보존을 하는 욕구를 통해 동기화되는 전복적 실천이다. 키니시즘은 관례적으로 내려온 도덕적 금기에 대한 관심도 없고, 수치심도 없는 지저분한 리얼리즘인 시니시즘과 다른 차원의 비판적·역설적 철학이라고 할 수 있다. 키니스트들은 보헤미안적 삶을 찬양한다. 슬로터다이크는 계몽주의/진리/합리적으로 통일된 주체와 근대성을 넘어서려는 탈근대주의적 철학을 가지고 있다.

14 "엽기성"은 원리상 위(헤게모니적 권력, 주인)와 아래(대치적 권력, 머슴)의 양면적 입

장을 가지고 있다. 엽기성은 위와 아래, 헤게모니적 권력과 대항적 권력, 주인과 머
슴의 양면적 입장을 가지고 있다. 적을 향해 손을 흔드는 행위, 결혼 회사 사장이
창업식 때 신부복을 입고 나타나는 행위 등은 모두 엽기성을 보여 재미와 다름을
느끼게 한다. "엽기성cheekiness"의 그리스 철학은 키니시즘에 바탕을 두고 있다. 적
어도 고대 그리스에서의 키니시즘은 원리상 "엽기적cheeky/frechkynic"이다. 키니
시모스kynismos에서의 일종의 논변은 오늘날까지 존경스러운 사고란 다루는 방법
을 모르지 않는다는 것을 발견한 것이다. 소크라테스가 자기의 악령을 몰아내면서
신성한 영혼을 말할 때 코를 후비는 것은 교양이 없지도 않았고 기괴하지도 않았
다. 플라톤의 이데아 이론을 할 때 디오게네스가 방귀를 뀌어도(소변 누기 등) 버릇
이 없다는 말을 하지 않았다. 이런 부적절한 도발적인 제스처를 이해하기 위해서는
근대적 발전이 그것을 소멸되기 전의 고대 세계에서 지혜의 교의를 불러내고 자명
한 진리로 여겨졌던 원리를 대해 깊은 성찰을 할 필요가 있다. 당시 디오게네스의
출현은 초기 유럽 철학의 진리 과정에서 매우 극적인 순간을 보여준다. 디오게네스
와 함께 조작된 담론의 게임에 대한 저항은 유럽 철학에서 시작된다.

15 "주변부 하층민"은 지배와 종속 관계를 이해하고 투쟁하는 데 있어 핵심적 개념
이다. 이 개념은 경제적 생산 개념에 묶여 있는 "프롤레타리아" 개념의 정태적 위
험성을 극복하기 위해 등장하였다. 노동계급은 억압을 받지만, 하위계층이 아닐 수
있다. 그람시의 『옥중수고』에 나오는 말로 지배계급의 헤게모니에 종속된 하층 민
중 또는 하층 소수민을 가리킨다. 성, 인종, 문화적으로 주변부에 속하는 다양한
사람들로 구성된다. 주변부의 비주류적이고 소수자인 동시에 차별받고 억압당하는
개인이나 집단으로 종속적 위치에 있는 계층이다. 특히, 식민지인과 식민지 여성들
은 주변부 하층민으로 스스로 자신들을 말할 수 없는 상태에 있는 사람들이라고
할 수 있다. 이는 탈식민주의자들이 큰 관심을 갖는 주제이다.

16 프랑스 사회학자이자 문화비평가인 피에르 부르디외(1930~2002)는 그의 저술 『구
별 짓기』에서 개인의 출신 계급, 교육 등과 같은 사회 문화적 환경이 개인의 취향
과 문화 소비 경향을 다르게 만든다고 주장하며 취향을 통해 그 같은 현상이 일
어나는 과정을 설명한다. 구별 짓기는 사회 구조에 영향을 받아 무의식적으로 일
어날 수도, 개인의 의지에 따라 의식적으로 행해질 수도 있다. 이를테면, 어떤 이가
트로트 가요보다는 재즈를, 축구보다는 골프 같은 운동을 선호하는 것은 경제적으
로 풍족한 가정에서 자라났기 때문일 수도 있고, 자신이 사회적·문화적으로 상류
층에 속한다는 것을 의식적으로 과시하기 위한 일종의 전략일수도 있다. 부르디외
는 경제적 자본 외에도 다른 형태의 자본이 우리 사회에 영향력을 발휘한다는 점
을, 자본이라는 단어의 의미를 더욱 넓은 범주로 이해할 것을 요청한다. 교육 수준
에 따라 얻게 되는 지적·미학적 능력(문화적 자본), 학연이나 지연, 인맥 등 사회적
관계(사회적 자본), 명예나 인기, 평판(상징적 자본) 등 우리 주변에는 물질로 당장 바
꿀 수 없더라도 엄연히 힘을 발휘하는 다양한 형태의 자본이 혼재하고 있다. 서민

층 젊은이가 사회로 진출하면서 성공을 거두기 어려운 이유는 '경제적 자본'의 결여만이 아니라 다양한 형태의 '자본들'을 자기 라이프 스타일로 습득하지 못하기 때문이라고 부르디외는 말한다. 부유한 집안의 자제들이 미학적 취향 등 질적인 면을 중요시하며 문화상품을 소비하는 반면, 서민 가정의 자녀들이 쾌락 지향적인 대중문화에 익숙하고 상품의 실용성, 기능성을 따지는 것처럼 말이다. 성장하면서 접하는 환경의 차이는 생활 습관과 문화적 수준, 교양과 미적 취향에 큰 영향을 끼치며 어떤 방식의 언어 습관, 행동양식을 가지고 있는가에 따라서 다시 계급이 나뉘고 삶의 영역이 달라진다.

17 부르디외는 경제적 부와 취향이 구조적으로 연결되어 있다고 보았다. 그는 사회화되고 구조화된 취향을 '아비투스habitus'라고 이름 붙였다. 취향은 단순히 개인적인 것이 아니라, 그 개인이 놓여 있는 사회적 위치의 반영이기도 하다. 인간의 내면에 자리 잡게 된 사회질서의 표현인 '취향'은 개인의 각기 다른 문화적인 소비의 성향(취미, 선호), 개인의 사회적인 지위, 교육의 수준, 사회 계층, 가정에서 자라온 배경 등에 따라 각기 다르게 각 개인 안에 내면화된 사회구조를 형성한다. 사회구조와 그 안에서의 계급적 지위에 의해 개인의 문화적 취향과 소비 성향 등이 자연스럽게 형성되는 것, 엇비슷한 사회적 지위나 교육 환경, 재산 등을 지닌 사람들이 공유하게 되는 집합적 무의식이 바로 "취향"이다. 우리는 우리의 습관화된 취향에 따라 편리한 대로 문화 소비를 하고 있지만, 사실은 이것이 상류층 문화와 하류층 문화를 형성하는 결정적 요인이 된다는 것이다. 어떠한 생활 습관을 지니고 있는가, 아니면 어떤 물건을 소유하고 있는가가 그 사람이 속한 계급성을 표현한다. 일반적으로 박물관이나 미술관에서 자신의 해박한 지적 능력을 드러내 보이거나, 명품을 몸에 두르고 다닌다거나, 쉽게 배우지 못하는 서화를 한다든가 하는 투로 자신의 '인상을 관리'하려는 일련의 행위는 개인 삶의 양식이기 이전이 그 자체로 자신의 계급성을 표현하고 남과 '구별 짓는' 몸부림이라고 할 수 있다. '구별 짓기' 식 소비의 부작용으로서 명품 소비로 인해 사회 통합이 약화될 가능성이 있다.

18 "문화적 자본"은 지식이나 관념의 형태로 된 자산이며, 이것은 지위와 권력의 유지를 정당화한다. 특히 부르디외에 의해 제시된 바와 같이 문화적 자본의 개념은 경제적 자본에 대한 마르크스주의의 사상을 확대하고 있다. 그것은 이러한 형태의 자본을 소유한 사람들은 다른 집단에 대하여 상당한 권력을 행사하며, 그 자본을 유리한 직업적 지위를 얻기 위하여, 그리고 정당화하기 위하여 사용한다는 것을 의미한다. 따라서 지배계급은 헤게모니를 확립할 수 있는 상징(언어, 문화와 유물)을 소유한다. 부르디외는 학교가 증명서와 학위 수여 기제를 통하여 기존 질서가 유지되는 핵심적 제도라고 주장한다. 학교 내에서 채택되고 있는 언어, 가치, 가정, 성공과 실패의 모델은 지배집단의 것이다. 따라서 교육 체제에서의 성공은 개인이 지배문화에 흡수되는 범위를 말하고, 얼마나 많은 문화적 자본이 지배집단에 의해서 소유되어 현존하는 사회질서를 이데올로기적으로 정당화하는가에 의해서 대체적으

로 설명된다. 부분적으로, 문화적 자본의 작용 결과로서 노동계급은 교육적·직업적 명예를 위한 경쟁에서 종종 불리한 입장에 놓이게 된다.

19 개인주의를 바탕으로 한 학교와 기득권이 약속한 미래가 허상이라는 것을 '간파'한 사나이들은 거기에 휘둘리지 않으려 발악한다. 바로 이 간파 때문에 그들은 자발적으로 정신노동에서 멀어지게 되며 노동자로 살아간다. 계급 재생산은 인정하되 재생산 이론에서 주장하듯 일방적 수용자가 아니라, 학교에서 제시되는 사회적 상승 기제가 불평등하게 배분되고 있음을 '간파', 즉 알고 있긴 하지만 노동자들이 직접 사회를 바꾸지 못하고 제자리에 머물 수밖에 없는 한계를 꿰뚫어 본다. 실제 변증법적 모습아래 지배적인 이데올로기에 대한 그들의 반항과 그들의 반反학교 문화는 사회적/구조적 관계를 마냥 인내하지 않고 잠재적으로 변형해간다.

20 "상대적 자율성"은 하나의 문화 안에서 작동하는 사회적 형식 혹은 구조들이 그 문화적 전체에 의해 완전히 결정되지도 않으며, 그것으로부터 완전히 독립적이지도 않다는 개념이다.

21 "정복당한 지식"이란 겉으로는 지배층의 종교를 따라가지만, 밑바닥에서는 민중들 자신의 체험에서 나온 지혜로 형성한 지식 또는 믿음이다. 오랜 세월 속에서도 피지배층에 의해 살아남은 기억이라고 할 수 있는 '침수된 믿음'이다. 음악으로 치면 베이스처럼, 도도히 그리고 든든히 흐르고 있다는 것이다. 포스트모더니스트이기도 미셸 푸코는 정복당한 지식의 반란을 외치고 있다.

22 "유희적 탈근대주의"는 자바자에Mas'ud Zavbarzadeh가 '포스트-성: 사이버자본주의의 (비)시뮬라시옹post-ality: the (dis)simulations of cybercapitalism'이라는 글에서 쓰게 되면서 관심을 끌었다. 문화적 분석을 위해 활용된 다른 개념과 같이 "유희를 좋아하는 탈근대주의"의 개념도 안정된 것은 아니고, 변화하는 사회 투쟁의 역동성이 그것의 역할을 수행하는 것이다. 그러므로 유희적 탈근대주의는 그것을 재현의 문제틀로 이해하고, 게다가 재현을 수사적 이슈, 의미화의 문제로 생각하는 탈근대성의 이해이다. 그러므로 유희적 탈근대주의는 시뮬라시옹의 단계로서 실재를 정치적 프로젝트를 위한 토대를 제공할 수 있는 진리의 원천으로 위치시킨다.

23 '타자성otherness'이란 주체가 자신을 본질적인 것으로 명명하고, 비본질적인 객체로 타자를 설정함으로써 자신을 확립해나간다. 상대성을 배제한 채 스스로를 중심으로 주변을 타자화하는 과정에서 강자와 약자로서의 불평등이 생겨나는데, 가부장 질서는 남성주의적 지배 권력을 중심으로 여성을 타자화함으로써 그 영향력을 행사한다. 역사 속에서, 그리고 우리의 삶 속에서 이웃을 미워해야 하는 이유로, 때로는 결코 용납해서는 안 되는 악으로 간주되고 있다. 민족 간 분쟁과 종교간 계급 간 갈등이 끊이지 않는 오늘날의 세계는 "다른 이the other"에 대한 배제가 얼마나 근원적인 죄로서 작용하고 있는지를 증거하고 있다. 타자와의 관계는 통합이나 단절이 아닌, 우리의 정체성을 재조정하게 하는 계기가 되어야 한다.

제4장
비판적 교수학의 대안적 프로젝트

어떤 대안적 교육인가?

비판적 교수학은 특히 신마르크스주의 이론에 대항하는, "가능성의 언어"를 발견하려는 하나의 시도이다. 여러 변형이 있지만, 신마르크스주의 이론의 결론은 학교가 사회의 불평등을 (재)생산한다는 것이다. 폴 윌리스[1977]의 저항 이론조차도 결국 (재)생산 명제를 넘어서지 못했다. 그렇다면 비판적 교수학은 이런 신마르크스주의의 비관적인 방향/결론을 어떻게 극복했는가? 비판적 교수학은 어떤 대안을 제안하였는가? 이 장의 목적은 비판적 교수학이 제시한 주요한 대안적 프로젝트를 밝히는 것이다.

비판적 교수학은 아직도 발전 중인 분야이고, 따라서 대안에 대한 다양한 관점들이 있다. 이전의 장에서 논평했던 것과 같이 비판적 교수학은 탈구조주의와 탈근대주의 이론의 지대한 영향을 받으면서 등장하였다. 이러한 배경/맥락은 비판적 교수학의 정체성과 지향성을 규정하였고, 또 대안을 탐구하는 데 있어서도 비판적 교수학을 특정한 방향으로 이끌었다. 따라서 비판적 교수학 내에 여러 다양한 생각들이 존재하지만, 나는 비판적 교수학 내에 몇 가지 지배적인 추세와 접근들이 있다고 본다. 이 장은 내가 "주류의" 비판적 교수학이라고 부르는 비판적 교수학 내의 지배적인 접근에 초점을 맞추고 있다. 첫째, 이 장은 비판적 교수학의 두 가지 의제—지식의 변혁(교육과정)과 교수학(협소한 의미에서 가르침)—를 소개한다. 특히 비판적 교수학이 신마르크스주의 교육 이론과 어떻게 다른지에 특별하게 초점을 두고 설명한다. 둘째, 이 장은 주류의 비판적 교수학이 제시한 대표적 대안 프로젝트를 분석하고, 그들을 비판적으로 검토한다.

비판적 교수학의 두 의제

비판적 교수학은 교육의 여러 측면들, 즉 수업과 평가에서부터 교실 경영에 이르기까지, 주류의 교육과는 다른 접근을 제시한다. 비판적 교수학의 이념은 주류의 교육 패러다임과 크게 다르고, 또 종종 반대되는 입장을 보인다. 이런 차이는 비판적 교수학의 토대를 구성하는 핵심 개념들에서 연유한 것이고, 이 핵심 개념들로부터 비판적 교수학의 교육 이념/이론/실제를 형성한다. 비판적 교수학의 근본적 핵심 개념/주제는 다음을 포함한다.

1. 변화의 행위 주체로서의 교육Freire, 1970/1997; Girouz & McLaren, 1989

2. 공적 지식인으로서의 교사Giroux, 1988b

3. 학생의 경험과 목소리에 기반을 둔 교육과정Shor, 1992; hooks, 1994

4. 대화와 합의에 대한 강조Freire, 1970/1997; Ellsworth, 1988/1992; Lather. 1992

5. 실천으로서의 교육Freire, 1970/1997; Lather, 1998; McLaren & Jaramillo, 2007

6. 다자성과 다양성Luke & Gore, 1992; McLaren, 1997; Leonardo, 2002, 2005

비판적 교수학의 간학문적 특성 때문에, 위의 여섯 가지 핵심 주제 이외에도 다양한 영역과 주제들이 비판적 교수학 안에 포함되어 있다. 그러나 비판적 교수학 출현 당시의 역사적 맥락—신마르크스주의 이론에 대한 비판과 탈근대주의의 영향—으로 인해, 두 의제가 처음부터 비판적 교수학을 지배해왔는데, (1) 지식/권력, (2) 교수/교수학pedagogy이 그것이다.

지식과 권력

비판적 교수학에서 첫 번째의, 아마 가장 중요한 의제는 지식과 권력의 관계이다. 비판적 교수학은 지식이 본질적으로 권력과 얽혀 있다고 주장하면서, 지식이 객관적이고 중립적이라고 하는 주류의 가정을 완강하고 일관되게 부정한다. 이런 지식-권력 관계의 가정하에 이데올로기 비판과 담론 분석이 지식과 권력 간의 상호 연결성을 밝혀내는 개념적 도구로서 활용되었다. 이런 과정에서 사회의 주요한 권력 기제들—즉, 계급, 인종, 성—이 강조되었다. 이런 과정을 통해 비판적 교수학은 헤게모니적 지식에 대항하고, 그 대안을 구성하여 권력/사회를 변화시키려는 목적을 갖고 있다.

이 점에 있어서 비판적 교수학은 신마르크스주의 교육 이론의 핵심적 사상의 영향을 받았을 뿐 아니라, 그 사상을 유지하고 있다. 1970 년대 후반과 1980년대에 많은 비판적 교육 연구가 출현했다. 이 연구들은 학교의 지식과 교육과정에 새로운 접근을 가져왔고, 주류의 교육 패러다임에 도전했다. 주류의 교육 패러다임은 지식을 객관적이고 중립적이고 주어진 것으로 가정하며, 교육과정 연구의 초점은 이미 정해진 지식과 기술을 어떻게 잘 조직하여 학생들에게 전달하는지에 맞추어져 있었다. 이런 교육과정 연구와 다르게, 비판적 교육 이론들은 일련의 새로운 질문들, 특히 학교 지식의 이데올로기적 기능에 관한 질문들을 제기하였다. 마이클 애플Michael Apple[1979]은 새로운 교육과정 이론이 제기하는 질문들을 두 개의 간단명료한 질문으로 정리하였다. 그런데 "'누구의' 지식인가?" 그리고 "누구의 이익을 위한 지식인가?" 그리고 "지식은 누구를 희생시키고 있는가?"

이어서 비판적 교육 이론들은 새로운 비판적 개념을 발전시켰다. "숨겨진 교육과정hidden curriculum"이 학교의 일상생활과 실천들 속에서 말로 표현되지 않은 규범들로 학생들을 교화하는 강력한 장치로서 연구되었다.Jackson, 1968; Apple, 1979; Giroux, 1988b "취향habitus"과 "문화적 자본cultural capital"의 개념은 학교 지식 체계 속에서 계급적 위계가 (재)생산되는 기제로서 이해되고 설명되었다.Bourdieu & Passeron, 1977 헤게모니적 이데올로기가 어떻게 학교 안에 작동하며, 그리고 어떻게 학교를 통해 재생산되는지에 대한 여러 경험적인 연구와 이론적 연구들이 이루어졌다.Young, 1971; Apple, 1979 이런 교육과정에 대한 새로운 관점은 결국 '어떤' 지식이, 그리고 '누구의' 지식이 공식적 교육과정을 구성해야 하는지에 대한 우파와 좌파 간의 "문화적 전쟁"을 유발하였다.[Shor, 1992; Zavaraden & Morton, 1994] 허쉬E. D. Hirsch의 "문화적 소양cultural literacy"1988[1]과 "역사 교과의 목표/표준"Nash 등, 1997[2]을 둘러싼 논쟁은 교육과정과 학교 지식을 둘러싼 문화전쟁의 두 가지 유명한 사례이다. 이렇게 지식-권력 관계에 대한 비판적 교수학의 관심은 이전의 비판 교육 이론의 지속이고 정교화이다. 그렇다면 이전의 비판적 교육 이론이 지식과 권력 간의 관계에 내해 우리에게 이미 보여주었던 것에 비판적 교수학은 어떤 것을 새롭게 추가하였는가? 비판적 교수학의 지식에 대한 접근은 이전의 비판적 교육 이론과 어떻게 다른가?

이전의 비판적 교육 이론과 비판적 교수학 사이에는 적어도 두 가지의 차이가 있다. 첫 번째 차이는 "다자성multiplicity"[3]이다. 비판적 교수학은 성, 인종, 그리고 다른 차이에 대해 더 심화된 관심을 보여주었다. 신마르크스주의 이론들도 일반적으로 계급과 함께 인종과 성을 항상 포함하고 있었지만, 대부분 계급이 중심부에 있었다. 숨겨진 교육과정, 문화적 자본, 신교육과정사회학(마이클 영)에 대한 연구들은 이론적 틀의 핵심에 모두 계급을 위치시켰다. 그에 비해, 비판적 교수학은 다자성과 다양성을 지식과 권력의 연구에 더욱 강력하게 삽입하였다. 이는 다수의 지식/다수의 목소리를 위한, 특히 "정복당한 지식"을 위한 공간을 창조하였다. 이로부터 라틴아메리칸 교육학, 인디언 교육학red pedagogy, 도시학교, 성 정체성, 장애인 연구, 그리고 여타 주변성에 대한 연구들이 출현하는 것을 우리는 보았다.

그런데 비판적 교수학의 다자성에 대하여 몇 가지 논쟁이 있어왔다는 사실 또한 주목되어야 한다. 첫 번째는 비판적 교수학 내에서도 계급이 계속적으로 지배한다는 비판이 제기되었다. 페미니스트와 반인종차별주의자들은 비판적 교수학 이론 내에서의 성과 인종에 대한 상대적 홀대와 주변화를 지적해왔다.Luke Gore, 1992; Leonardo, 2005 이들의 비판에 동의하지만, 나는 그래도 비판적 교수학은 이전의 비판적 교육 이론보다는 다자적 주변성에 더 관심을 기울였고, 아니면 적어도 그럴 잠재력을 가지고 있다고 평가하는 것이 공정하다고 본다.

다자성이 지닌 또 다른 이슈는 다자성에 대한 강조가 파편화와 경시 경향trivialization 문제를 야기할 수 있다는 우려이다. 예를 들어, 맥러런1999은 비판적 교수학이 "투정하기 시합whining game"이 되어버렸다고 비판하였다. 그에 따르면, 이는 마치 모든 사람들이 자기의 주변성이 가장 중요하다거나, 아니면 적어도 다른 주변성보다 덜 중요하지 않다는 것을 보여주려는 것 같다. 우리 모두 어떤 주변성을 가지고 있고, 또 어떤 주변성도 다른 주변성보다 의미가 더 크다고 주장할 수 없기 때문에 우리는 다자성이라는 것을 모두 같은 배를 타고 있다라고 해석하는 경향이 있다. 물론 다자성을 "우리는 모두 동일하다."라는 식으로 이해할 필요는 없지만, 만약 그렇게 이해하면 그것은 주변성과 억압을 사소한 것으로 만들어버리게 된다. 그리고 이런 경시 경향이 비판적 교수학에 존재한다는 것을 말하지 않을 수 없다.

지식-권력 연구에 대한 비판적 교수학의 또 다른 기여는 담론discourse이라는 개념과 권력power에 대한 복잡한 이해이다. 지식-권력 관계를 검토하는 데 있어 신마르크스주의 교육 이론의 핵심 언어는 "이데올로기/헤게모니"이다. 애플의 저서 제목,『이데올로기와 교육과정Ideology and Curriculum』1979은 이를 모두 말해주고 있다. 지금 비판적 교수학자가 애플의 책을 다시 쓴다면, 아마 그 제목은『담론과 교육과정*discourse and Curriculum*』일 것이다. 이렇게 이데올로기를 담론으로 대체한 주요한 이유는 푸코[1980]가 지적한 대로, 이데올로기는 아직도 어쩔 수 없이 허위의식과 억압적 권력의 개념을 지니고 있기 때문이다. 담론이라는 개념을 수용함으로써 비판적 교수학은 권력에 대한 다른 이해를 채택하였다. 신마르크스주의 교육은 억압적이고 부정적 권력으로서의 권력 개념에 근거하고 있다. 그러나 비판직 교수학은 "부성하는negative" 권력뿐 아니라, "긍정하는positive" 권력을 포함하고 있다 (저자 주: 여기서 positive는 좋다는 의미의 긍정적이 아니라, "긍정하는/주는/생산하는/yes라고 말하는"이란 의미로, negative의 "부정하는/빼앗는/no라고 말하는" 것에 반대되는 의미이다).

이런 비판적 교수학에서의 권력 개념은 탈구조주의로부터 채택한 것이다. 탈구조주의와 탈근대주의자들의 권력의 개념은 억압하고 금지하고 그리고 감소시키는—"아니오"라고 말하는 "부정적" 권력—의미뿐만 아니라, "즐거움을 유발하고, 지식을 형성하고, 그리고 담론을 생산하는"[Foucault, 1980: 119] 의미도 포함되어 있다. 이 모델에 따르면 권력—"그렇다"라고 말하는 "긍정적" 권력—은 의미, 감정, 정체성, 욕구를 구성하고 창조한다. 이러한 푸코의 권력 개념—"선과 악을 넘어선" 권력이란 개념은 그가 니체Nietzsche로부터 가져온 것이다—은 권력의 작동과 기제를, 제도를 넘어선 더 넓은 분야로 확장시킨다. 그래서 푸코는 "권력은 모든 곳에 있다."고 선언했다. 이러한 억압적/강제적 권력 패러다임으로부터 "생산적인" 권력 패러다임으로의 이동으로 인하여 비판적 교수학은 제도적 수준을 넘어 감정, 욕구, 주관성, 정체성 등 이전에 연구되지 않았던 영역들로 파고들어갈 수 있었다. 권력은 신마르크스주의 개념/이론보다 비판적 교수학에 더 퍼져 있는, 침투적인 것으로 이해되었다. 요약하면, 비판적 교수학은 지식과 권력의 관계에 대한 연구를 하는 데 있어 (1) 다자성, (2) 다른 권력의 개념 이라는 두 측면에서 신마르크스주의 교육 이론과 다르다.

교수학의 민주화

비판적 교수학의 또 다른 주요한 의제는 교수의 민주화, 혹은 더 넓게 말하면 해방적 학교 문화의 창조이다. 비판적 교육자들은 교실과 학교 문화의 권위주의적이고 위계적인 권력 관계에 반대하며 더 민주적인 교육제도와 학교 문화를 모색한다. 그들의 목적은 "종속집단들의 경제적·문화적 주변성을 지속시키는 헤게모니적 과정에 묶여 있는 교실의 조건을 비판하고 변혁하는 것이다."Darder 등, 2003: 13 이런 목적 아래 교육과정을 학생들과 함께 만들고, 교사와 학생 사이의 더 민주적이고 덜 권위주의적 관계를 모색하는 비판적 교수학 연구들이 나타났다. 바로 이런 초점이 비판적 교수학을 신마르크스주의 교육 이론과 구분하게 하는 것이다. 그래서 명칭이 "교수학pedagogy"이다. 초기 비판적 교육의 연구들은 거시적 차원의 분석에 더 관심을 가졌으나, 비판적 교수학은 미시적 수준의 분석, 이를테면 "가르침teaching"에 더 많은 관심을 가지고 있다. 그렇기에 비판적 교수학은 교사의 역할을 재구성하였다. 비판적 교수학은 교사를 자율적, 중립적, 전문적인 인간으로 보는 주류 이념을 반박하였다. 그래서 전문주의professionalism에 대한 비판이 등장하였다. 그 대신에, 비판적 교수학은 교사와 가르침의 역할에 대한 이념을 재정의하고 확대하였다. 비판적 교수학은 문화적 노동자로서의 교사^{Freire, 1970/1997; McLaren, 1989; Giroux, 1992}, 정치적 행위로서의 가르침^{Apple, 1979, 1982}이라는 개념을 촉진시켰다. 학생의 역할 또한 재정의되었다. 비판적 교수학은 학생을 지식의 수동적 수용자/백지tabulae rasae가 아니라 문화적·정치적 주체로 재정의하였다.^{Freire, 1970/1997; McLaren, 1989; Giroux, 1992}

이런 맥락에서 프레이리의 『피억압자의 교육』[1970]은 의심할 여지없이 가장 영향력이 큰 책이다. 프레이리는 "은행 저축식 교육banking education"에 대한 격렬한 비판을 하면서 해방적 교육을 위한 "문제 제기식problem-solving" 교수학을 제안하였다. 그의 영향은 학교교육에 대한 많은 연구에서 광범위하게 두각을 나타냈다. 예를 들어 아이라 쇼Ira Shor의 『교육을 세력화하기Empowering Education』, 벨 훅스bell hooks의 『위반/불복종하기를 가르치기Teaching to Transgress』, 레빈Levine 등의 『학교를 다시 생각하기: 변화를 위한 의제Rethinking Schools; An Agenda for Change』[1995] 등이 그것이다. 그 외에도 여러 주제에 대한 비판적 교수학의 연구 문헌들이 빠르게 증가하며 나타났다. 페미니스트 관점의 비판적 교수학^{Ellsworth, 1988/1992; Luke & Gore, 1992; Weiler & Mitchell, 1992; Macdonald & Sancher-Casal, 2002; Fine, 2003}, 그리고 반인종주의 관점의 비판적 교수학^{Mclaren, 1997; Darder, Baltodanno & Torres, 2003; Elenes, 2003; Allen, 2004; Grande, 2004; Leonardo, 2004, 2005} 등이 그것이다.

이미 분명히 하였지만, 여기서 강조되어야 할 점이 하나 있다. 비판적 교수학에서 가르침을 재정의하고 민주화하는 것은 그것이 근본적으로 "정치적 행위"라는 점이다. 비판적 교수학이 학생과 교사의 역할을 재정의하는 이유는 학생의 경험과 목소리를 존중하는 것이 학생들로 하여금 학습에 더욱 흥미를 갖게 만들기 때문도 아니고, 또 교사가 더욱 헌신적이고 자상하도록 북돋기 때문도 아니다. 우리 모두 헌신적이고 자상한 교사뿐만 아니라, 흥미를 갖고 동기 부여가 잘 된 학생을 원한다. 그러나 비판적 교수학이 추구하는 것은 좋은 교사, 좋은 학생, 좋은 가르침 그 이상이다. 정치적 행위로서의 교육, 그리고 변화 주체로서의 학교와 교사라는 정치적 접근은 비판적 교수학을 자유주의/진보주의 교육liberal/progressive education과 구별 짓게 하는 점이다. 이 점은 항상 잘 이해되고 있지 않다.

비판적 교수학의 네 가지 프로젝트

위에서 언급한 대로, 비판적 교수학의 주요한 의제는 지식과 권력 간의 관계를 비판적으로 이해하는 것, 그리고 학교를 민주화하는 것이다. 그러면, 우리는 이러한 의제를 어떻게 성취할 수 있는가? 비판적 교수학은 그들이 추구하는 해방적 교육을 위하여 어떤 프로젝트를 제시하였는가? 개개의 비판적 교수학자들이 제시한 여러 다양한 이념과 명제가 있으며, 또 그들 간에는 미묘한 차이가 있다. 지나친 일반화라는 위험을 무릅쓰고, 나는 비판적 교수학의 주요 대안들을 네 가지의 프로젝트로 정리하고자 한다. 각 프로젝트에 대해 그것의 핵심적 이념과 그 이념과 관련된 주요 이슈를 논의하고, 그리고 그들이 가진 문제점과 한계를 비판적으로 검토할 것이다. 나의 분석은 비판적 교수학 문헌과 더불어 비판적 교수학을 가르쳐온 개인적 경험에 의존하고 있다.

경험의 프로젝트

첫 번째 대안적 프로젝트는 내가 "경험의 프로젝트"라고 부르는 것이다. 헤게모니를 장악한 권력이 자신들의 세계관을 자연적이고 보편적인 진리라고 제시하고 강제할 경우, 우리는 어떻게 그런 헤게모니적 주장에 대응할 수 있으며, 어디에서 대안을 찾을 수 있는가? 이에 대해 비판적 교수학이 탐구하는 하나의 원천은 학습자의 살아 있는 "경험"이다. 경험—학생들의 경험—에 기반을 둔 교육과 지식을 형성하는 것이 헤게모니적 진리의 주장에 대항하는 하나의 방법이라고 여겨졌다. 경험의 교육학의 목표는 "학생들에게 자신들의 경험의 권위를 주장하는 새로운 방식을 제공함으로써 지식/앎의 억압적 문화 틀로부터 그들을 해방시키는 것이다."^{Zavarzadeh & Morton, 1994: 22} 왜냐하면 주변화된 사람들의 목소리는 "사회적 세상의 헤게모니적 구성물이 거짓임을 밝히고, 그리고 대안적 가치와 실천의 세상이 가능하다는 증거"를 제공하거나 제공할 수 있기 때문이다.^{Scott, 1992: 24} 따라서 비판적 교수학은 경험의 중요성을 가장 우선시한다고 루크_{Luke}는 주장한다. "행위 주체와 (고양된) 의식이 이번에는 그것의 구조적 한계를 인정하면서 무대의 중앙으로 다시 복위되었다. '살아 있는 경험_{lived experience}', 의미의 상호 주관적 구성, 그리고 정체성의 형성이 다시 권위를 갖게 되었다."^{Luke, 1992: 26}

자신의 경험의 권위/타당성을 주장하는 것은 이데올로기 비판의 한 과정일 뿐 아니라 대안을 찾는 하나의 방법이라고 간주되었다. 다더_{Darder}, 발토다노_{Baltodano}, 그리하여 토레스_{Torres}가 강조하듯, "학생들은 자신을 역사의 주체로 이해하게 되고, 또한 부정의의 조건들이 …… 인간에 의해 변혁될 수 있다는 것을 인식하게 된다."Darder 등, 2003: 12 살아 있는 경험들과 일상생활에서의 저항들은 체제를 "전체화하는totalizing" 재생산에 대항할 수 있는 가능성을 만든다고 간주되었다.예, Willis, 1977: Ong, 1987 일상에서의 작지만, 의미 있는 저항의 유형들이 도전 가능성과, 그리고 궁극적인 체제 변혁의 원천으로 간주되었고 숭배되었다. 이렇게 '모든 목소리'는 해방—또는 적어도 해방을 위한 잠재력—으로, 그리고 '모든 저항'은 권력의 파열을 내는 증거로 간주되었다. 요약하면, 비판적 교수학은 주체subject—체험과 진정한 목소리—에 초점을 맞추었고, 이 주체로부터 이데올로기 비판, 저항, 그리고 대안이 구현되어야 한다고 보았다. 물론 무엇을 "경험", "진정한 목소리", 그리고 "저항"이라고 보느냐에 대해서는 논란이 일어나고 있다.Scott, 1992: Young, 2000을 보라 하지만 "경험", "목소리", "저항"을 어떻게 규정하고 개념화하든지, 비판적 교수학자들이, 적어도 경험의 프로젝트에 참여하고 있는 학자들이 대체로 동의하고 있는 점은 경험—특히, 학생들의 경험—이 대안적·해방적 교육이 추구되어야 하는 곳이라는 생각이다.

　비판적 교수학에서 많은 사람들은 경험의 중요성을 받아들이지만, 경험의 프로젝트를 이해하는 데는 미묘한 차이가 있다. 내가 보기에 경험에 대해 세 가지 다른 개념화와 접근 방식이 있다. 첫 번째의 접근은 "권한 부여하기empowerment"[4]를 위한 경험이다. 가장 기본적 수준으로 보면, 경험의 프로젝트는 학생들의 삶의 경험과 목소리를 타당화함으로써 학생들에게 권한을 부여하는 것이라고 이해될 수 있다. 이런 권한 부여 접근 방식으로 경험을 이해하면, 이때 비판적 교수학의 프로젝트는 구성주의, 체험학습, 또는 존 듀이의 진보주의와 같은 교수-학습 이론과 똑같지는 않지만 매우 비슷한 것이 된다.

두 번째의 접근은 "의식화conscientization"[5]를 위한 경험이다. 이는 프레이리가 경험을 이해하는 방식인데, 이 경우 경험 프로젝트는 일상적 의미의 권한 부여보다는 더 의미심장한 의미를 갖는다. 이때의 경험은 "내가 누구인지"를 발견하는 것이거나, 자기-가치감을 느끼는 것이 아니다. 실제의 경험으로부터 학습하는 것—체험학습이나 "행동을 통한 학습learning by doing"—도 아니다. 학생들 스스로 지식과 의미를 구성하는 것—구성주의constructivism—또한 아니다. 프레이리의 교육학에서 경험은 권한 부여 그 이상을 의미하고 있음에 틀림없다. 오히려 프레이리의 『피억압자의 교육』의 핵심적 요소는 "의식화"에 관한 것이다. 억압/현실을 받아들이는 것에서 벗어나 현실을 변화시킬 수 있는 신념으로 변혁하는 것이다.

세 번째의 접근은 "정복당한 지식의 반란"을 위한 경험이다. 이 접근은 학생들의 경험으로부터 지식을 구성하는 것을 "정복당한 지식의 반란"Foucault, 1980: 81으로 이해한다. 푸코의 "정복당한 지식"과 "진리 체제regime of truth"[6]라는 개념은 상당히 복잡한 개념이다. 간단히 설명하자면, 정복당한 지식의 반란이란 중앙집중/통제적 권력 효과에 반대하는, 묻혀 있고 숨겨져 있었던 역사적 지식을 해방시키는 것을 의미한다.같은 책, 84 그리하여 정복당한 지식은 헤게모니적 진리 체제에 도전할 수 있게 된다. 이 접근에 의하면, 경험을 활용하는 목적은 감추어진 역사적 지식들을 발견하고 표현하려는 것이다. 왜냐하면 감추어진 역사적 지식들이 "이론적, 일원화된, 형식적, 그리고 과학적 담론의 강압에 반대하고 투쟁할 수 있기"^{같은 책: 85} 때문이다. 이 접근의 한 좋은 예는 하워드 진Howard Zinn의 『미국 민중의 역사A People's History of The United States』^{1980 7}이다.

위의 세 접근의 차이는 궁극적으로 경험의 '목적'에 대한 것이다. 왜 경험이 중요한가? 경험을 통해 우리는 무엇을 성취하려고 하는가? 그리고 세 가지 접근은 왜 경험이 대안적 프로젝트를 위한 중요한 장인지에 대해 각각 다른 설명을 하고 있다. 물론 이 접근들의 차이를 서로 조화할 수 없다거나 반대적이라고 보지 않고, 단지 정도나 수준에서의 차이라고 볼 수도 있다. 그렇게 보면, 교육자는 학생들의 경험을 정당화함으로써 학생들에게 권한 부여를 하고, 그리고 그것을 토대로 다음 단계인 의식화에 더욱 깊이 들어갈 수 있다. 마지막 단계로 교육자는 정복당한 지식으로부터 학생을 해방시키려고 한다. 이런 단계적 해석은 아주 일리가 있어 보인다. 그런데 문제는 경험의 프로젝트를 권한 부여empowerment로만 이해할 때이다. 경험의 프로젝트를 오직 학생들의 권한 부여로만 이해하는 비판적 교육자들이 일부 있다. 그러나 나는 대부분의 비판적 교수학과 비판적 교육자들이 "권한 부여를 위한 경험" 그 이상을 추구하고 있다고 믿으며 그리고 그러기를 희망한다. 내가 생각하기로는, 바로 이것이 비판적 교수학을 "자유주의"교육으로부터 분리시키는 측면이다.

많은 비판적 교육자들은 경험/목소리의 중요성에 동의하고, 경험 프로젝트의 기본 아이디어를 받아들인다. 그러긴 하여도 주류의 비판적 교수학에서 경험과 목소리가 어떻게 이해되고 적용되느냐에 몇 가지의 이슈와 문제가 있다. 나는 여기에서 중요한 문제 두 가지를 지적하려고 한다. 첫 번째는 '본질주의essentialism'의 문제이다. 목소리와 개별성을 존중하는 과도한 취지로 말미암아 경험이 본질화되고 말았다. 경험은 그 자체로 말을 한다는 것이다. 즉, 경험과 목소리는 해석될 수 없으며, 또 그것들만이 유일한 이해/지식의 정당한 토대라고 본다. 그리하여 진정한 목소리를 발견하고 존중한다는 취지 아래 목소리의 원천이 그것의 내용보다도 더 중요해졌다. 달리 말하면, "무엇이 말해지느냐가 아니라, 누가 말을 하느냐가 중요하게 되었다."Moore & Muller, 1999: 199 실제로 비판적 교수학 수업에서 누가 말을 하느냐, 또 무엇을 말할 수 있느냐가 너무 민감한 이슈로 되어버리고, 이는 수업을 두려움과 주저하는 분위기로 만들 수 있다. 왜냐하면 교사 어느 누구도 다른 사람들의 목소리/의견, 특히 소수자나 여성의 목소리에 대해 비판을 한다든지, 간섭을 한다고 여겨지고 싶지 않기 때문이다. 목소리에 대한 이런 본질주의적 해석은 우리를 더욱 개방적이고 자유롭게 해주기보다는 오히려 긴장을 유발하고 진솔한 소통과 활기찬 분석을 방해할 수 있다. 게다가, 이런 본질주의화된 목소리 담론은 반反지성주의로 잘못 해석될 수도 있다. 예를 들면 내가 가르치는 비판적 교수학 수업에서 "우리가 죽은 백인 남자들의 책들을 왜 공부해야 합니까? 그것은 나와는 아무 상관이 없어요."라고 질문하는 몇몇 학생들이 있었다. 백인 남자들의 비판적 교수학 이론의 지배에 대한 학생들의 의구심, 그리고 분노와 저항은 물론 정당한 것이다. 그러나 이론의 유럽 중심성, 남성 중심성, 중산층 중심성, 이성애 중심성을 비판하는 것과 그 이론이 중산층, 이성애자, 백인 남자에 의해 저술되었다는 것 하나 때문에 그 이론을 거부하는 것은 다른 차원의 문제이다. 물론 문헌과 저자 간에는 밀접한 관계가 있다.

본질주의—그리고 관점 인식론standpoint epistemology[8]—에 대해서는 그동안 열띤 논란과 반박이 있었다.Nanda, 1997; Naples, 2003 경험이 사회적 구성물이라는, 즉 사회적으로 형성된다는 점은 이미 잘 밝혀진 사실이다. 조안 스콧Joan Scott이 지적하듯이, "경험은 항상 이미 해석이고, 동시에 해석을 필요로 한다. 어떤 것을 경험이라고 할지는 자명하지도 간단하지도 않다; 그것은 항상 논란이 되어왔고, 따라서 항상 정치적인 것이다."Scott, 1992: 37 주변 집단들의 목소리와 경험을 포함하기 위해 비판적 교수학을 자유롭게 개방하는 것은 의심할 여지없이 중요하고도 필수적이다. 그러나 경험을 무비판적으로 칭송하는 것은 또한 목소리/경험이 심지어 억압된 집단으로부터 나온 것이라고 하더라도 위험스러울 수 있다. 이란 구제브Ilan Gur-Ze'ev는 경고한다.

> 이런 주변화된, 억압된, 자명한 지식은 억압자들의 자명한 지식보다 나은 우월성을 가지고 있지 않다. 약하고, 지배당하고, 주변화된 집단들의 지식, 그들의 기억과 의식적인 관심에 의존하는 것은 헤게모니적 지식에 의존하는 것 못지않게 순진무구하고 위험스럽다.Ilan Gur-Ze'ev, 1998: 480

경험과 관련된 또 다른 이슈는 '상대주의relativism'이다. 경험이 스스로 보여주고 있고, 그리고 진리의 절대적 준거가 없기에 그 누구의 해석이라도 다른 사람의 것만큼이나 좋다는 입장이다. "무엇이라도 좋다anything goes." 특히, 우리는 "유희적 탈근대주의"Ebert, 1996에서 이런 상대주의적 입장을 볼 수 있다. 그러나 나는 비판적 교수학의 경험 프로젝트가 필연적으로 상대주의로 빠진다고 주장하는 것은 아니다. 사실, "전체주의적" 근대주의의 진리를 거부하는 것이 반드시 임의주의, 상대주의, 혹은 "폭로 인식론debunking epistemology을 찬성/수용한다는 뜻은 아니다."Moore & Muller, 1999; Young, 2000 테리 이글턴Terry Eagleton이 지적하듯이, "권력은 모든 곳에 있다는 니체와 푸코의 생각에 동의를 하면서도, 어떤 실용적인 목적을 위해 어떤 사례가 더 중심적이고, 덜 중심적인지를 식별하기를 바라는 것은 충분히 가능한 일이다."Terry Eagleton, 1991: 8 예를 들어 "모든 범죄자들은 항상 더 잘 안다."와 같은 본질주의나 전체주의에 빠지지 않고, 우리는 범죄자들이 재판관이나 입법자들보다 법적 체제의 부정의를 더 잘 볼 수 있고, 그리고 더 잘 볼 수 있는 위치에 있다고 말할 수 있다. 마찬가지로, "모잠비크의 식량 수급 문제가 미키마우스의 애정 생활보다 더 중대한 이슈이다."같은 책라고 말하는 것이 본질주의나 보편주의적 근대주의 담론에 빠지는 게 아니다. 월러스틴Immanuel Wallerstein이 적절히 지적한 대로, "보편주의로 위장된 특수주의에 반대한다고 하여 모든 관점이 다 똑같이 타당하다는 것을 뜻하지 않으며, 그리고 다원적 보편주의를 위한 추구가 부질없다는 의미는 아니다."Wallerstein, 2004a: 21

다자성과 포함/포용의 프로젝트

첫 번째와 밀접한 관련을 갖고 있는 비판적 교수학의 두 번째 프로젝트는 내가 "다자성과 포함/포용의 프로젝트project of multiplicity and inclusion"라고 부르는 것이다. 주체/행위 주체의 다자성은 비판적 교수학의 핵심적 개념 중 하나이다. 그것은 다른 지배 형태들(인종, 사회적 성, 성 정체성, 그리고 제국주의)을 무시하거나, 그것들을 계급에 종속시키는 경향이 있는 마르크스주의적 실천에 대한 수정적 대응이다.Butler, 1997; Leonardo, 2003a 인종주의, 성차별주의, 그리고 기타 주변성에 대한 비판은 비판적 교수학의 핵심적 주안점이다. 그러므로 학생들의 경험을 이해하고 되찾는 데 있어 학생들의 다양한 사회적 위상들—다시 말하면, 계급, 인종, 사회적 성, 성 정체성, 종교, 민족성, 장애, 그리고 기타 주변적 지위—에 세심한 관심을 갖는 것은 매우 중요하다.

다자성을 비판적 교수학으로 이입시키는 주된 방법은 포함/포용 inclusion이다. 포함/포용의 프로젝트의 목적은 교육제도와 여타 사회제도를 더 포용적으로 개혁하기 위한 것이며, 그리고 그것은 여러 바람직한 원리들—평등, 평등한 권리, 반反차별, 민주주의, 해방, 공동선, 개인의 자유, 인정, 평화, 혹은 사회정의—에 근거하고 있다. 비非특권층이고, 억압되고, 주변화된 혹은 정복된 사람들을 위한 평등한 기회와 평등한 권력을 보장해주는 것은 이 프로젝트의 궁극적 목표이다. 물론 포함의 프로젝트는 새로운 개념이 아니다. 우리가 알다시피, 다문화주의와 다문화적 교육은 배제되고 차별받았던, 그리고 주변으로 밀려난 집단의 포용을 위한 노력이었다. 어떤 의미에서는 비판적 교수학의 포함 프로젝트는 "권리에 근거한rights-based" 자유주의 그리고 다문화주의와 비슷한 성격를 갖는 것으로 이해될 수 있다. 나의 생각으로, 이것은 "포함"이라는 어휘가 비판적 교수학에서 잘 사용되지 않는 이유이다. 비판적 교수학은 포함/포용보다 "경계선 넘기", "경계선 사이에서", "경계선 없는", "경계의 땅", "경계성" 같은 용어들을 사용한다.Giroux, 1992; Giroux & McLaren, 1994; Darder 등, 2003 이런 새로운 용어들은 "권리에 근거한" 자유주의적 다문화주의로부터 비판적 교수학을 차별화하고 분리시키고자 하는 시도로 보인다. 주류의 포용적 접근을 넘어, 보다 더 비판적인 다문화주의가 필요하다고 촉구하는 비판적 교육자들을 우리는 보아왔다. "반란적 다문화주의insurgent multiculturalism"Giroux, 1995, "혁명적 다문화주의revolutionary multiculturalism"McLaren & Farahmandpur, 2001, 그리고 "주변부 하층민의 세계시민적 다문화주의subaltern cosmopolitan multiculturalism"Buras & Motter, 2006 등이 그것이다.

비판적 교육자들은 다자적 주변성의 필요와 포함/포용의 프로젝트에 동의한다. 다양한 권력의 양상들에 대한 민감성은 많은 사람들에게 수용될 수 있으며 바람직하다. 그러나 다자성과 포함의 프로젝트에는 몇 가지 논란과 우려가 있다. 하나의 이슈는 비판적 교수학 내의 경계선 넘기와 급진적 다문화주의가 실제 "권리에 근거한" 다문화주의를 넘어설 정도로 다르냐 하는 것이다. 많은 경우 비판적 교수학의 다자성 정치는 권력의 위치에 있는 사람의 특권에 반대하고 있는 것이지, 권력/지배의 시스템 자체를 반대하고 있는 것은 아니다. 스카탐부로-다니바레Scatamburlo-D'Annibale와 맥러런은 이런 비판적 교수학의 경향에 매우 비판적이다. "소위 '차이의 정치politics of difference'[9]라고 불리는 것들의 대부분은 사실 특권층 진영에 포함되고 싶은 욕구에 지나지 않으며, 이는 자유시장 자본주의 이데올로기에 뿌리를 둔 신자유주의적 다원주의 입장을 다시 삽입시키는 태도이다.Scatamburlo-D'Annibale & McLaren, 2004: 186 더군다나, 벤톤T. Benton이 지적한 것처럼 동등한 권리와 정의라는 담론도 손쉽게 이데올로기나 신비화/혼동의 한 형태가 될 수 있다. 그 이유는 "정치권력, 경제적 부, 사회적 위치, 그리고 문화적 성취의 심대한 불평등이 지배하는 사회에서는 동등한 권리의 보장이란 망상일 뿐이기에 대다수의 사람들에게 권리란 사회적 삶의 현실에서 사실상 얻는 게 거의 없는, 단지 추상적이고 형식적인 자격 부여에 지나지 않는다.Benton, 1993: 144 요약하면, 권리에 근거한 프로젝트는 실질적이고 의미 있는 변화 없이 그저 형식으로 끝나버리기 때문에 모호하고 위험하다.

또 다른 이슈는 비판적 교수학에서의 다자성multiplicity[10]이 개별적 실천personal praxis과 정체성에 기반을 둔 정치identy-based politics[11]에 의해 지배되고 있다는 점이다.Bourne, 1999 제니 본은 영국문화연구센터가 인종을 분석하는 접근 방식에 대한 비판에서 다음과 같이 지적한다. "'개인적인 것이 정치적이다'라는 것 또한 투쟁의 무게 중심을 공동체와 사회로부터 개인에게로 이동하는 데 기여했다. '무엇을 해야 하는가'가 '나는 누구인가'로 대체되었다. 개인의 정체성을 아는/표현하는 것이, 정치적 행동으로 가는 길/경로에서 정치적 행동 그 자체로 변화되었다."같은 책: 136 달리 말하면, 문제는 비판적 교수학이 다자성—인종/사회적 성/성정체성/녹색/탈식민성—으로 이동하였다는 데에 있는 것이 아니다. 문제는 비판적 교수학에서의 다자성이 너무 개인적이라는 것이며, 그래서 구조적이지 않다는 것이다. 그러므로 일부 비판적 교육자들(특히 신마르크스주의자들)은 다자적 주변성을 비판한다. 그 이유는 그것이 사회의 가장 주요 갈등과 모순인 자본주의(그리고 계급)로부터 우리의 관심을 멀어지게 하기 때문이다. 신마르크스주의자들이 우려하는 것은 모든 주변성을 포함하고, 그들 모두를 동일한 것으로 보는 견해이다. 한 주변성의 우위/우선성의 거부는 본질주의와 상대주의로 이끌 수 있다. 그리고 비우선성non-priority 입장은 주변으로 밀려난 사람들의 권력과 위치를 향상시키기보다 오히려 우리의 반체제 투쟁을 파편화하고 산발적인 것으로 변질시킬 수 있다. 바로 이 점은 마르크스주의자와 페미니스트, 그리고 반인종차별주의자 간에 벌어진 첨예한 논쟁 초점이었다.

그런데 일부 페미니스트와 반인종차별주의자들이 지적하였듯이 다자성과 정체성 정치identity politics가 "단지 문화적일" 필요가 없으며Butler, 1997, 또한 "개인의 경험"으로 축소될 필요도 없다.Leonardo, 2003a: 220 일부 페미니스트와 반인종차별주의자들은 인종차별주의, 성차별주의, 혹은 제국주의/탈식민주의에 대한 비판이 사회구조에 대한 비판이 될 수 없다고 가정할 하등의 근거가 없다고 주장한다. 그들에 따르면, 다른 형태의 권력과 억압들에 대한 유물론적 분석이 가능할 뿐 아니라, 그런 분석은 인종, 계급, 사회적 성, 그리고 제국주의 사이의 중요한 연결성에 대한 비판적 이해를 위해 결정적으로 필요하다고 주장한다.예, Ahmad, 1995; Bourne, 1999; Connell, 1995; Connell, 1995 이런 맥락에서, "계급으로 다시 돌아가자"는 최근의 요청이 인종, 사회적 성, 성 정체성, 장애, 글로벌 제국주의를 희생하면서까지 계급을 우선시하라는 요구라고 이해된다면, 그것은 문제가 아닐 수 없다. 오히려 그 요청은 문화화되고 개인화된 정체성 정치를 "유물론적 정체성 정치materialist identity politics"Leonardo, 2003a: 220로 변혁해야 한다는 요청이기 때문이다.

반위계적 민주주의의 프로젝트

경험, 다자성, 포함의 프로젝트와 함께, "가능성의 언어"를 추구해온 또 다른 방식이 있다. 나는 이를 "반反위계적 민주주의anti-hierarchy democracy"라고 명명한다. 위에서 언급한 대로, 비판적 교수학의 하나의 주요 의제는 민주적 학교 문화를 조성하는 것이다. 진정으로 민주적 학교 문화를 조성하기 위해 첫 번째로 할 일은 학교의 권위주의적이고 위계적인 구조를 변혁하는 것이다. 이를 위해 비판적 교수학은 비非위계적 권위 형태와 참여적 민주주의를 제시한다. 예를 들어, 페디 레이덜Patti Lather은 "저항의 탈근대주의"를 위한 대안적 권위 형태를 참여적이고, 대화적이고, 그리고 반위계적 권위라고 규정하고, 또 그것을 촉진하였다.Lather, 1991: 160 이 프로젝트의 초점은 참여의 민주적 과정을, 권력으로부터 자유롭거나 권력이 덜 지배하는 그런 과정을 찾는 데에 있다. 그리하여 "과정의 정치politics of process"에 대한 연구는 페미니즘 교육학에서 풍성하게 나타났고, "과정의 정치"의 원리로서 합의, 대화, 다원주의, 차이의 존중 등이 제시되었다.예, Luke & Gore, 1992; Ropers-Huilman, 1998; Mahler & Tetreault, 2002; Macdonald & Sancher-Casal, 2002

이와 같이, 비판적 교수학은 학교에서의 권력 관계와 권위 구조에 초점을 맞춘다. 이는 학교 행정가와 교사 간의 관계, 교사와 학부모 간의 관계, 교사와 학생 간의 관계를 포함한다. 특히 비판적 교수학은 교사와 학생의 관계를 재개념화한다. 교사를 증여자givers 또는 권위의 인물에서 학생과 함께하는 "공동-학습자co-learner"로 변화시킨다. 이런 반위계적이고, 참여적 권위의 형태에 대한 강조는 비판적 교육 문헌과 실천 모두에서 만연하게 나타난다. 어떤 형태의 권위도, 어떤 권위의 징후도 거부하는 경향이 비판적 교수학의 수업에서 강하게 나타난다. 종종, 정당한 의사 결정의 형태로서 대화와 합의가 최상의, 때로는 유일한 방법이라고 간주된다. 그 누구보다도 페미니즘 비판적 교수들이 이런 비권위주의적 수업/교수학을 모색하는 개척자들이었다.

이러한 비판적 교수학에서 반위계와 반권위의 위치는 탈구조주의와 탈근대주의로부터, 특히 니체와 푸코의 권력 개념으로부터 큰 영향을 받았다. 니체의 권력 개념을 채택한 푸코는 권력에 대한 좀 다른 개념화를 제시하였다. 푸코는 권력을 "소유possession"로 보지 않고, "테크놀로지"나 "메커니즘"으로 보는 것이 더 유용하다고 주장한다. 그에 따르면, 권력에 있어 정말 중요한 것은 누가 권력을 쥐고 있느냐(예를 들어, 자본주의나 지배계급)도 아니고, 권력이 어디에 위치에 있느냐(예를 들어, 국가나 월가)도 아니다. 그 대신 정말 초점을 맞춰야 할 곳은 권력이 어떻게 작동하느냐와 권력이 어떤 메커니즘을 이용하고 있느냐이다.Foucault, 1980 푸코의 권력 이론이 시사하는 정치적 함의는 엄청나게 중요하다. 하나의 함의는 현대 서구 사회에서의 권력이 더 이상 국가와 국가 장치만을 통해 작동하지 않는다는 점이다. 따라서 이제 억압적 국가권력을 교체하는 것이 권력 구조의 근본적 변화를 가져올 수 없다는 것이다.

이렇게 하여, 푸코적 입장은 우리를 반체제적 변화의 정치politics of anti-systematic change로 유도한다. 이 입장에 따르면, 이제 우리는 더 이상 순진무구하게 혁명을 통해 체제가 변화될 것이라고 믿어서는 안 된다는 것이다. 체제의 변화를 포기하면, 유일하게 남아 있는 실용적인 방법/선택은 지역적인 풀뿌리 민주주의 운동grassroots democracy이다. 반복하자면 이런 푸코적 입장에 따르면, 이제 투쟁의 대상은 국가도, 제도도, 위계적 권력구조도 아니다. 그래서 우리의 투쟁 대상은 일상의 삶과 경험이며, 즉 권력이 주체를 순환시키고 형성시키는 미시적 차원에 있다. 푸코의 유명한 구절, "권력은 모든 곳에 있다power is everywhere." 이로써 체제—국가를 포함한—변화의 포기와 함께 개인적 투쟁과 국지적 투쟁이 사회 변화의 주요한 장이 되었다.

그런데 여기서 주목해야 할 점은 이런 권력, 위계, 권위에 대한 해석에 대해서도 역시 비판적 교수학자들 사이에 치열한 논란이 있다는 것이다. 우선 이런 반체제적 정치라는 입장은 푸코에 대한 단지 하나의 해석일 뿐, 유일한 해석은 아니라는 것을 지적할 필요가 있다. 푸코의 권력 개념을 수용하면서도, 반체제나 상대주의적 입장을 취하지 않는 것도 충분히 가능하다.Eagleton, 1991를 보라 또한 "위계로부터 자유로운", 그리고 "권력으로부터 자유로운" 비판적 교수학이라는 개념 그 자체에 대해서도 회의가 제기되고 있다. 2장에서 논평한 바대로, 엘스워드의 논문 「왜 권한을 부여받았다고 느껴지지 않는가?」Ellsworth, 1988/1992는 비판적 교수학이 정말로 권력으로부터 자유롭고, 진짜 권한을 부여하는지, 그리고 어떻게 그럴 수 있는지를 둘러싼 격렬한 논쟁을 불러일으켰다. 일부 비판적 교육자들, 특히 페미니스트들은 "도덕화하고, 전체주의화하는moralizing and totalizing" 근대주의적 비판적 교수학의 대안으로서 탈구조주의적인 비판적 교수학을 제창하였다.Lather, 1992, 1998; Luke & Gore, 1992 이들은 "권력이 없는" 또는 "권력이 덜 지배하는" 비판적 교수학이란 것이 가능하고, 또 그것을 실현할 수 있다고 보았다.

다른 한편에는, 권력과 위계로부터 자유로운 비판적 교수학이라는 아이디어에 대해 그렇게 희망적 입장을 갖지 않은 다른 탈근대주의자들이 있다.^{Sidorkin, 1997; Biesta, 1998; Gur-Ze'ev, 1998} 그들은 완전한 자유와 지배의 소거라는 이상은 너무 유토피아적이고 순진무구하다고 본다. 알렉산더 시돌킨Alexander Sidorkin은 "아무리 돌봄care과 정의justice가 많아도 교육의 지배적 성질을 변화시키거나 소멸시킬 수는 없다."고 주장한다.^{Sidorkin, 1997: 235} 마찬가지로, 구제브 또한 "권력으로부터 자유로운" 교육이란 개념에 대해 회의적이다.

> 사려 깊은/반성적 주체들이 대화를 통해 합의에 도달한다는 비판적 교수학의 개념은 순진무구하다. 이는 특히, 한편으로 그것의 공언된 반反주지주의와, 그리고 다른 한편으로 "감정", "경험", "타자들에 대한 자명한 지식"에 대해 표명된 그들의 숭배에 비추어보면 그러하다.^{Gur-Ze'ev, 1998: 480}

그들은 "권한을 부여하는 교육empowering education" 대신에, 부정의 교육학pedagogy of negation[12]을 제안했다. 비억압적인 희망의 형태로서의 대항-교육counter-education^{Gur-Ze'ev, 1998}[13], 해방적 무지emancipatory ignorance^{Biesta, 1998}[14], 혹은 축제의 교수학pedagogy of carnival[15] 및 제3 공간의 교수학pedagogy of third places^{Sidorkin, 1997}[16] 등이 그것이다. 주로 유럽에서 건너온 이런 탈근대적 "부정"의 교수학은 일부 비판적 교육자들에게는 불안하게 느껴질 수 있지만, 나는 그것이 미국의 비판적 교수학 공동체에 만연해 있는 낭만적 유토피아주의와 안일한 낙관주의를 치료할 수 있는 유용한 해독제라고 생각한다.

개인적 자각의 프로젝트

주류의 비판적 교수학의 또 다른 프로젝트는 "개인적 자각의 프로젝트project of individual enlightenment"라고 명명한 것이다. 이 프로젝트에 따르면, 비판적 교수학이 근본적으로 추구하는 것은 개인이나 주체성을 개조/재형성하는 것이다. 주류의 비판적 교수학은 개인을 의식화해야 하는 단위로 보고, 따라서 개인들에게 더 큰 주체성을 줄 것을 제안한다. 그러므로 비판적 교육자가 해야 할 일은 자신은 물론이고 학생들로 하여금 계급주의, 성차별주의, 인종차별주의, 동성애공포증, 그리고 기타 억압과 지배의 형태를 더 자각하도록 만드는 것이다. 나는 이런 생각은 비판적 교수학뿐만 아니라, 비판적 교육에서 널리 받아들이고 있는 견해라고 믿는다. 나는 종종 비판적 교육자들이 "우리 스스로를 그리고 우리 학생들을 교육해야 한다."고 말하는 것을 듣는데, 이는 자각된 학생과 교사들이 사회에 영향을 주고 변화시킬 수 있다는 신념에서 나오는 것이다. 헨리 지루Henry Giroux는 이 관점을 간명하게 포착하였다. "교육자는 학생들의 정체성, 가치, 그리고 신념을 형성하는 데 결정적 역할을 하고, 그 학생들은 사회에 직접적으로 영향을 미친다."Giroux, 1997: 150 요약하면, 비판적 교수학은 사람들이 자신의 억압적 현실을 올바로 이해할 때, 해방이 실현될 수 있다는 전제에 기반을 하고 있다. 이런 "학생을 바꾸기 위해서"라는 개념은 아주 간단하고 상식적인 것이기에 많은 교육자들은 이 신념을 공유하고 있을 것이다. 교사들은 종종 그들의 학생들에게 그리고 그들의 삶에 변화를 만들고 싶다고 말한다. 이 "변화를 일으키려는to make a difference" 욕구는 사람들이 교사되기를 선택하는 가장 큰 이유 중 하나라고 나는 생각한다. 이런 점에서, 비판적 교수학에서 개인적 자각의 프로젝트는 교육자들의 "변화를 일으키는" 신념과 거의 동일한 것이다. 이런 "변화를 일으키는" 생각과 개인적 자각이라는 비판적 교수학의 전제는 많은 사람들에게 상식적이고 당연한 것일 수 있지만, 이 전세에는 신중하게 검토되어야 할, 특히 비판적 교수학자들이 검토해야 할 다음과 같은 이슈들이 제기될 수 있다.

개인적 자각의 프로젝트가 가진 하나의 문제는 "허위의식 명제false consciousness thesis"이고, 그리고 이 명제는 내가 생각하기에는 비판적 교수학에 꽤 만연해 있다. 주류의 비판적 교수학 문헌뿐만 아니라, 나 자신이 비판적 교수학을 가르친 경험에 비추어보면, 비판적 교육자가 "허위의식의 명제"의 희생물이 되는 경우가 종종 있다. 허위의식의 명제를 아주 간단히 말하자면, 사람들은 기본적으로 환상에 사로잡혀 있고, 그들이 "진실"에 노출되면 자각하게 된다는 것이다. 의식화를 통해 환상에서 자각으로 이행하는, 이런 간단한 직선적 논리는 비판적 교육자가 해야 할 일을 매우 쉽게 만들어주는 듯하다. 그러나 "허위의식 명제"는 사람들이 왜 억압 체제의 정당화에 순응하는지에 대한 적절한 통찰력을 주고 있다고 나는 생각하지 않는다. 그 해답을 찾으려면 그람시의 헤게모니 개념을 상기하는 것이 도움이 될 것이다. 그람시에 따르면, 사람들이 체제에 순응하는 것은 자신들의 "진정한" 이익을 보지 못하는 것—허위의식—때문이 아니라, 지배계급이 헤게모니를 통해, 그리고 양보—예를 들면, 더 높은 임금과 더 짧은 노동

시간 같은—를 통해 피지배집단으로부터 동의를 얻을 수 있기 때문이다. 하지만 이 말은 이데올로기가 거짓, 왜곡, 그리고 신비화와 같은 허위의식을 포함하지 않는다는 뜻이 아니다. 그렇지만 테리 이글턴이 지적하듯, "성공적인 이데올로기들은 강요된 환상 그 이상의 것이어야 하고, 자체의 모순에도 불구하고 그 이데올로기들에 대해 사람들에게 그들이 '실질적이고 납득할 만한', 그래서 즉시로 거부하지 않을 정도의, 사회 현실에 대한 설명으로 소통하지 않으면 안 된다."Eagleton, 1991: 15

많은 교육자들은 학교가 "위대한 평등 장치the great equalizer"이어야 하고 그리고 그럴 수 있다고 믿지만, 한편 내심으로는 현실은 그렇지 않다는 것을 잘 알고 있다. 달리 말하면, 교육자는 반드시 허위의식의 희생자가 아니다. 그런 자신들의 신념과 현실의 괴리가 그들의 자유주의적 관점 속으로 매끄럽게 흡수되어 통합되어가는 것을 보면 놀랍기도 하고 실망스럽기도 하다. 나는 냉소주의에 대한 페터 슬로터다이크Peter Sloterdijk의 이론이 이들 교육자의 입장을 더 설득력 있게 설명할 수 있다고 생각한다. 슬로터다이크1997는 냉소주의cynicism—서구 사회에 만연한 의식—를 "자각된 허위의식"이라고 규정하였다. 그에 따르면, 사람들은 잘못된 가치를 가지고 살고 있고, 그렇지만 역설적이게도 사람들은 이런 자신의 허위를 알고 있다. 그는 이런 만연한 냉소주의에는 이데올로기 비판이 무력하다고 주장한다. 그 이유는 "이 의식은 어떤 이데올로기 비판에 의해서도 더 이상 영향을 받지 않기 때문에, 즉 사람들이 자신들의 허위성/거짓을 이미 알고 인정하고 있기" 때문이다.같은 책: 5 미국인들, 특히 백인 중산층의 감수성은 너무 낙관적이어서

슬로터다이크가 묘사한 만큼 냉소적이지 않다고 본다. 그러나 나는 우리의 시대정신이 냉소적이라고 한 그의 파악이 상당한 설득력이 있다고 본다. 그게 맞다고 한다면, 어쩌면 의식화된 사람의 의식이 사실은 그들이 의식화하려는 사람들의 의식보다 더 순진할지도 모른다.[17]

개인적 자각의 프로젝트가 가진 또 다른 이슈는 개인적 자각이 실제로 사회 변화를 가져올 수 있느냐 하는 것이다. 개인적 자각의 프로젝트는 자각한 개인이 사회에 영향을 미칠 수 있고, 그 결과 사회 변화를 가져온다는 간명한 개념/가정에 근거하고 있다. 그러나 이 간명한 가정은 가정일 뿐이다. 많은 사람들이 개인적 의식화가 당연히 중요하다고 동의하겠지만, 그러나 개인적 자각과 구조적 변화 간에 직접적이고 필수적인 연결고리는 없다. 코넬R. W. Connell의 말을 빌리면, "그렇게 많은 자각을 하더라도, 그 자각이 물질적·제도적 구조의 붕괴로 이어지는 것은 아니다."Connell, 1995: 226 즉, 자각이 자동적으로 새로운 사회제도를 불러오지는 않는다. 비판적 교사들이 "반인종차별적 가르침을 실천한다고 해도, 그 자체만으로 우리 교육제도의 인종차별적 특성이 변화되지는 않는다."Shilling, 1992: 79

일부 사람은 문화적 정치와 정체성 정치가 비판적 교수학을 개인화된 프로젝트의 방향으로 가도록 만들었다고 지적한다. 그들이 기여한 것은 사실이다. 그러나 개인화된 프로젝트가 비판적 교수학에서 중요한 것이 된 데는 더 근본적인, 그러나 종종 간과되어왔던 이유가 있다고 나는 생각한다. 개인화된 프로젝트의 강조는 서구의, 특히 백인 중산층의 자아에 대한 초점/강조, 그리고 개인주의와 아주 밀접한 관련을 갖고 있다고 본다. 나는, 미국 사회의 기저를 이루는 가장 강력한 헤게모니의 하나인 철저한 개인주의가 주류의 비판적 교수학을 자유주의에 매우 근접하도록, 때로는 양자를 구분하기 어려울 정도로 만든 이유라고 본다.

비판적 교수학의 논쟁과 과제·

종종 문화 이론과 문화정치학은 경제 이론이나 유물론에 반대되는 것으로 이해된다. 논쟁은 흔히 이것 아니면 저것의 접근—문화냐 경제냐, 상부구조냐 토대냐, 담론이냐 물질성이냐—을 취한다. 유물론자들은 때로 문화 연구와 문화정치가 사회의 물질적 구조를 무시하고, 자본의 힘과 기능을 경시하고, 계급의 중심성을 축소한다고 비판한다. 문화주의자들 또한 종종 유물론이 사회의 문화적·주체적 차원을 경시하고, 문화 연구와 문화정치를 평가 절하한다고 비판한다.

우리는 비판적 교수학에서도 동일한 논쟁을 본다. 한편에는, 비판적 교수학의 원리 자체가 자유주의적, 계몽주의적 근대주의에 기반하고 있다는 탈구조주의자들로부터의 비판이 있다. 엘스워드는 비판적 교수학은 "하나의 입장을 선택하는 준거로 가장 추상적이고 탈맥락적인 준거들, 예를 들어 재구성적 행동이나 급진적 민주주의와 사회정의를 제시하고 있다."Ellsworth, 1988: 93라고 주장한다. 이와 비슷하게, 루크는 "비판적 교수학의 기본 개념들, 예를 들어 해방적 자력화와 사회적 자력화, 그리고 해방적 합리성과 시민성 교육과 같은 개념들이 평등과 참여민주주의라는 자유주의적 인식론에 근거해 설명되고 있다."고 주장한다.Luke, 1992: 29 이런 탈구조주의적 페미니스트들의 비판 대상은 그들이 보기에 비판적 교수학의 이론적 토대인 신마르크스주의 이론들이었다.

다른 한편으로, 비판적 교수학은 신마르크스주의자들을 벗어나 탈근대주의와 문화주의에 너무 치중해 있다는 비판을 받아왔다. 신마르크스주의자들에 따르면 문화적 정치와 탈근대주의는 문제인데, 왜냐하면 교육 체제와 사회를 지배하는 불평등의 주요한 "구조적" 이슈를 논의하지도, 그 해결책을 제공하지도 않았기 때문이다. 그리하여 맥러런은 비판적 교수학이 사회 변화를 위해 실현 가능한 대안을 더 이상 제공할 수 없는 주요한 이유가 탈근대적 문화주의라고 주장한다.

이 장에서 나의 의도는 이러한 이론 수준의 논쟁을 넘어서는 것이었다. 내가 시도한 것은 비판적 교수학이 자신의 "가능성의 언어"로서 어떤 대안들을 제안했는지를 찾아내는 것이었다. 그리하여 나는 그들을 네 가지 주요한 대안적 프로젝트로 분류하였다. 그들을 간단히 정리하면, (1) 경험의 프로젝트는 어디에서 헤게모니에 대한 비판을 발견하고 대항 헤게모니적 지식을 추구할 수 있는지에 대한 것이고, 비판적 교수학의 입장은 학생들의 경험에 있다는 것이다. (2) 다자성과 포함/포용의 프로젝트는 비판적 교수학의 본질적인 개념의 하나인 다수의 주변성을 어떻게 다루어야 하는지에 대한 것이다. (3) 반위계적 민주주의와 참여민주주의 프로젝트는 어떻게 민주적 학교 문화를 만들 수 있는지에 대한 것이고, 비판적 교수학의 입장은 반위계적 민주주의와 참여민주주의의 구축이다. (4) 마지막으로 개인적 자각의 프로젝트는 어떻게 사회 변화를 촉진시킬 수 있느냐에 대한 것이고, 이것에 대한 비판적 교수학의 입장은 학교가 학생들의 갱신을 통해 변화의 행위 주체가 될 수 있다는 것이다.

비판적 교수학이 초기 비판적 교육 이론들의 구조적·경제적 결정론에 대항하는 정치적·이론적 맥락 속에서 출현하였으므로, 비판적 교수학이 구조적 결정론에 대항하는 '행위 주체agency'와 경제적 결정론에 대항하는 '문화'로 방향을 돌렸다는 것은 타당하다. 이런 방향 전환은 비판적 교수학을 교육자가 직접적 영향을 줄 수 있는 미시적 수준의 정치―개인, 교실, 그리고 가르침―로 유도하였다. 그렇다고 비판적 교수학 이론들이 오직 미시-중심적 교수학과 정치만을 촉진하였다는 뜻은 아니다. 실제로, 여러 비판적 교수학자들이 교육과 사회권력 간의 연결성을 계속 강조해왔다. 그러나 현 상태로서는 대다수의 비판적 교수학 문헌과 실천은 교실의 교수학과 행위 주체에 초점을 두고 있다.

그렇기에 비판적 교수학은 지식-권력과 가르침에 대한 분석에는 강하지만, 상대적으로 교육정책과 구조적 이슈의 분석에는 취약하다. 정치경제학, 정책 연구, 그리고 자본과 국가에 대항하는 정치 투쟁 같은 주제는 비판적 교수학에서 거의 보이지도 않고 인기도 없다. 그러므로 비판적 교수학이 학교와 관련된 구조적·제도적 이슈들, 예를 들어 교육 재정, 학교 조직, 학교 경영, 교육운영위원회, 관료주의, 교원노조, 전문주의의 정치학, 교육의 국가기금, 교육정책, 민영화, 헌장학교charter schools, 그리고 학교 선택 등의 주제를 거의 다루지 않는 것은 놀랄 일이 아니다.

더욱이 주류의 비판적 교수학이 보여주는 개인화 지향은 그것이 순진무구하기 때문만이 아니라, 정치화된 프로젝트보다 도덕화된 프로젝트를 조장한다는 점에서 문제가 된다. 여기서 내가 말하는 도덕화moralization란 사회적 이슈를 도덕적인 문제로 파악하고, 도덕적 해결책을 처방하는 접근을 의미한다. 그런데 도덕화 접근이 지닌 문제는 사회적 이슈를 더 넓은 사회적·정치적·경제적·문화적 맥락 속에서 다루지 않고, 그리하여 우리들로 하여금 실천적·구조적 해결책을 모색하지 못하게 하였다는 것이다.

비판적 교수학의 문화적 정치와 정체성 정치, 그리고 풀뿌리 민주주의의 구현이라는 목표는 진정성이 있는 이상적인 것으로 보일 것이다. 그러나 지역적/풀뿌리적/이슈 지향적 정치가 불평등, 억압, 착취의 구조적 문제들을 무시하거나 회피한다면, 내가 보기에 그것은 위험스럽고, 그리고 궁극적으로 무력한 것이다. 더구나 나는 문화화된 자아지향적 정체성 정치identity politics를 대항 헤게모니적 정치로 보지 않으며, 오히려 그것은 혁명도, 어떤 구조적 변혁도 신뢰하지 않는 서구 탈근대 사회의 패배주의적 의식을 반영한 것이라고 본다.

게다가 "개인적"이고 "지역적인" 것은 증대하는 제국주의적 세계화에 대항할 실질적 대안이 될 수 없다.Amin, 1997 정체성/차이의 정치는 유연한 세계화가 실제 지지하고 고무하는 것이다.Castells, 1996; Castells 등, 1999; Hardt & Negri, 2000 선진국가의 비판적 교육자들은 정체성과 차이의 정치를 탐구하고 칭송할 여유가 있는지도 모른다. 그러나 매일의 삶이 신자유주의적, 제국주의적 자본주의에 의해 심각하게 위협을 받는 개발도상 국가의 다수 민중들에게는 정체성과 차이를 칭송하는 것이 부적절할 수도 있다. 정체성 정치 내의 파편화와 주변화—"주변국가들

peripheries"의 현실을 무시하고 "중심국가들center"에 탐닉하는—는 모든 사람의 경험과 차이를 포함할 수가 없다. 정체성 정치는 근대주의와 똑같이 유럽 중심주의/제1세계 중심주의—그들이 필사적으로 벗어나려고 했던—에 물들어 있다. 이 유럽 중심주의/제1세계 중심주의라는 모순은 정체성 정치의 기초를 이루는 다양성과 차이의 기본적 원리를 타락시켰다. 한마디로 정체성 정치는 특권에 기반을 둔 승리자들의 정치이다.

학생들이 변화하라는 말을 듣는다고 해서 그냥 변화되는 것은 아니다. 마찬가지로 교사들도 "진리"를 알게 되었다고 해서 그냥 변화하지는 않는다. 개인들은 사회구조가 변화에 기여하고 지지할 때 자신들의 도덕성, 가치, 그리고 행동을 변화시킨다. 따라서 나는 비판적 교수학의 진정한 과제는 개인이 변화하고 성장하도록 하는 사회구조를 만들어내는 것이라고 본다. 비판적 교수학은 개인을 혁신하는 것에 초점을 맞추기보다는 사회구조와 조건의 대안적 비전을 탐구해야 한다. 그리하여 '보통의' 교사와 학생들이 희망, 돌봄, 사랑, 그리고 사회정의의 교육학을 실천하고 경험할 수 있도록 해야 한다. 그러나 희망, 돌봄, 사랑, 사회정의의 교육이 교사와 학생을 (다시) 만들거나, (다시) 형성하는 것으로 이해된다면, 그것은 대안적 정치를 위한 가능성의 탐구를 확장시키기보다는 오히려 제한시킬 것이다. 비판적 교수학이 "가능성"을 찾기 위해 해야 할 일은 서구 사상이 깊이 물들었던 몸, 개인, 주체성으로 되돌아가는 게 아니라, 미시적인 것과 거시적인 것, 주체와 구조, 문화와 경제, 그리고 지역적인 것과 글로벌한 것을 연결함으로써 현실적으로 실현 가능한 대안을 탐구하고 생산하는 것이다.

1 『문화적 소양』(1988)의 저자인 허쉬(1928~)는 미국인들이 반드시 알아야 하고, 관심을 가져야 할 핵심적 지식, 즉 기초 교육을 강조하고, 기본적 규범인 애국심과 성질, 정직 등의 가치를 내면화해야 한다고 주장한다. 존 듀이와 여타의 진보주의 학자가 옹호한 반反본질적/반학문적 접근 때문에 미국 학교가 교육과정이 없는 60여 년의 역사를 가졌다고 비판했다. 그는 내용으로부터 자유로운 접근이 아닌, 공통되고 핵심이 되는 지식을 옹호함으로써 민주주의에 참여할 수 있는 시민을 준비시킬 수 있다고 본다. 이것이 미국의 많은 총명하고 문해적 학생들의 능력을 방해하고 있다고 보았다. 이러한 본질주의적 교육을 단순히 틀에 박힌 암기식 교육으로 비난하는 진보주의자들의 '비판적 사고 기술'이야말로 미국의 문화적 소양을 잃게 하고 있다고 주장한다. 그는 연구에 기반을 둔 발견이나 쟁점적 지식을 가르치는 것을 위험스럽게 보고 있다. 이 주장으로 인한 미국의 학자들 사이에서는 많은 논란이 일었다. 너무 보수적이고, 백인 중심이고, 훈련과 죽음의 교육을 촉진하는 사람, 반동적이라는 비판을 받았다. 아프리카계 미국인 등 소수 인종에게는 적절치 않다는 것이다. 그리고 학습 양식에 있어서도 차이를 인정하지 않는 것으로 비판받고 있다. 특히 아동 존중의 학습을 중요시하는 진보주의 교육자들로부터 비판이 거세었다. 이러한 진보주의 교육사상은 단순히 정보를 흡수하는 것이 아니라 적극적 구성의 참여자가 되도록 고무하는 구성주의자들에 의해 주목을 받았다. 또 허쉬의 견해는 행동주의적이고, 보수주의적이라는 비판을 받았다. 특히 경쟁, 인센티브 프로그램, 관례적 훈육, 표준화 검사, 성적, 숙제, 전통적 학습방식 등 보수적 방식은 학생들을 특정한 틀에 주입하고 그들의 내면세계를 억압하여 문제아만을 양산한다는 비판을 받았다. 이런 비판적 생각은 흔히 존 듀이, 장 피아제, 하워드 가드너의 생각이기도 하다.

2 "역사적 표준"은 내쉬G. B. Nash 등이 저술한 『재판 중에 있는 역사History on Trial』 (1997)에서 따온 말이다. 이 책은 미국 역사를 둘러싼 모순과 비판을 검토하고 있다. 저자들은 재판 중인 역사 논쟁을 문화적 전쟁 또는 이데올로기 전쟁터라고 말하며, 열전이라고 말한다. "국가 역사의 표준"이 무엇인가라는 논쟁을 다루고 있다. 이것은 곧 미국이라는 나라의 '국가의 정체성' 논쟁이라고 할 수 있다. 사실 미국 학교에서 가르치는 역사는 "국가의 역사 표준"을 정하는 갈등으로부터 시작되었다. 이 갈등은 호전적인 단일문화주의자들과 호전적인 다문화주의들과의 대결이기도 하다. 이 책은 아이들에게 역사를 가르칠 때 목표를 어디에 두어야 하느냐라는 근본적 질문을 던지고 있다. 애국심을 전달하는 학교 교과서와 박물관의 역할은 무엇인가? 오늘날의 가치를 반영하는 이야기를 가르치기 위해 과거를 수정하고 해석하고 있는가? 그렇다면 누가 이 가치를 정확하게 설명해야 하는가? 이런 질문은 역사 교육자들이 대답해야 할 핵심적 주제이기도 한다. 이 책은 미국이라는 나라가 공화국을 시작한 이래 과거로부터 논란이 되어왔던 역사적 주제에 대한 보수주의

적 방어를 하고 있다.

3 "다자성"은 현상학자 후설Edmund Husserl과 베르그송Henri Bergson이 발전시킨 개념이고, 오늘날에는 탈구조주의자인 들뢰즈Gilles Deleuze의 철학에 의해 많이 거론되고 있다. 들뢰즈는 푸코의 지식의 고고학을 이론-실천에서 다자성의 가장 결정적인 단계를 밟는 것으로 묘사하였다. 그는 베르그송의 다자성 이론을 언급하면서 유일자the One와 다자the Multiple를 구분하고자 했던 전통적 철학과 차별화하고자 하였다. 이들은 주로 "다자성"을 주로 인종, 사회적 성, 성 정체성, 녹색, 탈식민성 등에서 찾고 있다. 현대 사회에서는 다수가 동의한 합리주의적 규범만이 존재할 따름이지, 보편적인 진리란 존재하지 않는다고 보는 견해가 주로 탈구조주의자와 탈근대주의자들에 의해 주장되고 있다. 이런 입장은 세계를 뒤흔들었던 나치(히틀러)의 유태인 학살 사건, 스탈린이 주도하였던 프롤레타리아 독재에 있어 무자비한 인간 숙청과 같은 사건들이 바로 거대 담론으로서의 진리성을 내세우며 자행되었는데, 이에 대한 비판으로 제창된 철학이다. 그런 사태 속에 드러났던 폭력은 비록 가장한 것에 불과할 수도 있겠지만 진리, 합리 내지는 보편이라는 이름으로 저질러진 것 또한 사실이다.

4 "권한 부여하기"는 일반적으로 개인적·정치적 함의를 가지는 복잡한 개념으로서 개인적 차원의 "권한 부여하기"는 주관적인 정신 상태, 역량감, 통제력을 말하며, 정치적 차원의 "권한 부여하기"는 사회구조에서 개개인이 활동할 기회가 객관적으로 존재하며, 사회구조의 변화를 통해 권한power이 재분배됨을 말한다.

5 "의식화"는 한 개인 혹은 집단이 그가 처한 상황에 맹종하는 태도에서 자각을 통한 비판적 시각으로 현실적 제 모순에 대항해 그것을 극복하려는 태도로 변화하는 과정 또는 그러한 변화를 유도하는 작업이다. 이 말은 브라질의 민중 교육가인 프레이리P. Freire로부터 비롯된 것으로 그는 이것을 "사회적·정치적·경제적 모순들을 인식하고, 현실의 억압적 요소들에 대항하여 행동을 취하게 되는 것"으로 정의하고 있다. 즉, 역사적으로 지배만 당한 대다수 민중은 그들에게 불리한 현실의 사회구조를 숙명적으로 받아들이며, 감히 그것을 탈피하려는 생각을 갖지 못한다. 오히려 그들은 억압으로부터 벗어나는 것에 대한 일종의 두려움조차 가지고 있다. 그러나 현실적 사회 모순들이 해결되기 위해서는 이러한 민중의 의식이 변화해야 하며, 이때 필요한 것이 민중의 의식화이다. 즉, 현실은 주어진 것이 아니라 주체적으로 만드는 것이며, 자기에게 불리한 여건은 누군가의 조작에 의한 것으로 인간다운 삶을 위해서는 그러한 모순에 대항하여 권리를 쟁취해야 한다는 의식적 자각이 의식화의 내용이다. 이러한 자각은 지배자의 위치에 있는 사람에게도 요구되며, 포괄적으로 의식화는 보다 나은 사회를 위해 현실적 모순에 대항·극복하려는 모든 사람들의 의식적 자각이라 할 수도 있다. 이러한 의식의 자각을 위한 교육이 의식화 교육이다.

6 푸코가 말하는 "진리 체제"란 어떤 특정 사회의 지배적인 규범에 의해 결정되는

사물을 보는 방식을 의미한다. 지식은 권력의 외부에 있지 않다. 진리는 이 세상의 것이고, 수많은 강제에 의해 생산된다. 그리고 그것이 권력으로 하여금 일상적인 효과를 발휘하게 한다. 모든 사회에는 저마다 진리 체제, 진리에 대한 일반 정치가 있다. 그러니까 그 사회가 진리로서 받아들이고 진리로서 기능하도록 하는 담론의 유형이 있다. 푸코는 대다수 사람들이 진리 체제의 죄수라고 주장하였다.

7 하워드 진(1922~2010)은 민중의 시각에서 미국의 역사를 관찰한『미국 민중의 역사』의 저자이다. 이 책은 권력자 위주의 기존 역사 서술과 달리 민중의 관점에서 역사를 다룬다. 콜럼버스를 비롯하여 유럽 백인들의 '신대륙 정복'을 찬양하는 주류 미국사를 뒤집어 그들에게 철저히 학살과 기만을 당한 아메리카 원주민들의 비참과 투쟁을 조명하고, '프런티어 정책'에 대한 칭송 대신 빈곤 계층의 사람들과 노예제도의 희생자들, 여성계 등의 치열했던 인권 쟁취 과정을 서술했다. 이후의 세계대전과 베트남 전쟁, 이라크 전쟁, 최근의 테러와의 전쟁에 대해서도 정부 지향 주류 언론의 합리화 논조와 달리 실제 미국 민중들에게 끼친 영향과 우후죽순 일어난 반대 운동의 상황을 전한다. 일명 건국의 아버지들로부터 시작된, 만인 평등의 인권보다 경제-정치 엘리트의 재산 확보를 최우선시하는 미국의 역사적 지배 프레임이 대내외적으로 최근까지 더욱 확장일로이며 일관됨을 보여주었다. 저자는 이런 상황을 타개하는 희망은 인구의 99%를 차지하는 민중의 쉼 없는 노력에 달려 있다고 진단한다.

8 "관점 인식론"은 지식과 실천을 필요로 하는 페미니즘 관점 인식론을 말한다. 그것은 지식 형성의 이론이고 연구를 하는 방법이고 지식 구성과 정치적 실천을 요청하는 접근 방식이다. 첫째, 우리는 억압받는 여성의 눈과 경험을 통해 세계를 보며 이해하도록 한다. 둘째, 억압받는 여성의 비전과 지식을 사회적 행동주의와 사회적 변화에 적용하도록 하는 도전적인 지식 형성을 하는 독특한 철학이다.

9 탈근대주의자들이 강조하는 '차이의 정치학'은 작은 이야기들의 이질적 차이와 그 차이들 사이의 갈등이 공약 불가능한 채로 인정되고 공존하는 사회를 추구한다. 탈근대주의자 리오타르는 근대를 "큰 이야기", 메타 이야기로, 탈근대를 "작은 이야기들"로 특정 짓는다. 이를 통해 보편적 총체적 담론이 은폐하고 억압했던 단일성, 차이, 이질성, 공약 불가능성을 드러내어 총체성의 억압, 진리의 지배를 해체시키려 한다.

10 "다자성의 정치"를 강조하는 탈근대주의자 푸코는 다수적 주체—권리의 주체, 기업가, 노동계급 등—를 각 시간에 단수인 파편, 조각, 부분의 실행과 열중에 의해 현실을 조종하고 구성하는 "소수적 주체"로 대체한다. 이런 부분, 조작, 파편들의 진리는 정치적인 전체나 경제적인 전체 속에서 발견될 수 없다고 보았다. 푸코는 전체성의 정치, 하나의 정치, 일치의 정치 대신에 이질성과 하나하나의 생명이 존중되는 사회의 정치로서 "생명정치bio-politics/vital politics"를 제안한다.

11 "정체성 정치"는 자기이익과 자기를 구별할 수 있는 사회적 이익집단의 관점, 그리

고 사람들의 정치가 인종, 계급, 종교, 사회적 성, 성 지향이나 전통적 지배를 통한 그들의 정체성에 의해 형성된다는 방식에 초점을 두는 정치적 논변이다. 정체성 정치는 성별, 인종, 계급, 성적 취향을 근거로 억압을 당해온 집단의 일원이기에 가지게 되는 정체성에 대한 감각에 초점을 두는 정치라고 할 수 있다. 이것은 계급 운동, 여성 운동, 게이와 레즈비언 운동, 장애인 운동, 종족 운동, 그리고 탈식민지 운동 등에서 명백하게 나타난다.

12 "부정否定"을 의미하는 "negation"은 부인, 거절, 반대를 뜻하는 라틴어 "negatio"에서 유래하였다. 어떤 일이나 그러한 양태를 성립시키지 않게 하려는 의지, 또 어떤 판단이나 명제를 거짓이라 하는 이성적 행위이다. '부정 변증법'이라는 개념으로 집약되는 아도르노의 방법은 단순한 철학적 비판에서 그치지 않으며, 현실 사회 속에서 비판의 자리를 찾아낸다. 아도르노는 순응과 기만의 체제인 문화산업을 비판했고, 끝없는 부정의 정신으로 세계의 고통을 드러내는 '부정의 예술'을 대안으로 제시했다. "부정의 교육학pedagogy of negation"도 그 연장선에 있다. 부정의 교육학은 지배 질서의 재생산에 기여하는 교육 체제에 "아니오"라고 발언하려고 한다. 부정의 교육학은 "반反교육학anti-pedagogy"의 입장과 비슷하다. 아이들에 대해 일체의 권위와 간섭을 배제하는 '반교육학'을 주창하는 교육자들은 교육의 존재 의미 자체를 의문시하고 어린이에 대한 교육 자체의 철폐를 주장한다. 그들은 교육을 어린이의 발전 과정에 동반하고, 즉 어린이를 존중하는 데에 제한하며, 어린이의 권리에 대한 존경, 어린이의 감정에 대한 관용, 어린이의 태도로부터 배우려는 자세를 강조하였다.

13 구제브가 대안적 교육으로 제안한 "대항-교육"은 부정의 논리에 기반을 둔 비판적 교육학과는 좀 거리를 두려고 한다. 지배 이데올로기를 재생산하는 교육이 아니라 대항 헤게모니, 즉 계급 교육, 인종주의 교육, 성차별 교육, 식민지 교육, 신자유주의 교육 등에 대한 대항 헤게모니를 창출하는 교육을 말한다. 대항-교육은 자본주의 질서의 자명성, 현재의 질서를 고수하려는 규범화의 실천에 대항하는 주체의 성찰적 잠재력을 옹호하고, 그것에 권능을 부여하려고 노력한다. 대항-교육 내에서 대화를 통해 가능한 비판적 재구성, 저항과 초월성은 구체적인 정치적 참여와 개입으로 나갈 수 있다. 대화의 가능성은 대항-교육을 연결되어 있는 성찰로 유도할 수 있는 도덕적이고, 정치적이고 그리고 철학적 실천이다. 대항-교육은 집단 이주민 Diaspora을 삶을 사랑하는 환대로 초대한다. 그러한 환대는 관례적 도덕성 극복과 피억압자의 대항-폭력을 요청한다. 대항-교육은 집단 이주민적 대항-교육의 맥락에서 그것의 표현 기반에 도전하는 삶의 사랑과 공동-생성의 일부분으로서 특별한 역할을 시도한다.

14 "해방적 무지"는 원래 프랑스의 랑시에르J. Rancière의 저작 『무지한 교육자』에서 빌려온 것이다. 프랑스 대혁명기에 랑시에르는 "우리는 우리가 모르는 것을 가르칠 수 있다."는 테제를 급진적인 정치적 테제로 파악하면서 교육을 정치의 조건으로 상정

하여 교육이 완료될 때까지 정치를 유보하는 입장을 취한다. 즉, 근대의 사회 변혁적 진보 이데올로기에 대한 비판적 의미를 담고 있다. 이러한 입장은 전형적인 포스트모던 인식론을 보여주고 있고, 교육 일반의 효과에 대해 회의적 입장을 취하고 있다. 교육이 해결할 수 없는 과제를 목표로 삼는 공교육 제도의 담론, 그것을 달성하려는 수단을 정당화하는 담론에 대해 '과제 해결의 지연'이라는 효과를 노리고 있다. 폭로의 가능성 여지를 주는 무지이다. 랑시에르의 비판은 비판적 교육학, 나아가 교육학 자체에 대한 자기비판의 계기로 삼는 것으로서 교육학의 역사를 근본적으로 성찰하는 자기비판의 효과를 발휘할 수 있다. 주객관적인 조건의 변화 속에 당대의 앎이 여전히 유효한 것인지를 검토하는 작업은 학문 본연의 활동이라고 할 수 있다. 그러나 동시에 여전히 무지의 전략이 정치적 중립성의 함정에 빠질 위험성이 있어 보인다. 교육을 통한 사회 변화 혹은 교육의 변혁적 기능에 대한 비판적 사유는 해방적 무지 전략과 마찰을 일으킬 소지가 있다.

15 "카니발"의 어원은 즐거움을 누리는 주기로 간주되거나 재미있는 이야기 또는 외설적인 이야기를 나누는 기회로 간주되기도 한다. 즉, 평소에는 사회적 금기로 여겨졌던 것들의 일시적 해제가 일어나는 것이다. 또한 이 시기에는 일상생활의 전도 현상이 다양하게 나타나는데, 예를 들어서 지주와 농노, 사제와 민중, 겨울과 봄, 죽음과 삶의 대조성이 극명하게 표현된다. 따라서 사육제 때는 어느 정도의 무례함이 용서되기도 한다. 가면을 쓰고 거리의 행인을 모욕하거나 타인의 비밀스러운 사생활을 공공연히 드러낸다거나, 사람들에게 모욕적인 말을 하고 싸움을 걸고, 물건들을 던지는 등의 과격하고 거침없는 행동을 하기도 한다. 이와 같이 사육제 시기에 벌어지던 카니발이란 본래 일상생활의 흐름을 단절하고 평소에 금기시되었던 성직자의 위선에 대한 조롱, 외설 등이 용인되는 시기이며, 농촌 사회에서는 비생산적이었던 겨울이 지나고 자연의 생산성이 증가하는 봄의 도래를 맞이하는 시기이기도 하다. 카니발의 공간은 전복과 정치적·사회적 저항을 위한 조건이다. 그러나 카니발의 공간은 실제보다는 상징적이다. 역사적으로 카니발은 '의식화'를 위한 것이다. 매년 열리는 브라질의 카니발 축제는 저항의 의례이고 시민 불복종의 상징이기도 하다. 변방으로 몰리고, 노예 신세로 전락하고, 주변부 하층민 신세를 면치 못하는 사람들이 카타르시스를 느끼는 해방을 경험하게 한다. 기존의 기독교적 권위에 저항할 수 있는 의례적인 통로로서의 기능을 하였던 카니발은 결국 당시의 절대적인 기독교적 권위를 더욱더 공고히 하는 데 기여하기도 하였으며, 일반 민중들은 카니발을 통해서 억압된 욕구를 발산하고 다시 규범적인 엄격한 사회 속에서 자신의 삶을 이어나갈 수 있었던 것이다. 즉, 일상에서 억압된 본능을 축제 기간 동안 해소할 수 있게 제도적으로 허용함으로써 정치적인 요소로 발전하는 것을 미리 방지할 수 있었다. 이러한 측면에서 축제는 인간의 공격 본능을 '의례화'함으로써 그것이 폭발하지 않도록 방지하는 안전장치의 역할을 하는 것으로 간주되기도 한다. 이런 의미를 갖는 축제가 교육과정을 통해 이루어지는 "카니발의 교육학pedagogy

of carnival"또는 "일탈의 교육학pedagogy of deviance"을 요청한다. 카니발의 문화적 현상은 지배를 극복하기 위한 좋은 행사이다. 이렇게 갈등과 억압의 감정을 치유하는 카니발의 표현적 행위는 교육적 의미를 갖는다.

16 "제3의 장소The Third Places" 또는 "제3의 공간Third Space"은 레이 올든버그Ray Oldenburg가 제안한 개념이다. 그는 제1의 장소와 제2의 장소보다 더 중요한 것이 제3의 장소라고 역설한다. 제3의 장소는 지역민주주의와 공동체 활력을 찾는 데 크게 기여한다고 본다. 가정(같이 사는 사람들인 장소)과 일터(실제 대부분의 시간을 보내는 장소)의 두 일상적인 사회적 환경으로부터 분리된 사회적 환경이라고 일컬어지는 "지역사회"의 형성 개념에서 사용되는 용어이다. 제3의 장소는 시민사회, 민주주의, 시민 참여, 그리고 장소 감각의 느낌 확립을 위해 중요하다. 이때 제3의 장소는 공동체 생활의 "닻"이고, 더 넓고 창조적인 상호작용을 촉진하고 육성한다. 모든 사회는 이미 비공식적인 만남의 장소를 가지고 있다. 현대 사회에서 새로운 것은 현재의 사회적 필요가 있는 중요한 것들을 찾아내는 의도성이다. 그것들은 자유롭거나 비싸지 않은 것, 본질적인 것은 아니지만 중요한 음식과 술, 크게 많은 사람들에게 접근성이 높은 것(걷는 거리 등), 정규적으로 참여하는 것(습관적으로 모이는 곳), 환영하고 편안한 곳, 새로운 친구와 옛날 친구가 있는 곳이다. 이러한 장소인 노천 맥주집, 호프집, 중심가, 카페, 커피하우스, 우체국 등은 지역사회의 사회적 활력의 심장이고 민주주의를 기능하게 하는 토대이다. 이곳들은 손님의 지위를 평평하게 함으로써 사회적 평등을 촉진하고, 풀뿌리 정치를 위한 무대를 마련하고, 공적 모임의 습관을 창조하고, 개인과 지역사회에 심리적인 지지를 제공한다.

17 냉소주의cynicism는 하나의 이데올로기 유형으로서 계몽주의적 근대성이 보여주는 허위의식의 역설이다. 직접적으로 부도덕한 입장은 아니다. 그것은 오히려 그 자체로 부도덕성에 봉사하는 도덕성에 가깝다. 냉소적인 지혜의 모델은 청렴함, 완전함 등을 불성실함의 최상의 형태로, 도덕을 방탕함의 최상의 형태로, 진리를 거짓의 가장 실질적인 형태로 간주하는 것이다. 냉소적인 것은 시스템을 공고히 해주는 이데올로기에 불과하다. 냉소주의는 "전복kynical"에 대한 지배문화의 대답이다. 냉소주의와 대조적인 키니시즘은 이데올로기적 보편성 뒤에 숨어 있는 어떤 특정 이익을 잘 알고 있다. 지배문화의 공식 이데올로기에 의해 전도된, 부정의 부정을 해야 한다. 공식적인 (자본주의) 이데올로기에 대한 '부정의 부정'이다. 이중부정이니 오히려 부패한 자본주의 이데올로기를 강화하는 데 도움이 되는 긍정으로 작용한다. 정당하지 않은 부의 축적과 강탈 앞에서 냉소적인 반응은 합법적인 부의 축적이야 말로 더욱 실질적인 재산이고 게다가 법으로부터 보호까지 받을 수 있으니 더 좋은 것이다. 하지만 그것은 여전히 가면을 유지할 평계들을 찾아낸다. 냉소적 이성은 순진하지 않으며, 기존의 체제에 강력한 타격을 줄 수 있다. 그만치 현실적이고 대안을 요구하는 데 있어 호소력이 있고 비판력이 강하다. 대학을 자퇴한 『김예슬 선언』(느린걸음, 2002)은 전형적인 키니시즘이라고 볼 수 있다.

세계화에 대한 여러 대안들

이 장은 "가능성의 언어" 탐구에서 또 다른 중요한 영역인 세계화에 대한 최근의 교육 문헌에 초점을 맞추고 있다. 물론 세계화에 대한 연구는 비판적 교수학의 전유물이 아니고, 그리고 모든 비판적 교수학이 세계화 이슈를 다루는 것도 아니다. 비판적 교수학을 미시적 수준에서의 교실과 가르침으로 정의하는 사람들에게는 세계화 연구는 비판적 교수학의 범위를 넘어서는 것이다. 비판적 교수학을 넓게 정의하면 세계화는 비판적 교수학에 잘 맞는 주제일 것이다. 어느 것으로 정의하든 간에, 나는 비판적 교수학은 "가능성의 언어"를 탐구하는 데 있어 세계화 연구로부터 배울 것이 많다고 생각한다. 왜냐하면 지난 20여 년 동안 비판적 교육학은 신자유주의 세계화의 문제를 활발히 연구해왔고, 그와 함께 신자유주의 세계화에 대항할 대안적 교육의 비전도 개발해야 했기 때문이다.

이전의 장은 1980년대와 1990년대에 걸쳐 비판적 교수학이 "가능성의 언어"의 틀을 어떻게 잡았는지를 살펴보았다. 비판적 교수학은 그 대안을 문화정치와 몸 담론body discourse 안에서 표출하였다. 이런 비판적 교육학의 이론적 성향은 당대의 학문적 담론의 영향을 받은 것이다. 1970년 이후 학문적 담론의 가장 중심적 주제를 찾는다면, 그것은 "몸body"과 "세계화globalization"이다Harvey, 2000. 그러나 비판적 교수학은 거의 배타적으로 전자의 영향을 받았다. 몸의 정치와 의미에 사로잡힌 나머지, 아주 최근까지도 비판적 교수학은 세계화 문헌을 거의 포함하지 못하고 있었다Castells 등, 1999; Apple, 2000; Bulbules & Torres, 2000; Allman, 2001; Apple 등, 2005; Lissovoy, 2008; Spring, 2008b; Apple, 2010 구조적 결정론에 반대한 비판적 교수학은 구조적 결정론에서 부인되거나 경시되었던 인간의 행위 주체agency를 재발견하는 데 전념하게 되었다. 그리하여 비판적 교수학은 주체—체험, 목소리, 그리고 저항—에 초점을 맞추었다.

그런데 최근 학문적 담론에 새로운 주제가 출현했다. 그 새로운 주제는 "세계화"이다. 1990년대 이래 우리는 세계화에 대한 연구의 범람을 보았다. 1980년대와 1990년대의 주제가 몸 담론이었다면, 1990년대 이후의 학문적 주제는 세계화 담론, 또는 세계화 담론과 몸 담론의 병존이라고 볼 수 있다. 세계화 담론의 출현은 단지 학문적 담론에 하나의 새로운 소재를 더한 것 이상의 의미를 갖는다. 그것은 이론적 패러다임의 의미 있는 이동을 가져왔다. 몸이 중심 주제였던 1980년대와 1990년대는 담론 분석과 문화 연구가 가장 유행하던 분야였다. 그리하여, 탈구조주의와 탈근대주의가 가장 지배적인 이론적 틀이었다. 구조주의 이론과 정치경제학은 "전체주의적 근대주의"라는 비판을 받았다. 유물론, 특히 마르크스주의는 얼마 전까지만 해도 천박한 이론이라고 비판받았다. 그러나 우리는 세계화—또는 세계화론 이해—와 함께 유물론과 정치경제학의 재출현을 보게 되었다. 그렇다고 이론이나 방법론이 문화주의에서 유물론으로, 탈근대주의에서 마르크스주의로 완전히 이동했다는 뜻은 아니다. 문화 이론과 몸의 정치는 사라지지 않았다. 내가 주장하는 바는 신자유주의적 자본주의의 전 세계적 팽창 때문에 이제 학문적 담론이 문화 연구와 정체성/몸 정치와 더불어 물질적 분석과 정치경제학도 다시 포함하게 되었다는 것이다.

이런 동향의 변화는 교육에서도 똑같이 일어났다. 최근에 세계화는 교육 연구에서 강렬한 관심을 받아왔다. 세계화에 대한 다양한 개념화와 반응들을 분석하고 종합하는 중요한 연구들이 여럿 나와 있다. 예를 들면, 버블스와 토레스Burbules & Torres, 2000, 스트롬귀스트와 몬크만Stromquist & Monkman, 2000, 티클리Tikly, 2001, 카노이와 로튼Carnoy & Rohten, 2002, 찬-티버진Chan-Tiberghien, 2004, 애플 등Apple et al., 2005, 피쉬맨 등Fischman et al., 2005, 스프링Sprimg, 2008b, 그리고 애플Apple, 2010 등의 저서들이다. 또한 우리는 글로벌 자본주의와 신자유주의 교육개혁에 대한 비판도 증가하는 현상을 보게 된다. 이런 비판에서 특별한 초점이 맞춰지고 있는 주제들은 신자유주의, 시장화와 민영화, 글로벌 문화, 표준화, 테스트, 그리고 "아동낙오방지법NCLB"[1]이다.

본격적인 논의를 하기에 앞서, 지금까지의 세계화 연구가 우리에게 알려준 몇 가지 주안점을 간략하게 요약하는 것이 도움이 될 것 같다. 여러 연구들은 세계화가 수렴적 경향뿐만 아니라, 분산적 경향도 초래한다고 밝히고 있다. 글로벌 통합과 글로벌 교육개혁은 전 세계적으로 교육에 몇 가지의 보편적 현상들—더 많은 민영화, 시장화, 표준화 같은—을 가져오기는 했지만, 동시에 각 나라의 세계화에 대한 대응에는 상당한 차이가 있다는, 즉 분산성/차별성도 있다는 지적이다. 그러므로 세계화 과정과 글로벌 교육개혁은 단일하지 않으며, 복잡하고 다양하다. 예를 들어, 애플 등[2005]은 세계화 현상이 모순, 저항, 그리고 대항 세력을 포함하고 있는 복잡한 과정임을 지적한다. 그러므로 그들에 따르면, 세계화는 단일한 과정이 아니라, 복합적 연계가 이루어지는 과정으로 이해하는 것이 더 낫다(이것이 복합적 연계성complex connectivity 이론의 핵심적 생각이다). 세계화의 과정이 복잡한 것처럼, 세계화에 대한 반응과 저항 또한 다양하다. 예를 들면, 버블스와 토레스[2000]는 세계화에 대한 다른 대응들을 이해하기 위해, 반세계화anti-globalization와 대항적 세계화counter-globalization를 구별하는 것이 유용하다는 것을 보여주고 있다.

그러므로 지구촌global village을 통해 우리는 하나가 되었다고 하는 일반/상식적인 주장과는 반대로, 우리는 세계화에 대한 다양하고 다른 해석이 있고, 그리고 그 해석에 따라 세계화에 대한 대응도 다양하고 다르다는 것에 주목할 필요가 있다. 예를 들어, 스프링Spring, 2008b은 세계화에 대한 해석을 네 가지로 분류하고 있다.

1. 세계-문화주의자(신-제도주의자): 세계화를 모든 문화들이 단일한 글로벌 문화로 통합되어가는 과정으로 본다.
2. 세계-체제 이론자: 세계화를 부자 국가들이 그들의 가치를 주변부 국

가들에게 주입함으로써 자기들의 권력과 행동을 정당화하는 과정이라고 간주한다.

3. 탈식민주의자: 세계화를 글로벌 사회에서 부자 국가에게 이익이 되는 특정한 경제적·정치적 의제를 강요하는 시도로 본다.

4. 문화주의자: 세계화를 각 지역의 주체가 교육 아이디어의 세계적 교류 속에서 다양한 모델로부터 빌려오는 과정으로 본다.

신자유주의적 세계화의 대안을 모색하기 위해 비판적 교육은 여러 다른 방향으로 갈라졌다. 대안으로서 유토피아주의, 휴머니즘, 실존주의, 민주주의, 대중문화, 그리고 지역적 다양성과 같은 여러 이념과 이론들이 제시되었다. 또한 이들 이념/이론에 따라 여러 교수학들 pedagogies이 대안으로 제시되었다. 공적 교수학, 비판적 공적 교수학, 혁명적 교수학, 희망의 교수학, 가능성의 교수학, 원주민의 교수학, 탈식민주의 교수학, 장소-기반의 교수학, 비판적 장소-교수학 등이다.

여기에서 나의 목적은 이 모든 대안적 교수학들을 논평하는 것이 아니다. 내가 하려는 것은 이런 대안적 교수학의 주요한 지향과 동향을 설명하기 위해 다양한 이념과 교수학들을 통합하는 것이다. 이를 위한 나의 접근 방법은 이들 대안이 '무엇에 반대'하는지를 밝히는 것이다. 그들은 무엇을 신자유주의적 세계화의 가장 주요한 문제로 보는가? 우리가 무엇을 문제로 보느냐에 따라, 우리가 어떤 대안들을 구상하는지가 결정된다. 그래서 첫 번째로 해야 할 일은 비판적 교육이 신자유주의 세계화의 핵심 문제를 어떻게 개념화하는지를 분명하게 밝히는 일이다. 그래야 거기로부터 다음 단계로 나아갈 수 있는데, 그

다음 단계는 그 대안들이 '무엇을 지향'하는지를 밝히는 일이다. 어디에서 탈출구를 찾을 것인가? 내가 "반대"로부터 시작하는 이유는 우리가 대안을 제시할 때 무엇이 문제인지를 명확히 밝히지 않고, 그냥 모두 다 아는 듯이 가정하기 때문이다. "반대"에 초점을 맞춤으로써 나는 다양한 이념들을 통합·분류하고, 그럼으로써 다양한 이념의 밑바탕에 깔려 있는 큰 동향들을 추출해낼 수 있을 것이라고 본다. 이장에서 나는 비판적 교육이 세계화에 대해 제기하는 다섯 가지 주요한 이슈/문제에 초점을 맞출 것이다. 그것들은 (1) 아무런 대안이 없다 TINA, There is No alternative, (2) 도구주의와 비인간화, (3) 단일한 글로벌 문화(보편주의), (4) 글로벌 자본주의, (5) 서구 식민지화이다. 그리고 그들이 해결책으로 제시한 다섯 가지 상응하는 대안적 입장은 (1) 유토피아주의, (2) 휴머니즘, (3) 지방주의, (4) 글로벌주의, 그리고 (5) 탈식민주의이다.

아무런 대안이 없다TINA: 유토피아주의자

베를린 장벽의 붕괴1989와 소련 연방의 붕괴1989는 한 시대의 종말, 즉 냉전 시대의 종말을 표시한 사건이다. 일부 사람들은 이것을 두고 자본주의와 사회주의 간의 이데올로기 전쟁이 끝났고, 자본주의의 최종 승리를 의미한다고 주장하였다. 그래서 "이데올로기의 종말"이라 불린다. 일부 사람들은 더 확대시켜 해석한다. 이들에 따르면 소련 연방과 동유럽의 붕괴는 자본주의가 사회적-경제적 체제의 궁극적이고 최종적 형태라는 증거이다. 자본주의 이외의 다른 체제, 혹은 더 나은 체제란 없으며, 따라서 역사가 더 나아갈 다음 단계란 존재하지 않는다. 따라서 우리에게 남겨진 과제는 우리가 가지고 있는 것을 개선하는 일뿐이다. 한마디로 "이제 끝났다"가 그들의 주장이다. 그래서 우리는 드디어 "역사의 종말"에 이르렀다고 주장한다. 영국 수상이었던 마가렛 대처Margaret Thatcher는 "아무런 대안이 없다There Is No Alternative/TINA"라는 유명한 구절로 이러한 승리의 관점을 표현했다.

많은 사람들은 심지어 좌파들조차도 1989~1991년에 한 시대가 끝났다는 것에 동의한다. 예를 들면 월러스틴Wallerstein[1994]도 근대 시대가 1989년에 끝났다고 보았고, 에릭 홉스봄Eric Hobsbawm[2004a]도 1991년을 20세기의 종말이라고 보았다. 그러나 그들은 이러한 시대의 종말이 자본주의의 궁극적 승리를 알리는 신호탄이고, 그리고 더 이상 자본주의 이외의 다른 대안이 존재하지 않는다는 주장에는 동의하지 않았다. 정반대로, 두 사람은 이 시대의 종말은 자본주의의 종말이고 자본주의와 자유주의의 붕괴 과정이라고 주장했다. 그들에 따르면, 현재의 글로벌 재정위기는 우리가 자본주의와 자유주의 이후의 전환적 단계에 있다는 것을 보여주는 징후라는 것이다.Amin, 2004; Wallerstein, 2004a; Harvey, 2010

이런 좌파들의 반대에도 불구하고 1980년대 후기 이래의 지배적 추세는 보수주의자의 주장들이었으며, 그리고 신보수주의자의 상승세였다. 그와 함께 1980년대와 1990년대 사이에 좌파 정치의 급격한 쇠퇴가 발생하였다. 노동조합의 조합원 수도 급속하게 줄어들었고, 진보운동도 약화되었다.Davis, 1999 좌파는 고립되고 주변으로 밀려났으며, 절망에 빠졌다. 따라서 이러한 상황 속에서 신사회운동의 최우선적 과제는 "아무런 대안이 없다는 증후군"과 싸워 그것을 추방하는 일이었다. 널리 퍼져 있는 무無대안TINA 증후군에 대항하여 해야 할 첫 번째 일은, 또 다른 대안이 있다는 것, 즉 신자유주의적 자본주의가 불가피한 것이 아니고 또 다른 형태의 사회와 세상이 정말 가능하다는 것을 보여주는 것이었다. 이것이 세계사회포럼World Social Forum의 슬로건이 "또 다른 세상이 가능하다Another World is Possible"로 정해진 이유이다.GEorge, 2004; Mertes, 2004; Leite, 2005; Santos, 2006

이와 같은 TINA에 대한 투쟁은 비판적 교육에서도 있었다. 우리는 지난 20~30년 동안 시장 논리가 교육에 스며드는 것을 목격하였다. 1980년대 이래의 교육개혁 운동의 이념은 민영화, 시장화, 표준화, 책무성, 효율성, 그리고 경쟁이었다. 세계화에 대한 주요 대응 방식 또한 대부분 경쟁에 관한 것이었다. 즉, 어떻게 더욱 글로벌화되고 경쟁적인 세상에서 경쟁하고 살아남느냐, 어떻게 정보/지식 경제에 가장 잘 적응하느냐는 식의 대응이 주를 이루었다. 이런 경쟁 담론—표준화 검사, 데이터 주도의data-driven, 자료에 기초한evidence-based—의 홍수 속에서 경쟁 이외의 다른 대안적 교육은 상상하기조차 어려웠다. 이런 "아무런 대안이 없다"는 증후군이 압도하는 분위기 속에서, 가능성과 희망을 찾는 시도들이 나타났다. "가능성의 교육학", "희망의 교육학"과 같은 새로운 이름을 가진 교육학은 바로 이런 필요성의 표현이다. 이것이 『급진적 가능성』Anyon, 2005과 『다른 학교는 가능하다』Wrigley, 2006[2]에서처럼 "가능성possibilities"이란 단어가 최근에 더욱 자주 이용되고, 유통되고 있는 이유이다.

그중에서 나는 "유토피아 교육학utopian pedagogy"이 무대안TINA 증후군에 대항하는 좋은 사례의 하나라고 생각한다. 대안 없음의 절망에 대적하는 하나의 방법은 현재의 신자유주의 논리 밖으로 나가 그 밖을 상상해보는 것이다. 이것이 바로 "유토피아 교육학"이 하고자 하는 것이다.[Peter & Freeman-Moir, 2006: Cote 등, 2007] 코티Cote, 데이Day, 그리고 포이터Peuter는 그들이 편집한 『유토피아 교육학Utopian Pedagogy』[3]에서 유토피아와 유토피아 교육학의 필요성을 역설한다. 최근 "유토피아적 이론과 실천이 새로운 적절성/적합성을 얻고 있다. 그 이유는 광범위한 신자유주의 논리의 포괄/장악이 우리에게 현실 밖에서의, 그리고 현실과 다른 관점을 가지도록 요구하기 때문이다."[Cote, 등, 2007: 4] 그리고 "현실의 외부에 있으며, 현실과 다른 것"이 그들이 유토피아 교육학이라고 부르는 것이다. 요약하자면, 유토피아의 기본적 아이디어는 현재의 사회-경제적 질서 안에서 상상하는 것을 '초월하는' 것이다. 피터스Peters와 프리만-모어Freeman-Moir는 자신들이 편집한 책인 『에듀토피아들: 교육에 있어서의 새로운 유토피아 사상Edutopias: New Utopian Thinking in Education』에서 유토피아적 이념/유토피아적 교육을 교육 이론에 요청한 이유는 "좌파도 미래를 위한 가능성을 설명하는 방법들을 찾아야 하기" 때문이라고 주장하였다.[Peters & Freeman-Moir, 2006: 12]

유토피아 교육이란 개념—현재를 넘어서는 것—은 아주 추상적이고 광범위하다. 많은 개념들이 유토피아 교육학으로 간주될 수 있다. 예를 들어, 코티 등[2007]의 책은 "교육된 희망educated hope"[Giroux][5], 혁명적 학습revolutionary learning[Boren][6], 망명 교육학exiled pedagogy[Zaslove][7], 확산적 지성인diffused intellectuals[Costa][8], 변혁적 사회정의를 위한 학습tranformative social justice learning[Toress][9], 그리고 아나키스트 교육학 anarchist pedagogy[Antliff][10] 등의 다양한 교육학 이념들을 유토피아 교육으로 포함하고, 피터스와 프리만-모어의 책[2006]도 유토피아와 유토피아 교육에 대한 다양한 관점과 이론들을 개관하고 있다. 어떤 의미로 모든 대안적 교육과 비판적 교수학은 현재의 신자유주의적 교육의 주류적 틀에 대항하는 대안을 제시하고 있다는 점에서 모두 "유토피아적 교육학"이라고 할 수 있다. 즈스 리오날도[Zeus Leonardo, 2006]가 잘 지적하듯, "이데올로기 비판은 종종 대안적 현실, 즉 유토피아를 상상/예견하며, 그리고 유토피아적 사고는 본질적으로 이데올로기 비판의 한 형태이다."

이 같은 유토피아 교육학의 광범위성은 강점과 약점을 모두 갖고 있다. 한편으로는 광범위하고 추상적인 개념은 우리로 하여금 현실에서 가능한 것의 울타리를 넘어서는 상상을 펼치게 함으로써, 참신하고 독창적인 사고를 열어준다. 유토피아 교육은 우리들로 하여금 구상했던 이상을 상상하고, 생각했던 이상, 즉 유토피아를 생각하도록 한다. 이런 의미에서 유토피아 교육의 이념은 푸코[1980]의 "진리의 체제"와 닮아 있다. 다른 한편으로 유토피아 교육학이 가진 문제는 그것이 구체적 차원에서 무엇을 추구하는지가 전혀 분명하지 않다는 점이다. 어떻게 추상적인 "유토피아" 교육 이념을 구체적인 교육정책과 실천으로 이식하느냐는 아직 명료화되지 않은 채 남아 있다.

도구주의와 비인간화: 휴머니스트

일부 사람들은 세계화와 글로벌 자본주의가 지닌 근본적 문제는 도구주의와 비인간화의 심화라고 본다. 근대성과 자본주의가 지닌 도구주의는 많은 기술적 진보와 물리적 편리함을 가져왔다. 하지만 이러한 진보는 비인간화라는 대가를 불러왔다. 물신화, 소외, 그리고 비인간화는 지난 30여 년의 신자유주의적 세계화가 가져온 새롭거나 독특한 문제가 아니다. 그것은 근대 자본주의의 생활양식에 내재해 있는 근본적이고 광범위한 문제이다. 현재의 신자유주의적 세계화의 새로운 현상은 자본주의의 지리적 확장으로 인한 비인간화의 심화이다. 지난 30년 동안 시장 자본주의의 상업화 논리는 공적 분야로 더 넓고, 깊게 파고들어갔다. "공은 나쁘고, 사는 좋다"는 슬로건이 공공 서비스의 민영화를 촉구하는 선전 구호였다. 공적 서비스가 원래 빈약한 미국에서조차도 소수의 공공 서비스가 개혁의 표적이 되었다. 이것이 지난 30년 동안 미국에서 특별히 복지, 의료, 그리고 교육을 표적으로 하는 개혁 운동이 있어온 이유이다. 게다가 자본주의의 논리는 더욱더 "사적" 생활에 스며들었다. 그리하여 이제 우리는 상품과 생산품들만이 아니라 인격, 감정, 그리고 미소까지도 팔고 있다.

우리가 알다시피, 상품화와 민영화는 교육에도 침투해 들어왔다. 지난 30여 년 동안 우리는 책무성, 표준화, 테스트, 민영화, 상업화의 이야기로 넘쳐났다. 고부담 시험high-stakes testing은 책무성과 효율성을 위한 의무 사항이 되었다. 학생들의 시험 점수는 "낙제 학교failing schools"를 평가하고, 결국에는 폐쇄하는 데 이용되었다. 업적급제는 교사의 수행력에 근거하여 그들을 차별화하고, 그리고 그들 간의 경쟁을 일으키는 인센티브로서 도입되었다. 교직의 종신제는 뜨겁게 논란이 되었고, 도전을 받았으며, 그리고 열등한 수업의 원인이라고 지적되었다. 바우처voucher 제도와 학교 선택제는 또한 재정을 위해 학교들이 서로 경쟁하도록 하기 위해 부활되었다. 학교를 사기업체처럼 운영하면 더 좋아질 것이라는 논리를 가지고 사기업은 "낙제 학교"의 구출에 나섰다. 지금 미국의 일부 학교는 궁극적으로 이윤 창출—"이윤을 위한 학교schools for profit"—에 목적을 가진 사기업체에 의해 운영되고 있다. 이러한 미국의 교육개혁, 특히 "아동 낙오 방지" 교육정책은 여러 가지 이유로 구체적 실행의 문제로부터 근본적인 철학적 문제에 이르기까지 비판을 받아왔다. 많은 사람들은 미국의 현재 교육정책이 부정적 결과들을 초래하고 있다고 주장한다. 그들이 지적하는 부정적 결과들은 시험을 위한 수업, 표준화 검사의 문화적 편향, 불리한 조건에 있는 학교 및 교사에 대한 불공정한 평가, 그리고 처벌 위주의 인센티브—학교 재원 축소와 학교 폐쇄—등이다. 한편 일부 사람들은 현재 교육개혁 추세의 문제는 더 근본적인 것으로, 그것은 교육 분야의 도구주의와 비인간화의 팽창과 심화라고 지적한다.

물론, 도구주의는 현재의 신자유주의적 교육개혁에만 나타나는 새로운 현상이 아니다. 애플1979를 비롯한 여러 사람들이 지적하였듯이, 도구적 논리는 미국 학교를 처음부터 지배하였다. 그러나 지금 새롭고 경종을 울리는 현상은 도구주의와 비인간화의 광범위한 확산과 침투성이다. 도구주의 논리는 미국 교육 그리고 전체 미국 사회의 기초를 이루어왔지만, 최근 도구주의와 효율성에 대한 강조는 과거 어느 때보다 더욱 강력하고, 더욱 일방적이었기에 효율성과 도구주의가 아닌 다른 어떤 교육이나 학교교육은 상상하기조차 어려운 지경이 되었다. 파이너Pinar가 적절하게 언급하였듯이, "한때는 학교를 민주주의를 위한 실험실이며, 부정의하고 억압적인 세상을 막아내는 성벽이라고 생각했던 사실을 기억하기조차 어렵게 되었다."Pinar, 2010: xvi

이런 도구주의와 비인간화에 대해 문제를 제기하고, 또 그것을 극복하기 위하여 비판적 교육은 많은 이론들을 이용하였다. 단지 도구와 상품이 아닌 인간적이고 인도적인 교육을 구축하기 위해서 휴머니즘과 실존주의의 이상과 원리가 비판적 교육학에서 표현되며 부활되고, 그리고 활용되었다. 휴머니티 교육학pedagogy of humanitySandlin 등, 2010[10]과 돌봄/배려의 교육학pedagogy of careNoddings, 2005[11]과 같은 이념에 대한 최근의 관심은 전인적 인간과 인간성을 보호하려는 표출이고 시도라고 할 수 있다. 이와는 달리, 일부 사람들은 인간화를 위해 마르크스주의로 다시 돌아갔다.Allman, 2001; 2007; McLaren & Jaramillo, 2007 예를 들어, 올맨Allman[2001]은 혁명적 사회 변혁을 위한 비판적 교육의 원리와 목적의 하나로 "인간화 프로젝트humanization project"를 들고 있다.

어떻게, 어디로부터 휴머니즘을 혁신하느냐에 대해서는 차이가 있지만, 이들 모두가 신자유주의 교육의 도구주의와 비인간화를 문제 삼기 때문에 나는 이들을 "휴머니스트"라고 부른다. 물론 휴머니스트 교육은 새로운 것이 아니다. 휴머니즘에 토대를 둔 교육은 오랫동안 추구되어왔다. 휴머니즘은 파울로 프레이리의 『피억압자를 위한 교육학』1970/1997에서 피억압자들의 역사적 소명으로 제시되었다. 맥신 그린 Maxine Greene의 실존주의Greene, 1967와 자유Greene, 1988, 예술Greene, 1995

에 대한 관심도 본질적으로 근대 사회의 비인간화 경향에 대항하는 시도였다. 이렇게 우리가 지금 목도하고 있는 것은 신자유주의적 교육 운동에 대한 대항으로서 교육에 있어서의 휴머니스트 이념의 복원이다. 그리하여 자유, 평등, 정의, 평화, 그리고 민주주의와 같은 근대주의의 이념들이 소생되고 구출되며 그리고 재창조되고 있다.

이런 근대주의 이념들의 부활은 아주 흥미로운 현상이 아닐 수 없다. 왜냐하면 바로 이 계몽주의적 근대주의/휴머니즘이 1970년대 이래 탈구조주의와 탈근대주의가 문제를 삼으며 비판했던 것이기 때문이다. 물론 1970년대 이래 비판적 교육critical education에서 민주주의, 사회정의, 그리고 자유와 같은 이념들이 포기되었거나 사라진 것은 아니다. 이들 이념들은 항상 존재하고 있었고, 비판적 교육의 많은 개념에 반영되어 있었다. 그러나 얼마 전까지만 해도 근대주의와 휴머니즘은 비판 이론가들 사이에 거의 금기시되어 있었다. 근대주의에 근거한 이론들은 "거대 담론/서사grand narratives"나 "초담론/서사meta-narratives"라고 비판받았다. 그리고 거대 서사—계몽주의 서사와 마르크스주의 서사 둘 다—는 전체주의/보편주의라는 이유로 비판받고 거부되었는데, 그 이유는 거대 서사는 "이질성에 폭력을 행사하기" 때문이다.Lyotard, 1984: xxv

이제 휴머니즘이 비판적 교육에서 복원되어 다시 유통되고 있는 지금, 나는 "고상한 근대주의high modernism"에 대한 리오타르의 신랄한 비판, 그리고 사회정의와 같은 도덕적, 이데올로기적 이념에 대한 푸코의 경고를 떠올리지 않을 수 없다. 이런 수십 년에 걸친 비판과 회의 이후, 이 이념들이 어떻게 재구성될 것인지를 알아보는 것은 흥미로운 일이다. 게다가 휴머니즘과 휴머니스트 교육학은 그것들의 이념과 언어들을 우파가 훔쳐 악용하고 있다는 측면에서 문제도 있고, 애매한 측면도 있다. 우리가 알다시피 민주주의, 자유, 그리고 평화라는 개념들이 전쟁과 침략을 정당화하는 데 사용된 바 있다. 이런 이념들의 타락으로 인하여 이 어휘들에 의심과 회의를 갖지 않고 순수하게만 보기란 쉽지 않다. 최종적으로 남는 문제는 어떻게 이들 근대주의적/휴머니즘적 이념들이 그 자체에 뿌리 깊게 깔려 있는 유럽 중심주의를 배제하면서 새롭게 재구성될 것인지, 그리고 그게 가능한지이다.

보편주의로서의 글로벌 문화: 지역주의자

세계화에 대한 접근은 다양하고 복잡하다. 스펙트럼의 한 끝에서는 세계화가 글로벌 경제 발전과 글로벌 통합으로 가는 긍정적인 단계라고 이해된다. 스펙트럼의 다른 끝에서는 세계화가 전 세계적인 지배와 착취로 가는 부정적인 추세라고 본다. 일반적으로 비판적 교육은 세계화를 비판적으로, 적어도 의심의 눈으로 본다. 신자유주의적 세계화에 대한 많은 비판 중에서 일부 사람들은 세계화의 가장 큰 문제는 세계주의globalism/보편주의universalism라고 생각한다. 이 입장에 따르면, 세계화는 전 세계의 문화들을 동질화함으로써 다양성을 파괴할 뿐 아니라, 부자 국가들이 자신들의 가치를 주변부 국가에 주입시킴으로써 그들의 권력과 행동을 정당화한다.Spring, 2008b 달리 말하면, 이 입장은 현재의 신자유주의적 형태의 세계화를 문제로 볼 뿐만 아니라, 세계화는 어떤 형태든 그 자체가 위험한 현상이고, 따라서 그 것에 저항을 해야 한다고 본다. 간단히 말해, 이것은 '반反'세계화anti-globalization 입장이다.

그러므로 반세계화주의자들은 현재의 신자유주의적 글로벌 교육 체제를 다른 글로벌한 교육 체제로 대체하는 것은 해결책이 아니라고 생각한다. 오히려 그들은 지역 중심적 접근을 대안으로 생각한다. 그 들은 다수의 지식들, 학교에 대한 대안적인 문화적 틀, 그리고 지역과 글로벌 사이의 상호작용의 중요성을 인식함으로써 현재의 신자유주 의적 개발주의 교육 모델을 대체할 것을 제창한다. 예를 들면, 그루에 너왈드와 스미스Gruenewald & Smith[2007]는 세계화의 대안으로서 "장소-기반 교육place-based education"[12]을 제시하였다. 그들에 따르면, 우리에 게 필요한 것은 지역 공동체 삶의 지속가능성sustainability에 부합하고, 그것에 연결되어 있는 교육의 과정을 구상하고 변화시키는 것이다. 장 소-기반 교육은 "교육의 과정, 문화화, 그리고 인간 발달을 공동체 생 활의 행복/복리에 다시 연계시키는 공동체에 기반을 둔 노력"[같은 책: xvi] 이다. 이와 비슷하게, 피터 트리포나스Peter Trifonas[2003]는 그의 "차이의 교육학pedagogy of differences"[13]에서 차이/다름의 가치 인정이 포함되어 야 한다고 주장하였다. 민주주의와 사회정의를 이루기 위한 교육개혁 을 구상하는 노력은 다름의 인정에 기초해야 한다고 트리포나스는 주 장하였다.[같은 책: 2]

지역주의자들localists이 제안하는 것은 최근 신사회운동이 관심을 갖는 주제들로서 지역주의, 다양성, 차이, 삶의 질, 지속성/보존성, 그리 고 생태학 등과 맥을 같이하고 있다. 일부 지역주의자들은 지속성/보존성과 생태학의 중요성을 그들의 비판적 교육학에 포함시키고 있다. 예를 들어 리Li, 2003는 지역의 생태 체제를 보존하고, 지역 공동체 구성원들과 그들의 지역/장소 간의 연결의 확립을 강조하는 "생태지역-기반 교육bioregion-based education"[14]을 제안하였다. 마찬가지로, 생태학과 지속성/보존성은 리처드 칸Richard Kahn[2010]의 "생태-교육학eco-pedgogy"[15]에서도 핵심적 개념으로 제시되었다. 생태학과 지속가능성은 앞으로 비판적 교육에서 핵심적 주제로서 더 많이 논의될 것이다.

지역주의자들 모두 지역의 특수성과 다양성의 중요성을 인정하지만, 그들 사이에 미묘한 차이가 있는 것 같다. 내가 "지역적-지역주의자local localist"라고 지칭하는 진영에서는 지역적 다양성의 유지와 공동체 생활의 향상을 강조한다. 그들은 보편주의와 자본 축적이라는 글로벌 논리에 회의적이다. 글로벌에 대항하는 지역성을 강조하는 이 진영은 지역과 글로벌은 본질적으로 대립적이거나 배타적이라고 본다. 이 진영이 하고자 하는 시도는 장소와 지역 공동체에 초점을 둠으로써 다른 삶의 양식과 사회의 비전을 세우는 것이다. 이 입장에서 보면, 다양성은 본질적으로 더 좋은 것이고, 그래서 보호되어야 하고, 촉진되어야 한다.

한편, 로컬과 글로벌 간의 밀접한 연계를 강조하는, 내가 "글로벌-지역주의자世方主義者, glocalist"라고 호칭하는 또 다른 지역주의자들이 있다. 이들이 지역의 특수성과 다양성을 강조하지 않는 것은 아니다. 그들도 강조한다. 그러나 그들은 로컬과 글로벌이 반드시 대립적인 이분법적인 것이라고 보지 않는다. 탈근대적 사회는 동시에 글로벌적이고 로컬적이기 때문에 이 진영은 글로벌 차원을 무시하지 않는 로컬적 접근/프로젝트의 중요성을 강조한다. 이들의 강조점은 로컬과 글로벌, 이 양자가 점점 더 긴밀하게 연계되어가고 있다는 것이다. 이것은 그들이 "글로컬glocal"이라는 용어를 사용하는 이유이고, 그럼으로써 글로벌과 로컬이 중첩되는 분리되지 않는 측면을 부각하고자 한다. 바로 이것이 너무나 논쟁이 많았던 하트와 네그리Hardt & Negri[2000]의 책, 『제국Empire』[16]의 주요한 논점의 하나이다. 이 입장에 따르면, 로컬의 중요성과 의미는 모든 사회 변화와 운동이 글로벌의 연계와 영향과 함께 항상 어떤 특정한 지역에 자리 잡고 있어야 하고 또 그래야 한다는 점이다.

예를 들어, 우리는 "지역적이면서도 동시에 보편적인, 그러나 인간 주체에 대한 본질적이고 보편적인 진리를 유럽 중심적이고 남성 중심적으로 만들지 않는, 그런 보편적인 정치적 프로젝트를 발전시켜야"Apple, 2000: 13 한다고 마이클 애플은 제안하였다. 이와 같은 정서는 다른 사람들에게도 반영되어 있다. 푸코를 통해 급진적 정치경제학을 소생시키려는 시도를 가지고, 푸코의 관점을 따르는 올슨과 피터스는 "글로벌적이고 동시에 로컬적인 세계에서 변화의 동력은 특정한 지역에서 복잡한 테크놀로지와 지성적 도구를 이용하는 그런 특정한 지역에서의 저항과 투쟁의 형태여야 한다."Olssen & Peters, 2007: 169고 주장한다. 세방주의자世方主義者에게 최종의 목적은 지역적 특수성을 통해 어느 정도 글로벌적이고 보편적 요소를 찾아내는 것이다. 그들에게 있어서 지역은 글로벌 보편주의로 가는 길/방법인 셈이다. 간단히 말하면, 어떤 지역주의자들에게는 지역 그 자체가 목적지인 반면(지역적-지역주의자), 다른 지역주의자들에게는 지역은 목적지로 가는 길이다(글로벌-지역주의자/세방주의자).

이전의 장에서 논평한 대로, 지역주의localism는 신사회운동 내에서 관심이 지대한 관점이다. 그런데 그동안 지역주의와 지역적 정치local politics에 대해 여러 우려와 논란이 있어왔다. 지역주의적 접근의 골치 아픈 이슈 하나는 다름/차이가 부정적인 결과를 낳을 가능성이 있다는 염려이다. 예를 들면 피터 트리포너스는 사회정의를 위한 대안적 교육을 달성하는 방법으로서 차이를 강조하는 것이 초래할 수 있는 위험성을 경고하고 있다. 트리포너스가 보기에 차이를 인정할 필요는 분명 있지만, 또한 "차이는 교육적 형평성에도, 사회정의를 위한 교육에도 기여하지 않는 경쟁적인 이론적 담론과 교육학적 담론을 만들어 내기 때문에 그런 차이의 부정적 가치를 수정할 필요가 있다."Trifonas, 2003: 3고 주장한다. 즉, 차이의 칭송과 지역주의는 자칫 불평등과 불균형을 낳을 수 있다. 조정의 기제가 없을 경우, 다름/차이의 교육pedagogy of difference은 실제 불평등을 증대시킬 수 있고, 그리하여 결국 사회적 부정의를 초래할 수 있다. 내가 이해하는 바로는, "글로컬世方的, glocal"이란 개념은 좀 애매모호하기는 하지만, 로컬적인 것과 글로벌인 것, 특수적인 것과 보편적인 것 사이의 이러한 갈등을 해결하려는 시도인 것 같다.

글로벌 자본주의: 글로벌주의자

글로벌주의자globalist의 입장은 지역주의자들처럼 신자유주의적 세계화에 대해서는 비판적이지만, 세계화/세계주의 그 자체에 대해서는 비판적이지 않다. 이 입장은 지식, 테크놀로지, 문화의 전 지구적 순환, 즉 세계화는 지역 편협성parochialism을 극복하고 세계시민적cosmopolitan 의식과 글로벌 네트워크를 구성하는 데 도움이 될 수 있다고 생각한다. 이런 글로벌 네트워크가 지닌 가능성의 좋은 사례는 녹색운동과 생태적 각성과 같은 초국적 사회운동의 등장이다. 게다가 이들은 세계화를 자본주의적 발전이 성숙하는 단계, 그리고 최종적 단계로 보고, 따라서 그것을 경제 발전을 위해 필수적이고 바람직한 현상이라고 본다. 이 같은 견해는 자본주의가 다음의 단계—자본주의 이후/넘어선—로 진보하기 위해서는 글로벌 체제로 완전히 발전해야 한다는 논리에 터하고 있다.Amin, 1997, 2004 이 입장에 따르면, 문제는 우리가 글로벌화되고 있다는 사실이 아니다. 오히려 문제는 지금 일어나고 있는 세계화의 유형, 즉 신자유주의적 세계화이다. 이 같은 입장은 교육에서도 발견된다. 일부 사람은 글로벌 교육운동이 가진 이점과 잠재적 공헌이 있다는 점을 인정한다. 그렇지만 그들에게 진짜 문제는 교육의 글로벌화의 "추세"가 아니고, 지금 일어나고 있는 교육개혁 글로벌화의 "유형"—즉, 인간자본론적 교육개혁 운동—에 있다. 따라서 이 입장은 신자유주의 교육 패러다임에 대해 일반 대중을 세력화하는, 이와 다른—더 진보적인—글로벌 형태의 학교교육으로 대체해야 한다고 주장한다. 이를 다르게 표현하면, 이 입장은 '반'세계화anti-globalization가 아니고, '대항적' 세계화counter-globalization의 입장이다.

그러면 우리는 어떤 유형의 글로벌 교육을 추구해야 하는가? 어떤 원리로 더 좋은 글로벌 교육 체제를 건설해야 하는가? 글로벌주의자들 사이에 여러 가지 견해들이 있으나, 글로벌 교육 체제의 원리에 바탕을 두고 보면 그들을 두 진영으로 범주화할 수 있다. 첫째 진영은 내가 근대주의자modernist라고 명명한 진영으로, 이들은 민주주의, 인권, 사회계약과 같은 근대주의적 보편적 원리에 기반한 글로벌 교육 패러다임을 제시한다. 일부 사람들은 근대적 민주주의의 개념에서 민족주의와 민족-국가주의를 분리시킴으로써, 민주주의를 글로벌적이고 보편적인 원리로 재건하려고 노력한다.예, Reid, 2005 이와 비슷하게, 피터스Peter와 로버트Robert 2000는 "글로벌 사회계약"을 글로벌 교육의 대안적 형태로 제시한다. 본질적으로, 이 두 사람의 제안은 근대국가 형성의 이론이었던 "사회계약"을 글로벌 규모로 확대하는 것이다. 레허Lecher와 볼리Boli 2005는 인권과 환경 운동에 기반을 둔 "글로벌 문화"를 건설할 필요가 있다고 주장하면서 문화에 초점을 맞추고 있다.

글로벌주의자의 두 번째 진영은 사회주의에 기반을 둔 대안적 글로벌 교육 패러다임을 건설해야 한다는 입장이다. 최근, 사회주의와 마르크스주의가 비판적 교육과 일반 학계에서 다시 주목을 받기 시작했다(아마도, 르네상스). 폴라 올만Paula Allman은 "비판적 교육의 한 형태—내가 종종 혁명적 비판 교육revolutionary critical education이라고 지칭하는—, 즉 사람들이 진정한 사회주의의 건설에 참여하도록 준비시킬 수 있는 교육"을 지지한다고 선언하면서 진정한 사회주의란 "혁명적 사회 변혁과 칼 마르크스가 주창한 공산주의적 사회구성체의 발전에 참여하는 사회"Allman, 2001: 162라고 정의하였다. 피터 맥러런은 민족-국가를 넘어서는 새로운 초-민족주의로서의 "글로벌 사회주의"를 강력하게 주장한다.McLaren & Farahmandpur, 2005; McLaren & Jaramillo, 2007 맥러런과 파라만드푸어는 비판적 교수학의 급진화가 필요하다고 주장하면서 "밀수 교육학contraband pedagogy"[17]을 대안으로 제시하였다. 그들은 비판적 교수학이 "자본의 가치 법칙으로부터 해방된 사회의 새로운 비전을 세워야"하며, "사회주의로 가기 위한 새로운 국제적 반자본주의 투쟁을 구축하는" 노력들을 지지해야 한다고 주장하였다.McLaren & Farahmandpur, 2005: 150

이들 글로벌주의자들 사이에 어떤 글로벌 교육 모델을 만들어야 하느냐에 있어 차이가 있고, 어떤 경우에는 그 차이가 엄청나다. 예를 들어 글로벌 사회주의와 글로벌 민주주의 사이에는 공통점이 그다지 많지 않다. 그럼에도 불구하고, 그들 사이의 공통적인 것은 대안적인 글로벌 학교교육 제도/모델이 필요하다고 보는 점이다. 글로벌주의자의 입장은 어떤 글로벌 교육 체제라도 메타-담론의 보편주의라는 문제점—즉, 타자에게 진리와 가치를 강요하는 것—을 피할 수 없다는 점에서 비판과 회의를 야기할 수도 있다. 더욱이나, 글로벌주의는 유럽 중심주의와 서구적 식민주의라는 골치 아픈 이슈에 직면해 있는데, 이는 보편주의로부터 유럽 중심주의를 분리해내는 것이 매우 어렵기 때문이다. 물론 모든 보편주의가 유럽주의적인 것은 아니며, 또한 유럽적일 필요도 없다. 그러나 지난 500여 년의 유럽 제국주의와 그 제국주의가 어떻게 자신의 문화, 가치, 진리를 "보편적인" 것으로 강요해왔는지를 감안하면, 보편주의는 일부 사람들, 특히 탈식민주의자들에게는 그리 신뢰할 만한 이념이 아니다.

서구 식민지화로서의 세계화: 탈식민주의자

대부분의 비판자들, 특히 좌파 진영에서는 약탈적 자본주의의 팽창을 세계화의 주요한 문제라고 지적한다. 그러나 일부 사람들은 세계화를 자본주의의 세계적 팽창 그 이상, 또는 그것을 넘어서는 현상으로 본다. 그들에게 세계화는 서구 식민지화의 한 형태이고, 그리고 서구/유럽 지배의 지속적인 팽창이다.Hardt & Negri, 2000; Harvey, 2003; Amin, 2004 이 입장은 신자유주의적 글로벌 자본주의에 대한 세계-체제론World-System theories[18]과 마르크스주의 이론의 비판들을 많이 공유하고 있다. 그러나 탈식민주의자postcolonialist라고 불리는 이 입장은 글로벌 인종/인종차별주의를 세계화의 핵심적 문제로 본다.

이들이 세계화를 이해하는 데 있어 글로벌 인종차별주의와 식민지주의를 부각시킨 이유가 다르다. 일부 사람들은 인종차별적 권력의 관계성이 현재의 글로벌 체제의 더욱 근본적인 양상이라고 간주하기에 그것을 강조한다. 또 다른 사람들은 비판 이론이 인종 문제를 홀대하고 주변화하고 있기에 인종차별 문제를 중심에 둘 필요를 느끼기 때문에 그것을 강조한다. 이런 서로 다른 이유에도 불구하고, 탈식민주의자들이 보기에 세계화의 중심적 문제는 "글로벌 인종주의"이다. 따라서 그들이 제시하는 대안은 유럽 중심적 보편주의에 대항하고, 그것을 대체하기 위한 교육학을 건설하는 것이다.Leonardo, 2002; Lissovoy; 2008 프란즈 파농Franz Fanon에 대한 관심Lissovoy, 2008; Leonardo & Porter, 2010이 최근 부상하고 있는 것은 바로 이런 탈인종주의와 탈식민주의적 교육학을 조명하려는 시도에서 비롯되었다고 할 수 있다.

탈식민주의자들은 서구의 지배와 식민주의를 극복할 필요성을 공유하고 있지만, 어떻게 글로벌 인종주의와 싸우면서 유럽 중심적 지배를 교체할 것인지에 대해 서로 다른 입장을 보인다. 대체적으로 보아 탈식민주의적 입장 안에는 세 가지 서로 다른 경로가 있다. 첫 번째 경로는 내가 "재구성주의reconstructionist"라고 지칭하는 접근이다. 이들의 입장은 기존의 보편적 원리들을 글로벌한 세계에 맞게 재구성한다는 것이다. 우리가 알고 있는 대로 그들의 주요한 초점은 보편주의에서 유럽 중심주의를 소거하고, 그것을 더욱 글로벌하고 보편적인 원리로 재창조하는 것이다. 다시 말하면, 이것은 기존의 근대적 보편주의—민주주의, 인권, 혹은 휴머니즘 등—로부터 세계시민적 의식과 "보편적" 보편주의universal universalism를 재구성하려는 노력이다. 최근의 민주적 교육에 대한 새로운 관심이 이런 접근 방식을 보여주는 좋은 하나의 사례이다.Reid, 2005; Biesta, 2006; Lund & Carr; 2008; Shaker & Heilman, 2008 다른 일부 사람들은 유럽 중심주의에 기반을 두지 않으면서 휴머니즘을 재건하려고 시도한다. 예를 들어, 노아 리소보이Noah Lissovoy는 대안적 교육 패러다임을 세우는 데 있어 "새로운 비지배적인 휴머니즘을 발견할 것"Lissovoy, 2008: 5을 주장한다. 그와 비슷하게, "복합적 비판적 교수학"의 필요성을 강조하는 조우 킨첼로Joe Kincheloe는 비판적 교수학이 새로운 국면을 필요로 한다고 주장한다. 그에 따르면, 이 새로운 국면을 위한 중심 과제는 정복된 지식들과 토착민의 지식들을 연구하고, 그것들을 비판적 교수학의 학문 영역으로 통합하는 것이다. 이런 통합은 "다-논리적인multilogical 글로벌화된 세상에서 보편적인 교육, 특히 토착민/원주민의 교육을 발전시키기 위해" 필수적이라고

조우 킨첼로는 주장하였다.Kincheloe, 2007: 18

탈식민주의의 두 번째 경로는 "반인종차별적" 접근이다. 이 접근은 인종차별에 더 분명한 초점을 두면서 반인종차별과 탈식민적 교육학을 대안으로 제시한다.Leonardo, 2002; Duncan-Andrade & Morrell, 2008 비판적 인종 이론critical race theory으로부터 많이 고무된 이 진영은 인종을 비판적 교육 연구의 중심에 둠으로써 비판적 교육 연구가 제자리를 잡게 하려는 시도를 한다. 백인성Whiteness과 백인 특권White Privilege에 대한 연구는 비판적 교육 이론들과 비판적 교수학의 유럽 중심주의를 분석하고 도전한다.

탈식민주의의 세 번째 경로는 "원주민적indigenous" 접근이다. 이 접근은 서구 문화와 유럽 중심적 보편주의를 향상시키거나 재구성하는 것(위의 첫 번째 입장인 재구성주의)이 쓸데없는 일이라고 본다. 이 관점에 따르면, 서구 문화와 원주민 문화 간에는 근본적인 차이가 있으며 그 둘은 양립 불가능하다.Spring, 2008a를 보라 서구의 문화적 패러다임은 개인주의적이고 경쟁적이며, 도구적이고 성공 지향적이며, 그리고 합리성 지향적이다. 대조적으로, 원주민 문화는 지성, 관계, 그리고 지식에 대한 다른 관점에 근거하고 있다. 원주민의 지식은 인간적이고, 구술적이고, 경험적이고, 그리고 총체적holistic이다. 이렇게 서구 문화와 토착민의 문화는 근본적으로 양립할 수가 없기에 이들은 서로 다른 두 문화를 통합하려는 것은 바람직하지도 실현 가능하지도 않다고 본다. 그래서 그들의 대안은 서구 문화의 위계적 교육 패러다임을 재구성하거나 향상하는 것이 아니라, 그것을 "원주민의 교육학indigenous pedagogy"[19]으로 대체하는 것이다.Grande, 2004; Spring, 2007; Villeagas 등, 2008

예를 들어 조엘 스프링은 경제적 성장과 노동 시장의 요구를 위한 교육 대신에 "삶의 질quality of life"에 기반을 둔 새로운 글로벌 교육 패러다임을 제안한다. 이런 새로운 대안적 패러다임에서는 "교육정책을 경제적 성공보다는 장수longevity와 주관적 행복/안녕well-being에 초점을 두고 있다."Spring, 2007: 2

논쟁점과 시사점

이 장에서 나는 교육에서의 세계화 연구들이 제시한 교육의 대안적 비전들에 대한 논평을 하였다. 그리고 나는 이들을 다섯 가지의 대안적 교육 비전, 즉 유토피아 교육, 휴머니스트 교육, 지역주의 교육, 글로벌주의 교육, 그리고 탈식민주의 교육으로 분류하였다. 말할 나위도 없이, 위의 분석은 완전하지도, 완전히 포괄적이지도 않다. 이 장에 포함되지 않은 다른 대안적 교육 이념들도 분명 있을 것이다. 여기에서 나의 초점은 '누구의' 대안을 포함할 것이냐가 아니라, '어떤' 대안이냐를 밝히는 데에 있었다.

위에서 말한 다섯 가지 대안적 교육의 비전이 상호 배타적은 아니다. 사실, 그들 일부는 서로를 지지하고 보완할 수 있다. 유토피아 교육학은 우리로 하여금 일반적이고 실질적인 가능성을 넘어서는 대안적 사고와 모델을 추구하도록 만드는 폭넓은 교육이념이다. 이렇게 보면, 다른 대안들 모두가 유토피아 교육학 속에 포함될 수 있다. 휴머니스트 접근은 지역주의적 접근은 물론이고, 글로벌주의적 접근과 아주 잘 결합될 수 있고, 또한 서로 보완도 할 수 있다. 이는, 교육의 비인간화와 사회의 상업화 추세의 변혁은 글로벌 교육 체제를 구상하든, 지역주의 체제를 구상하든 필수적이기 때문이다.

그러나 이들 대안적 목표 사이에 논란이 되는 점들도 있다. 하나의 논쟁점은 로컬 대 글로벌이다. 대안이 지역적 형태의 학교교육을 발전시키는 것이라고 생각하는 사람들이 있는가 하면(지역주의자localist), 글로벌 형태의 대안적 학교교육의 구상을 앞으로 나아갈 길이라고 생각하는 사람들도 있다(글로벌주의자globalist). 지역주의자에게 다양성과 차이성은 필수적이고, 보호되어야 하고 증진되어야 한다. 그리고 글로벌주의자는 글로벌 신자유주의와 싸우기 위해 몇 가지 보편적 목표와 글로벌 교육 체제를 가져야 한다. 다음 장에서 다루겠지만, 이런 로컬과 글로벌 논쟁은 대안적 사회 탐구에서도 핵심적 논란거리이다.

또 다른 논쟁점은 보편주의자와 탈식민주의자/원주민적 입장 사이에 있다. 한쪽에서는 대안적 교육제도의 기본이 될 보편적 원리와 가치—그것이 인권이든, 휴머니즘이든, 민주주의이든, 개인의 자유이든 간에—를 만들려고 한다. 그러나 다른 한쪽은 이런 보편적 가치들은 기본적으로 유럽 중심주의라고 본다. 탈식민주의자들은 서구적/근대주의적 사고는 파산되었다고 보고, 원주민의 가치로부터 해결책을 모색해야 한다고 생각한다. 요약하면, 세계화에 대한 대안적 교육에 대한 논쟁점들은 세계주의 대 지역주의, 보편주의 대 특수주의/다양성, 휴머니즘 대 반反유럽주의, 그리고 관념론 대 유물론이다. 이런 논쟁점들은 교육의 대안적 비전을 모색하는 데에서 고려되고 해결되어야 할 문제들이다.

거듭 말하지만, 세계화에 대항하는 모든 대안들이 비판적 교수학으로부터 나온 것은 아니다. 그러나 "가능성의 언어"를 발견하려고 한다는 점에서 세계화 문헌과 비판적 교수학 사이에는 상당한 중첩이 있다고 생각한다. 위에서 언급한 대로, 세계화는 우리로 하여금 신자유주의적 글로벌 운동에 대항하는 대안적 교육 패러다임을 제시하도록 촉구하였다. 그러면 세계화 연구는 "가능성의 언어"를 추구함에 있어 비판적 교수학에 무엇을 가르치고 있는가? 우선, 세계화 연구들이 제시한 위의 다섯 가지 대안들은 비판적 교수학으로 하여금 자신의 근본적 원리와 철학을 명료화하고 비판적으로 검토하는 데 도움을 줄 수 있다. 비판적 교수학이 민주주의, 인권, 그리고 평등을 자신의 기본 가치로 본다면, 이 원리들에 내재해 있는 유럽 중심적 보편주의를 어떻게 해결할 것인가? 비판적 교수학을 위계적·권위주의적 권력구조에 대한 싸움이라고 본다면, 자본주의로부터 파생된 비인간화, 소외, 그리고 물신화의 문제를 어떻게 다룰 것인가? 세계화 연구들은 이런 근본적 질문들을 비판적 교수학에게 던져준다.

이전의 장에서 보았던 대로, 비판적 교수학은 주로 도덕주의적 근대 철학에 근거해왔고, 그리고 지금도 여전히 그러하다. 이들 도덕주의적/근대적 원리는 자유주의에 의해 쉽게 흡수될 수도 있고, 오염될 수도 있다. 이것이 피터 맥러런 같은 일부 비판가들이 한탄한 대로, 비판적 교수학이 "그저 기분 좋게 하는feel good" 교수학이라는 함정에 쉽게 빠진 이유이다. 요약하면, 이들의 비판은 비판적 교수학이 충분히 비판적이지 않다는 것이다. 세계화에 대한 비판적 연구는 비판적 교수학이 더욱 비판적이 될 수 있도록 도와줄 수 있다. 물론 비판적 교수학 내부에 자신의 기본적 원리를 비판적으로 검토하는 진지한 노력이 없지는 않다. 그렇지만 세계화 교육 연구는 보편주의적/근대주의적인 계몽주의 원리를 더욱 강력하게, 특히 글로벌 관점을 가지고 다루어왔다. 게다가 반세계화 연구는 비판적 교수학에서 인종주의 연구를 강화하도록 도울 수 있다. 인종주의가 비판적 교수학의 중요한 일부분이기는 하지만, 반인종주의 교육학은 자신의 담론을 미국 또는 한 민족/나라 내의 인종주의에 한정해왔다. 세계화 연구는 비판적 교수학으로 하여금 현재 자신의 다문화주의와 반인종주의 교육학을 "글로벌" 인종/인종주의 관점으로 확장하도록 도와줄 수 있다.

마지막으로, 비판적 교수학은 세계화를 자신의 대안 모색에 더욱 확실하게 포함시켜야 한다. 위의 다섯 가지 대안적 교육 비전을 살펴볼 때, 비판적 교수학은 휴머니즘과 지역주의에 크게 기울어져 있다. 일차적으로, 비판적 교수학은 세계화 차원을 그것의 전통적 초점—무엇을 가르치고, 어떻게 가르치고, 그리고 민주적 교실과 학교 문화를 어떻게 세울 것인지—에 더욱 포함시켜야 한다. 더 나아가서, 비판적 교수학은 교실과 교수 중심적 경향을 넘어 세계화의 거시적 변혁과 글로벌 교육운동의 역동성을 다루어야만 한다. 그 이유는 세계화가 교육에 큰 영향을 미치고 있는, 그리고 계속 영향을 미칠 강력한 힘이기 때문이다.

그리고 비판적 교수학을 "교수학pedagogy"의 문제라고 정의하여 교수/수업과 교실문화에 초점을 맞춘다고 하더라도, 비판적 교수학은 궁극적으로 더 크고 근본적인 질문을 다루어야만 한다. 비판적 교수학의 궁극적 목적은 무엇이어야 하는가? 비판적 교수학이 정말로 사회 변화를 목표로 하고 정말로 자신을 "변화의 행위 주체"라고 생각한다면, 이 궁극적인 질문을 피할 수가 없다. 비판적 교수학의 문제는 궁극적으로는 사회에 대한 대안적 비전과 연결되어 있다. 사회 변화라고 할 때, 글로벌 자본주의 내에서 더욱 평등한 분배를 통해 평등을 향상시키자는 것인가? 아니면, 우리는 자본주의가 아닌 다른 사회 체제를 추구하는 것인가? 세계화와 신자유주의적 자본주의에 대한 비판적 교육 연구는 이 이슈에 대하여 많은 논의들과 다양한 관점들을 제시해왔다. 그리고 그것들은 비판적 교수학으로 하여금 궁극적이고 근본적인 질문을 다루도록 하는 데 도움이 될 것이다. "사회 변화"를 위한 학교라 할 때, 우리는 어떤 종류의 사회를 구상하는가? 이 질문은 비판적 교수학에서 제대로 검토되지 않은 채로 남아 있다. 그것은 다음 장의 주제이다.

1 "아동낙오방지법No Children Left Behind"은 일반 교육과정에서 낙오하는 학생이 없도록 하기 위한 법으로 미국의 각 주에서 정한 성취 기준을 성취도 평가를 통해 만족시켜야 하고, 그 기준을 만족시키지 못한 학교와 교사, 그리고 학생은 제재를 받는 법이다. 1990년대 미국의 연방정부와 주정부 당국들은 일반 교육과정의 중퇴자와 학생들의 현저히 감소된 학업성취도에 대해 염려하였다. 그러나 학교와 교사들은 주에서 지정한 성취기준을 만족시켜야 하기 때문에 평가가 매우 중요해지고 그에 따라 목표 달성을 위한 교육을 강조하게 된다. 그렇지만 아동낙오방지법은 일반 아동과 동일한 성취 목표를 달성하기 어려운 장애 아동에게 그 목표를 달성하라고 요구하는 문제점을 지니고 있다는 비판을 받고 있다.

2 스코틀랜드의 '국제 사회주의 경향'의 회원이고 에든버러 대학의 교육학 교수인 위리거리Terry Wrigley는 그동안 항상 교육개혁이 신노동당의 핵심적인 프로젝트였지만, 성공을 거두지 못했다고 거세게 비판한다. 『다른 학교는 가능하다』에서 현재의 정부 정책이 종합학교의 마지막 유산을 파괴하였다는 증거를 설득력 있게 보여준다. 영국의 대처 수상은 좌파에게는 "아무런 대안이 없다"고 공격하고, 미국의 정치학자 후쿠야마는 역사의 종말을 거론하면서 사회주의 실험이 운명을 다하였다고 진단했다. 지난 20년에 걸쳐 공공 서비스가 민영화되고 학교교육의 내에서도 "무無대안 효과"가 나타났다. 세계화 현상과 함께 밀고 들어온 가르침의 노동 강도 강화, 책무성 강조, 전국 성적 일람표 공개, 교사의 탈전문화 등은 배려적이고, 창의적이며, 정의 감각을 가진 학습자의 탄생, 그리고 지구와 그곳에 사는 사람들의 복지를 어렵게 하였다. 신자유주의 시대임에도, 모순이 가득 찬 사회임에도 불구하고, 변화의 가능성은 있기에 또 다른 학교는 가능하다는 희망을 피력하고 있다.

3 코트M. Cote 등이 편집한 『유토피아 교육학』(2007)은 신자유주의 내에서 그리고 반대하는 교육 투쟁에 대한 비판적 분석을 하고 있다. 편집자들은 다양한 학문적 분야와 정치 운동으로 나온 혁신적 목소리와 함께, 세 가지 핵심적 주제인 경쟁적 제도로서의 대학, 정치적으로 관여하는 지성인의 역할, 그리고 대안적 교육의 실험들을 검토하고 있다. 고등교육의 신자유주의적 개혁, 현재의 세계적 질서에 대한 실행할 수 있는 대안을 만드는 것을 주장하는 사회운동의 확산에 대한 논의에 기여하고 있다. 사회적·정치적 투쟁의 교육적 차원에 대한 이런 비판적 검토는 그들이 논의하고 있는 바로 그 실험에 직접적으로 참여한 전문적 학자와 활동가에 의해 제시되었다. 유토피아의 개념을 구제하고 재평가하려는 편집자와 기고자들은 신자유주의의 상위-포괄적 논리에 비추어보면 유토피아 이론과 실천이 새로운 적절성을 필요로 한다는 것을 제안하고 있다. 유토피아 교육학은 교육의 분야에서 그리고 그것을 넘어 논의를 촉발하고, 사회적으로 지속 가능한 대안을 격려하고 있는 개발도상국의 세계적 질서에 도전하고 있다.

4 지루H. Giroux는 자본주의의 종말보다 더 세상의 종말을 쉽게 상상할 수 있는 디스

토피아dystopian의 이야기를 꺼낸다. 그것은 교육자의 저항을 촉구하는 "학습받은 희망의 프로젝트Project of Educated Hope"이다. 희망은 유토피아적 비전의 약속으로부터 나온다. 유토피아는 현실에서 멀리 떨어진 구체성에 벗어난 개념이라기보다는 급진적·사회적 실천이라고 할 수 있다. 비판적 도구를 가지고 우리 자신을 흔들고 희망찬 미래의 가능성을 실현하기 위해 우리의 자리에 잠재된, 아직도 오지 않은 것을 재현하는 것이다. 이런 일을 위해 나서야 하는 사람이 '공적 지성인'이다. 이들은 정부와 기업의 이익으로부터 독립을 견지하는 공중public이다. 공적 지성인은 불편한 질문을 하고, 활성적 민주주의를 위해 필요한 정직을 촉구한다. 이것은 당파적 정부와 기업의 이익에 의존하는 대학에 시사점을 준다. 이러한 예로서 '희망'은 다양한 장에서의 비판적 교육의 계속적 실천과 제기되고 있는 사회적 문제를 다루는 시민들, 거주자들, 그리고 여타 사람들 사이에서 시민적 용기의 갱생을 포함한 개별적·사회적 투쟁을 위한 전제 조건이다. 희망은 신자유주의적 현재의 전체주의적 담론에 '아니오'라고 말하는 것이다. 그것은 현재의 정치적 구조가 비판적 검토를 하도록 열어주고, 반대자를 인정하고, 다른 미래의 가능성을 다원화하는 현재의 활성화를 포함한다. 이러한 면에서 희망의 정치는 전복적 힘이다. 그러기에 이 희망은 사회 변혁을 위한 비판적 희망이다. 월가 점령 운동의 중심에 있는 희망의 정치는 전복적이고, 도전적 실천으로서 한편으로는 비전과 비판을 하고, 다른 한편으로는 참여하고 변혁하는 하나의 연결고리를 제공해야 한다.

5 미국의 역사를 통해 『학생의 저항Student Resistance』(2001)이라는 책을 내기도 한 마크 보랜Mark Boren은 혁명적 교육학의 원천을 이데올로기적, 물리적, 경제적, 성차별적, 혹은 세대적 차원에서의 학생 저항에서 찾고 있다.

6 자스로브Jerry Zaslove의 "망명 교육학"은 급진적 평등 교육을 할 수 있는 학교를 제창한다. 아나키스트-모더니즘적 입장에서 비판적 교육학을 이해하고 있다.

7 '확산적 지식인'은 앎을 사회운동으로 연결시키는 실천적 지식인이다.

8 토레스Carlos Alberto Torres는 프레이리의 생각에 따라, 자신과 세상에 대해 더 깊고, 풍부하게 짜임새 있는 이해를 할 때, 그리고 그 이해에 따라 행동을 준비할 때 사회적·정치적·교육적 실천으로서 "변혁적 사회정의의 학습"이 일어날 것이라고 주장한다. 의미 형성이나 상징적 관점으로부터 출발한 비판 이론의 규범적 가정에 기반을 둔 변혁적 사회정의의 학습은 의례, 신화, 아이콘, 토템, 상징, 그리고 금기의 검토를 위한 여러 가지 이론적 맥락을 재창조하려고 시도하는 것이다.

9 아나키스트 교육학은 아나키스트 이론가와 활동가에 대한 관심을 끌게 되었다. 아나키즘 교육의 영역에서 중요한 도전적 이슈는 반反권위주의적이고, 대항-문화적이고, 비제도적이고, 평등주의적인 '자유학교'의 실천에서 제시되었다. 그래서 아나키스트 자유학교anarchistic free school or free school라고 부르기도 한다. 형식 교육의 위계나 제도적 통제가 없는 공유된 기술, 정보 그리고 지식의 탈중심화된 네트워크를 기본으로 한다. 아나키스트 학교의 학생은 성인, 아이들 혹은 양쪽 모두가 배우

는 학생일 수 있다. 이런 조직 구조는 전통적 학교의 모습과 다르다. 아나키스트 학교의 열린 구조는 자력갱생, 비판의식, 그리고 개체성 발달이다. 아나키스트 학교는 종종 선물 경제를 선호하면서 시장경제 바깥에서 작동한다. 아나키스트 학교의 자유성은 금전적 비용의 제한이 아니라 자유로운 표현과 학생 중심적 교육을 말한다. 대체로 이런 흐름은 지역사회에서 교육 기회를 창조하고 기술-공유를 촉진하는 등 개인적이고 집단적으로 행동하는 풀뿌리 수준에서 만들어졌다. 현대 주류의 교육 체제에 대한 여러 가지 대안은 대안적 교육 체제와 환경, 자기교육, 아동·청소년의 권리, 그리고 자유로운 사상과 행동주의 등을 제창했던 아나키스트에 의해 제안되었다.

10 휴머니티 교육학pedagogy of humanity은 듀보이스Du Bois 등이 제창하였다. 반인종차별주의를 지향하는 휴머니티 교육학은 흑인들의 영혼과 인간성에 남다른 관심을 보인다. 휴머니티 교육학은 공감, 봉사, 그리고 민주주의를 창출하는 학문적·사회적 기술을 준비시킨다. 휴머니티의 함양을 강조하는 누스바움Martha Nussbaum은 시민성과 민주적 자질 함양을 위한 시민교육의 중요성을 강조하였다. 휴머니티 교육humanity education의 이론과 실천을 보여주는 휴머니티 교육학은 인간적인 삶의 질이나 상태를 촉진하고, 인지 능력의 차이에도 불구하고 모든 인간의 공헌에 가치를 부여하고, 사회를 증진시키기 위해 함께하는 것을 보여주는 가르침이다. 이런 교육학은 교실에서 문화적 비판을 위한 포괄적인 접근을 하는 여러 가지 철학적 방법을 통해 보일 수 있다. 더욱 좁게는 여성, 동성애, 그리고 노동계급에 중심을 두는 연구 분야에 초점을 둘 수 있다. 교실을 통해 사회적 책임을 지게 하는 노력은 새로운 개념이 아니다. 미국의 초기 대학들은 학생들에게 세상에 대한 의미 있는 개입을 통한 시민적 사명을 다하게 하기 위해 준비하였다. 변방에 몰린 사람들, 대지의 저주받은 사람들, 문화 활동가, 풀뿌리 활동가, 예술가, 음악가 등은 이들이 관심을 보이는 한편 사회적 진화를 위해 노력해야 할 사람들이다.

11 돌봄/배려의 교육학pedagogy of care은 정의의 교육학pedagogy of justice에 대한 대안으로 등장한 페미니즘 교육학이다. 돌봄의 교육학을 처음으로 제창한 넬 나딩스에 따르면 돌보는 관계의 성립이 교육에서 수행되어야 할 모든 것을 성취해낼 수는 없지만, 이러한 관계는 성공적인 교육적 활동의 토대를 제공하는 것이 분명하다. 돌봄이란 상대의 약함이나 여림에서 비롯되는 요구를 받아들이는 응답에 기반을 둔다.

12 장소-기반 교육 또는 장소 교육학place pedagogy은 지역사회의 문제를 해결하기 위해 학생과 학교 교사의 고용을 통해 지역사회를 돕고자 하는 것이다. "장소-기반 교육"은 1990년대 초에 등장하였다. 장소-기반 교육은 학습을 위한 1차적 자원의 하나로서 학생의 지역적 공동체를 이해하는 데 초점을 둔다는 면에서 전통적 교과서와 교실-기반 교육과는 다르다. 이와 같이 장소-기반 교육은 지역적인 것, 즉 독특한 역사, 환경, 문화, 경제, 문학, 그리고 특정의 장소의 예술, 즉 학생 자신의 장

소 혹은 학교의 가까운 마당, 이웃, 동네나 공동체에 뿌리를 둔 학습을 촉구한다. 이런 교육학에 따르면 초등학교 학생들은 종종 국가적 혹은 세계적 이슈에 초점을 너무 빨리 혹은 오로지 맞춤으로써 장소의 감각을 잃어버릴 수 있다. 이것은 국제적이고 국내적 이슈가 주변적이나, 학생들은 더 넓은 주제에 나아가기에 앞서 먼저 자신을 둘러싼 환경의 역사, 문화 그리고 생태에 토대를 두어야 함은 말할 나위도 없다. 장소-기반 교육은 종종 실습, 프로젝트-기반, 그리고 항상 현실 세상의 무엇과 연관시킨다. 그래서 학생은 베트남 전쟁에 대한 팀을 구성하여 라디오 방송, 신문기사이나 교육 홍보물 등의 이야기를 모으고, 그 전쟁의 전문가와 인터뷰를 할 수도 있다. 이 경우 학생들의 학습을 지원하기 위해 지역민을 활용하는 것은 베트남 전쟁을 좀 더 크게 이해하도록 할 뿐 아니라, 그들의 지역사회의 역사 그리고 그곳에 사는 사람들에 대한 이해로 유도할 수가 있다.

13 국제적으로 인정받은 교육 이론가이며 실천가로서 트리파너스의 '차이의 교육학'은 교육의 맥락에서 여러 가지 구성, 재현 그리고 차이의 이용을 탐구하고 있다. 평등과 사회정의의 원리에 충실한 포함의 교육을 창조하기 위해 경합하는 차이의 이론들, 예를 들면 페미니스트나 반인종주의 교육 모델의 교량 역할을 시도하고 있다.

14 생태지역-기반 교육은 생태지역주의bioregionalism에 기반하고 있다. 생태지역주의의 구성 요소는 생태지역 교육과정(지식과 기술 등)과 삶의 양식으로 통합되어 있다. 지역의 생태지역은 체험학습, 동의-결정 과정, 참여적 민주주의, 생태적 교육, 현장활동, 자연 해석, 자연 각성, 그리고 심층생태학에 대한 연구는 모두 생태지역이 학교에서의 학생의 삶으로 연계되는 개념이다. 생태지역 교육의 참여자 실천은 다음과 같은 요소에 초점을 맞춘다. 하나의 공동체로서의 함께 행동하기, 지역사와 자연유산을 학습학기, 다양한 세계관의 지혜를 발견하기, 학생들이 필요로 하는 것과 원하는 것을 구별하기, 환경적 문해력을 계발하기, 지역 생태 체계를 이해하기, 학생들과 땅, 바다, 그리고 모든 생명체와의 연관을 탐구하기, 생태적으로 지속 가능한 선택을 하기, 생태지역의 주민으로서 자신의 책임을 이해하기 등이 그것이다.

15 생태-교육학eco-pedagogy은 세계를 통한 인간이고자 하는 집단적 잠재력을 소중히 여기고 사회정의를 촉진하는 비판적 교육학의 발전된 결과이다. 동시에 세계화의 이데올로기를 급진적으로 반대하며 한편으로는 신자유주의와 제국주의, 다른 한편으로는 비판적 생태-문해의 형태를 조장하는 미래-지향적이고, 생태적·정치적 비전의 일부분으로서 그렇게 하는 것이다. 게다가 생태교육학은 지속가능성, 지구성(지구인으로 동일시하기) 그리고 생명애(모든 생명에 대한 사랑)와 같은 규범적 개념에 근거한 문화적으로 적절한 지식의 구현을 목표로 한다.

16 네그리와 하트는 91년 걸프전부터 99년 코스보 전쟁 사이에 이루어진 세계의 변화 양상을 주목하면서 중심도 주변도 없는 새로운 '제국Empire'이 등장하고 있다고 보았다. 미국이라는 군주를 정점으로 하고, G8 국가들과 다보스 클럽에 참여하는

초국가기업들이 귀족층을 형성하는 것이 새로운 제국의 주권 형태이다. 제국시대의 정치적·경제적·사회적 생산의 주권/주체인 "다중multitude"은 전 지구적 생산과 소통의 주체이며 다양성을 그 특징을 하는 새로운 무산계급의 역량을 착취하며 성장한다. 이러한 세계질서 속에서 국가 간의 정면충돌이라는 근대적 전쟁은 사라지고, 탈근대적 정보 생산과 소통을 위해 조절 가능한 내전만이 가능하다. 이제 제국은 제국의 경찰 행정 집행과 같은 양산을 띤다. 걸프전에서 보듯, 승패는 불을 보듯 뻔하며, 문제는 이러한 경찰력 투입이 생산적인가에 달려 있을 뿐이다. 하지만 제국은 생성과 동시에 부패하기 시작했다.

17 "밀수 교육학"이란 잘못 정의되기가 쉽다. 밀수 교육학이란 성, 인종, 민족 등등 여러 가지로 분화하기보다, 사회경제적 계급이 사회정의를 위한 표준이 되어야 한다고 주장한다. 계급을 총체성으로 이해하고 자본주의에 대항하는 관점을 이끌어낸다. 계급을 다시 중심에 두는 것을 "밀수 교육학"이라고 부르고 있다.

18 월러스틴은 우리가 현존 세계 체제, 자본주의 세계경제로부터 또 다른 세계 체제 혹은 체제들로의 이행기에 살고 있다고 말한다. 세계-체제 분석 또는 세계-체제 관점으로 알려진 "세계-체제World System" 이론은 세계 역사와 사회 변화에 대한 다학문적, 거시적 규모의 접근이다. 민족-국가가 아닌 세계-체제는 사회 분석의 우선적 단위이다. 세계-체제에서는 물적 재화와 규칙적 교환이 이루어지는 영토적 연결망에 의해 경계지어지고, 경제적·정치적·군사적·문화적·규범적 관계들에 의해 구성된 하나의 전체적 사회 체제이다. 그리고 세계-체제는 역사적으로 존재했고, 그리고 존재하고 있는 총체이다. 오늘날 세계-체제는 지리적으로 확장되었고, 경제적으로 발전된 지난 몇 세기를 통해 이러한 지위가 네델란드에서 영국으로, 그리고 최근에는 미국으로 이동하였다. 그는 '가능한 대안의 역사적 탐구'란 의미의 신조어 『유토피스틱스』(창비, 1999)를 제안하면서, '역사적 사회주의' 몰락의 교훈을 되새기며 우리가 앞으로 50년 동안 민주적이고 평등주의적인 체제를 위해서 근본적인 역사적 선택을 해야 한다고 전망한다.

19 '원주민의 교육학indigenous pedagogy'은 '토착인의 교육aboriginal pedagogy'을 포함하는 개념으로서 탈식민주의자들에 의해 주창되고 있다. 토착적 지식과 교육의 주요한 특징은 관찰과 행동에 의해 학습, 진정한 경험과 개별적 수업을 통해 학습하는 것, 그리고 즐거움을 통해 학습하는 것이다. 원주민 교육학은 학생들이 내면화할 수 있는 학습과정을 위한 그들의 인지적 탐구를 받아들인다. 원주민의 토착적 지식은 경험적(즉, 경험에 근거한)이고 규범적(즉, 사회적 가치에 근거한)이다. 그것은 유럽 중심적 지식 체계에 익숙하지 않은 사람들이 스스로 발견한 환경과 그 환경 속에서 양자 사이에 분명하게 구분되는 신념을 존중한다. 그것은 하나의 체계로서 변화하는 사회적 가치는 물론이고, 변화하는 경험적 지식 역동적 교차에 계속 적응한다. 그러므로 토착적 지식과 체계를 고착시키고, 과잉 단순화하고, 혹은 신비화하기 전에 그들의 규범적 내용이나 신성을 강조한다. 원주민의 교육학은 이야기에 근

거하고, 유연한 계획을 세우고, 가치에 기반을 두고, 변혁적이고, 자연 중심적이고, 적응적이고, 진실하고, 공동적이고, 연관적이고, 독립적이고, 정서적이고, 반응적이고, 장소에 기반하고, 총체적이고, 모델적이고, 협동적이고, 자발적이고, 탐구적이고, 반성적이고, 창조적이고, 체험적이고, 문제에 토대를 두고, 모방적이고, 인간 중심적이고, 청각적이고, 시각적이고, 비언어적이고, 상상적이고, 운동감각적이고, 시행착오적이고, 반복적이고, 구두적이다.

제6장
대안적 사회 모델

왜 대안적 사회인가?

지금까지도 나는 나의 박사과정 학생이었던 샌드라가 다음의 질문을 던졌던 순간을 기억하고 있다. "우리가 사회 변화를 이야기할 때, 어떤 종류의 사회에 대해 말하고 있습니까? 그런 사회는 어떻게 생겼습니까? 그것은 자본주의를 넘어선 그런 겁니까? 그런 사회에서는 돈이란 것이 없어야 합니까? 우리가 '여기'에서 '저기'로 가고 싶다고 말할 때, '저기'는 어떤 모습일 것 같습니까?" 그녀는 사회 변화가 어떤 것인지 '보고' 싶어 하였다. 물론 이 질문은 새로운 것이 아니다. 나 자신도 나의 박사과정 때 이런 똑같은 질문에 대해 궁금해한 적이 있었다. 그런데 웬일인지 당시 샌드라의 질문은 나의 뇌리에 확 박혔다. 나는 갑자기 데이비드 하비David Harvey가 쓴 『희망의 공간spaces of hope』 2000이라는 책이 생각났다. 그는 이 책의 말미에서 상상의 유토피아 사회를 자세히 묘사하고 있다. 내가 아는 한 이 책이 "그곳"을 가장 상세하게 묘사한 것이라서, "거친 운항에 대비하여 안전벨트를 매라!"는 말과 함께, 그것을 학생들에게 보여주었다. 그날 이후, 샌드라의 질문은 계속 나에게 머물러 있었다.

이 장은 "거기there"의 문제를 다룬다. 프레이리에게 해방적 교육은 사람들에게 힘을 부여하는 것empowerment뿐만 아니라, 그들로 하여금 자신들의 세계의 주체subject가 되게 하는 것이다. 즉, 해방적 교육학의 궁극적 목적은 해방적 교육을 통해 세상을 변화시키는 것이다. 이러한 목표에 아마 많은 비판적 교육자들은 동의할 것이다. 그리고 우리는 평등, 정의, 민주주의, 평화, 자유, 인권, 그리고 인정과 같은 이런 비전의 기본적 원리에 대해서도 동의할 수 있다. 그러나 이런 추상적인 것 말고, 어떤 실현 가능한/실제적 대안을 우리는 추구하는가, 또는 추구해야 하는가?

역사적으로, 좌파—일부 사람들이 잘못 해석하는 자유적/진보적/민주적 정치운동이 아니라—는 그들 사회의 대안적 비전을 주로 마르크스주의와 사회주의에 기반하고 있었고, 소련 연방과 중국을 대안이라고 보아왔다. 이제 소련 연방의 붕괴와 함께 신자유주의적 자본주의가 세계적으로 팽창하는 현실에서 우리는 어디에서 대안을 찾아야 하는가? 제국주의와 신자유주의적 글로벌 자본주의에 반대되는 어떤 대안적 비전/모델을 상상할 수 있는가? 이것은 거대한 질문이고, 확실히 나의 능력과 지식을 훨씬 넘어서는 질문이다. 나는 사회학자도, 정치학자도, 경제학자도 아니다. 그러나 "그곳"의 질문에 대해 어느 정도라도 언급하지 않으면, 나는 이 책이 완전하지 않다고 느꼈다. 말할 나위도 없이 이 거대한 주제에 대한 나의 분석은 피상적 수준에 지나지 않을 것이다.

이 주제의 논의로 들어가기에 앞서, 하나의 제한점을 밝혀둘 필요가 있다. 신자유주의적 세계화의 문제점들, 특히 우리가 해결해야 하는 이슈들(예를 들어 환경, 자원 전쟁), 그리고 과도기에 놓인 이 시대가 취해야 할 정치적 노선과 방향들(예를 들어 민주주의, 글로벌 정의)을 둘러싸고 많은 연구와 이론들이 나와 있다. 글로벌 자본주의에 대한 대안으로서 새로운 패러다임을 제시하는 다양한 이론들과 집단들도 있다. 또한 대안적 패러다임의 토대로서 다양한 원리들이 제시되어 있다. 사회적 형평, 사회적 정의, 사회적 인정, 민주주의, 문화적 자력화, 생태학과 생명-평등bio-equality, 휴머니즘, 유심주의spiritualism 등이 그것이다. 그러나 본장에서의 나의 논평은 사회의 대안적 '모델'에만, 특히 신자유주의적 글로벌 세계화에 반대하는 모델에만 초점을 두고 있다. 달리 말하면, 내가 초점을 두는 것은 대안적 사회가 실제 어떤 모습인가—추상적 원리나 개념이 아니라—에 있다. 우리가 다른 어떤 곳으로 이동하고자 한다면, 월러스틴Wallerstein, 1995의 표현대로, 우리는 어느 해변을 향해 헤엄쳐 가기를 원하는가? 이 장은 세 가지 부분으로 구성되어 있다. 첫 번째 부분은 20세기에 자유주의를 반대하여 일어났던 대안적 운동의 역사적 맥락을 제시한다. 두 번째 부분은 글로벌 자본주의에 대한 네 가지 대안적 모델을 제시하고 검토한다. 마지막 세 번째 부분은 이들 대안적 모델 간에 벌어진 몇 가지 주요 논쟁점들을 논의한다.

대안적 운동의 역사적 맥락

우리가 어떤 대안적 사회를 추구해야 하는지를 밝혀내기 위해 우선 지금까지 우리가 어디에 있었는지를 이해하는 것이 도움이 될 것이다. 우리는 과거에 어떤 대안적 사회 체제를 시도했었나? 그리고 우리는 그런 과거의 역사적 대안들로부터 무엇을 배웠는가? 이 장은 20세기에 출현했던 대안적 사회 체제를 간략하게 논의한다. 1968년경에 우리의 사고와 좌파 정치에 중요한 전환이 있었기에 나는 1968년을 기준으로 역사적 논평을 둘로 나누었다. 첫 번째 부분은 구좌파(1945~1968)를 다루고, 그리고 다음 부분은 신좌파(1968년 이후)를 다룬다.

구좌파: 세 가지 대안(1945~1968)

1945~1968 기간 중에 세 가지 주요한 대안들이 있었다. 사회민주주의, 사회주의, 민족해방 운동이 그것이다. 우선, 이들 운동들은 "자유주의liberalism"에 반대하는 대안이었다는 점, 그리고 자유주의는 근대시대—대충, 1789년 프랑스 혁명부터 1989년 소련 연방의 붕괴까지—의 지배적 이데올로기였다는 점을 상기할 필요가 있다. 자유주의는 많은 사람들에 의해 조금씩 다른 의미로 사용되었다. 내가 사용하는 정의는, 내가 보기에 자유주의의 핵심이념을 잘 포착한 데이비드 하비로부터 비롯한 것이다. 하비에 따르면, 자유주의는 "자유시장, 자유무역, 개인의 주도성과 기업가 정신이 개인의 자유와 자율을 가장 잘 보장해주는 것이며, '유모 국가nanny state'—복지국가를 비하하는 표

현—[1]는 모든 사람의 이익을 위해 해체되어야 한다는 이념에 근거한 이데올로기이다."Harvey, 2010: 2

20세기 초 자유방임 자본주의는 위기에 봉착하였다. 자유시장은 스스로를 규제할 수 없고, 따라서 그것을 규제하기 위한 기제가 있어야 한다는 사실이 곧 분명하게 드러났다. 이런 자유주의의 위기와 한계의 맥락 속에서 세 가지 대안들이 나타났고, 이들은 세 가지 다른 세계에서 실행되었다. 서구에서는 복지국가와 사회민주주의가 자유자본주의 사회에 대한 대안으로서 출현하였다. 사회민주주의 정당 또는 그와 유사한 당이 대부분의 서유럽, 북미, 그리고 호주에서 권력을 잡았거나, 아니면 적어도 교대로나마 잡았다. 동양에서는 공산주의 정당이나 사회주의 정당이 중국, 소비에트 연방, 동유럽에 걸쳐 지구의 삼분의 일 정도에 해당되는 지역에서 권력을 쟁취하였다. 저개발지역the South에서는 민족해방 운동 세력이 대부분의 라틴아메리카와 중동, 그리고 아시아, 아프리카, 캐리비언에 있는 이전 식민지였던 국가들의 대부분에서 권력을 잡았다.

이 대안들은 근본적인 면에서 차이가 나지만, 적어도 두 가지 공통점을 가지고 있다. 하나는, 이들 모두 자유시장과 개인주의 이념으로 이루어진 자유주의에 대항하는 대안적 운동이라는 점이다. 다른 하나는, 이들 모두 동일한 두 단계 전략—첫 단계로서 우선 국가권력을 장악하고, 그러고 나서 두 번째 단계로서 사회를 변혁하는—에 기반하고 있다는 점이다.Wallerstein, 2004b 다른 말로 하면, 이 입장은 사회를 변화시키기 위해서는 반드시 정치권력/국가를 장악해야 한다는 것이다. 이 점은 일부 사람들에게는 명백한 상식처럼 여겨질지 모른다. 그러나

아주 일반적으로 받아들여지고 있는 다른 견해도 있다. 이는 사회를 진정으로 변혁하기 위해서는 먼저 사람을 변화시켜야 하고, 그러하고 나면 나머지는 따라서 변화한다는 것이다.

1945~1968년 동안 이들 대안적 운동이 국가권력을 장악하는 데는 대체적으로 성공하였다(1단계). 그러나 이들은 그들의 사회를 변혁하는 데서는 궁극적으로 실패하였다(2단계). 그러면, 왜 그들은 이 두 번째 단계에서 실패했는가? 서구에서는 2차 세계대전 이후 시장과 도구적 합리성의 일차원성이 생활의 거의 모든 영역으로 확산되었다. 매스컴과 문화산업의 등장은 문화 영역을 상품으로 만들었을 뿐만 아니라, 자본과 상품의 물신화를 통해 생활-세계life-world의 식민화를 심화시켰다. 자본주의적 관계가 사적이라고 믿었던 생활의 영역들에까지 깊숙이 침식해 들어가면서 생활의 모든 국면으로 확산되었다. 그리하여 제1세계—특히 북유럽 국가들—는 일반 대중들에게 상당한 물질적 혜택을 제공하는 복지국가를 수립하였지만, 그들은 사회를 근본적으로 변혁하지 못했다. 동방에서의 사회주의 또한 사회 변혁을 가져올 수 없었다. 소비에트 연방의 실험은 체제의 경직성과 비효율성, 그리고 정치권력의 집중과 독점으로 귀결되고 말았다. 제3세계의 국가 건설을 위한 반둥 프로젝트Bandung Project 또한 좌절로 끝났다. 파농 Fanon[1963]이 예언적으로 경고한 그대로, 민족해방 운동으로부터 새로운 독재와 부패한 민족국가가 등장하였다. 그런데 여기서 잊지 말아야 할 점은 제국주의적 국가들과 다국적 기업들이 탈식민화된 신생국가들의 민주적 민족국가의 설립을 방해하는 데 중요한 기여를 했다는 사실이다. 1970년에 이르러서는 제3세계 국가들이 부유한 국가를 따

라잡는 것—근대화 이론이 그들을 그렇게 믿게 했던—이 불가능하다는 것이 거의 분명해졌다. 그 대신에, 아프리카와 라틴아메리카는 만성적인 재정적 불안정(부채)과 정치적 불안정(군사쿠데타와 권위주의 정권의 부상)에 시달리면서 경제적 위기로 빠져 들어갔다.Herbst, 2000; Saul, 2005 이런 세 가지 대안의 실패라는 역사적 맥락 속에서 1968년에 세계가 폭발한 이유를 이해할 필요가 있다.

68혁명과 신좌파

1968년의 전 세계적 혁명—파리, 멕시코, 그리고 그 너머에서—은 좌파 정치에 있어 중요한 이정표이다. 1968년 혁명은 베트남 전쟁에 의해 점화된, 세계 체제에서의 미국 헤게모니에 대한 투쟁이었다. 그것은 또한 세 가지 대안—위에 언급된 사회민주주의, 사회주의, 그리고 민족해방 운동—에 대한 반발이었다. 그것은 복지국가를 세계적 수준에서 건설하지 못한 구좌파에 대한 불만과 좌절에서 비롯된 반발이었다. 1968년의 투쟁은 사회 체제를 변화시키는 데에는 성공하지 못했지만, 사회운동을 변화시키는 데는 매우 긴요한 역할을 했다. 마씨모 테오도리Massimo Teodori[1969]는 1960년대의 사회운동으로부터 "신좌파"라고 부르는 새로운 정치적 노선이 발전해 나왔다고 주장했다. 테오도리에 따르면, 신좌파에는 1930년대의 구좌파와 차별화되는 몇 가지 핵심적 특징들이 있다. 가장 중요한 변화는 계급에 기반을 둔 반자본주의 투쟁으로부터의 후퇴이다. 국제 노동자들의 운동은 19세기에 주도적 사회운동이었다. 그런데 1930년대 후반 이래 계급 기반의 정치운동은 쇠퇴하였다.

유럽의 노동계급은 자본주의 체제를 받아들였고, 미국의 상황도 더 나빠지지는 않았지만 마찬가지였다. 미국의 노동계급은 한 번도 강력하게 하나로 단결된 계급으로 발전하지 못하고 분열되어 있었다. 이는 지리적 이동, 이민 배척주의, 프롤레타리아의 문화적 분화, 그리고 무엇보다도 인종차별주의 때문이었다.^{Davis, 1999} 대공황 직후에 미국의 노동조합주의와 사회주의는 전성기를 맞게 되지만, 그 전성기는 짧게 끝이 났다. 2차 세계대전이 끝날 때쯤 미국의 노동조합은 자본주의 체제에 완전히 통합되었다. 전시의 민족주의, 냉전에 대한 합의/지지, 경제적 호황, 그리고 세계경제의 미국 지배는 "모든 세대의 노동자에게 애국적이고 반급진적이고, 친권위주의적인 태도"^{같은 책: 89}를 주입시켰다.

노동계급의 자본주의 체제로의 흡수와 시장 논리의 사적 생활의 침투로 인해 새로운 사회운동은 계급중심 투쟁에서 체제 전체에 대한 광범위한 공격으로 바뀌었다. 새로운 사회질서가 사회문제를 해결하는 것은 물론 인간의 조건을 향상시킬 수 있다는 희망은 더 이상 많은 사람들에게 심지어 좌파에게조차 설득적이지 못했다. 근본적인 사회 변화는 실현 가능하지도, 또 바람직하지도 않은 듯이 보였다. 어떤 새로운 사회구조가 건설되더라도 그것은 더 많은 폭력을 유발하고, 또 다른 형태의 전체주의적 권위로 발전되고 말 것이라는 점에서 오히려 사회의 불가피한 비도덕성을 받아들이는 것이 더 현명한 듯이 보였다. 우리의 적은 더 이상 단지 자본주의나 경제적 착취가 아니라, 체제 전체이다. 따라서 이제 투쟁은 권력의 모든 수준에서 이루어져야 한다. 이렇게 1960년대는 체제/사회에의 순종에 대한 반발로^{Touraine, 1971}, "미국 사회의 문화적·정신적 아사/무감각성에 대한 비판"^{Lerner, 2006: 167}이

특징을 이룬다. 이것이 신사회운동을 사회의 "문화적, 심리적 조직"에 초점을 두도록 만들었다.

제도적 변화―주로 국가/정부의 변화―에 대한 불신은 새로운 정치적 실천으로서의 자아/정체성 정치의 시작을 가져왔다. 도덕적인 사회를 건설하는 것이 접근하지도 유행하지도 않게 되자, 초점은 자아self로 돌려졌다. 존 산본마추John Sanbonmatsu는 이런 변화의 특징을 간결하게 정리하였다. "60년대는 서구적 실천의 분위기 또는 양식에 변화를 가져왔다. 이 변화는 모두 전략에 대한 고려, 이론적 일관성, 대항 헤게모니 운동의 지속적인 건설보다 내면의 급진적인 성향에 대한 정서적, 미학적 표현을 우위에 두는 것이었다."Sanbonmatsu, 2004: 23 이런 자극은 여성, 소수자, 동성애자, 그리고 장애자 같은 집단들을 위한 정체성 정치identity politics의 급성장을 가져왔다.Harvey, 1990; Sanbonmatsu, 2004; Tilly, 2004 1970년대에 좌파 정치와 사회운동이 쇠퇴하고 신우파가 정치적·사회적 영역에서 지배적으로 됨에 따라 자아/정체성 지향적 경향은 더욱 심화되었다. 그리하여 사회적 행동주의social activism는 더 후퇴되었고, "도덕적 인간" 만들기 방식의 경향은 더욱 강화되었다.Lerner, 2006

불가능한 것은 아니지만, 지난 수십 년에 걸쳐 해방 투쟁의 공동 전선을 찾으려는 시도가 전체주의적 근대주의의 위장이라고 비판되면서 그러한 해방 운동은 더욱 분열되었다. 하향식 방식의 구조적 해결에 대해 우리는 더 이상 환상을 가져서는 안 되고, 이제 유일하게 남아 있는 선택은 풀뿌리식, 상향식 민주주의 운동뿐이라고 주장되었다. 체제(국가를 포함한)의 포기와 함께 개인적·지역적 투쟁이 사회 변화의

주요한 장이 되었다. 이런 역사적 맥락 속에서 최근의 비정부기구NGO
의 유행Hardt & Negri, 2000, 그리고 사회적 자본social capital[2], 시너지synergy
예, Evans, 1996[3], 시민사회civil society예, Putnam, 1993[4]와 같은 개념들에 대한
학문적 관심—그리고 그의 의심스러운 사용—의 증대가 생겨났다. 존
산본마추는 그것을 다음과 같이 잘 요약하고 있다.

> 정치는 더 이상 공적인 정치권력에 대한 투쟁 또는 계급이나 이익 간
> 의 투쟁으로 이루어지지 않을 것이다. 총체적인 틀과 가치규범을 찾지
> 않는 주변부 하층민은 전략적 실천을 무질서와 비결정성—정체성과,
> 푸코가 정복된 지식이라고 불렀던 것의 확산을 통해 담론적 네트워크
> 에 분산적이고 지역적인 방해/혼란을 일으키는 것—에 뿌리를 두게 된
> 다.Sanbonmatsu, 2004: 120

또한 이러한 신사회운동은 새로운 전술과 전략을 가져왔다. 기업적
자유주의가 지닌 기술주의적 체제의 총체적 본질에 대한 분석을 바탕
으로 신좌파는 미국 사회 전체를 표적으로 삼았다. 신사회운동은 "모
든 수준에서의 권력의 재분배를 위한 투쟁이고, 그리고 사회가 조직되
어야 하는 방식에 대한 다른 개념을 지향하고 있다."Teodori, 1969: 37 이
로부터 직접적 행동direct action과 풀뿌리 조직grassroots organization이 투
쟁의 핵심적 방법으로, 그리고 정치적 표현의 민주적 유형으로 등장
하면서 자유주의 진영과 노동 세력을 연합시키는 이전의 전략을 대체
하였다. 참여민주주의는 정치적 행동을 지도하고 고무할 수 있는 방
식이라고 간주되었다. 즈스 리오날도에 따르면, 아마도 이것이 과정

process에 대한 메타-이론(아마 파울로 프레이리Paulo Freire와 위르겐 하버마스Jürgen Habermas의 저서에서 가장 잘 나타난)으로의 전환을 촉발한 원동력이었을 수도 있다. 내가 보기에 이런 그의 분석은 중요한 통찰인 것 같다.

구좌파의 중앙집권적 당 주도 운동은 도전을 받게 되면서 자발적인 탈중앙적 풀뿌리식 행동과 조직으로 대체되었다. 이러한 반反조직화 경향은 부분적으로 1968년 파리의 경험에서 유래된 결과이다. 당시 프랑스 공산당은 정부의 편에 서서 학생들에게 총파업과 거리의 소요를 중지하고 대학으로 복귀하라고 종용했었다. 이에 학생들은 공산당에 크게 실망하였고, 이 경험은 조직/당에 대한 불신으로 발전되었다. 또한 소련 연방에서의 공산당 경험 역시 도움이 되지 않았다. 공산당들이 제도권으로 변화하자 신좌파는 모든 중앙조직과 리더십에 대해 강한 회의를 품게 되었다.

그리하여, 신좌파는 탈중심적인 직접적 행동과 풀뿌리 행동주의를 유일하게 실행 가능한 방법이라고 받아들였다. 그런데, 이런 반조직의 입장에 문제가 전혀 없는 것은 아니다. 예를 들어, 신좌파의 리더십을 완전히 신뢰하지 못하는 경향을 많이 보였다. 타드 긴틀린Todd Gintlin은 이런 불신이 일관된 정치적 이데올로기와 조직을 만들 수 없었던 것과 함께 1960년대 학생운동이 급속하게 해체된 주요한 이유라고 보았다.Gintlin, 1980: 185 티모시 브레넌Timothy Brennan[2006] 또한 이런 반국가적 입장이 1970년대 후반의 위험스러운 정치적 유산의 하나라고 지적하였다.

이런 비판에도 불구하고, 풀뿌리적grassroots/탈중앙적de-centralized 전략은 신좌파와 신사회운동의 핵심이 되었다. 전략적 측면에서 볼 때, 최근 비정부기구의 확산은 하향식 조직 전략을 거부하는 이런 지역화된 정치적 동향을 반영하는 것이다. 비정부기구는 너무도 적절하게 "시민단체people's organizations"라고도 불리는, 대부분 상향식/풀뿌리식 운동에 기반을 두고 있고, 국가정부들에 비판적이거나 적대적인 입장을 취하고 있다.Petras, 1997; Hardt & Negri, 2000; Sader, 2004 위키피디아에 따르면, 2012년 기준으로 국제적으로 활동하는 비정부기구는 대략 4만에 이르고, 국내적 규모의 비정부기구는 그보다 더 많이 있고(미국과 인도에 각각 200만), 그리고 매년 약 240개의 비정부기구가 생긴다고 한다. 이들의 대다수는 1980년대와 1990년대에 만들어졌다.Petras & Veltmeyer, 2005 이런 탈중앙적이고 풀뿌리 행동주의가 사회적 행동주의social activism의 지배적인 형태가 되었고, 세계사회포럼과 같은 집단의 근본적 원리가 되었다.Mertes, 2004; Leite, 2005

요약하면, 68혁명은 새로운 정치를 가져다주었고, 월러스틴에 따르면 다음 여섯 가지 주요한 결과들을 가져왔다. 첫 번째 결과는 두 단계 전략—먼저 국가권력을 획득하고, 그다음에 사회를 변혁한다—에 대한 의문을 불러왔다. 국가권력의 교체가 사회의 진정한 변화를 가져올 것이라는 가정을 더 이상 하지 않게 된다. 두 번째 결과로서 "각 국가에 있어 정치적 활동은 하나의 정당을 통해 이루어질 때 가장 효과적이다."Wallerstein, 1995: 214-215라는 유일-정당single party 전략 이념의 거부로 나타났다. 세 번째 결과로서 "자본주의에서는 자본과 노동의 갈등이 유일한 근본적 갈등이며, 성, 인종, 민족, 성 정체성과 같은 갈등들은 모두 이차적이고 파생적이며, 그리고 생물학적으로 유전적인 갈등이다."같은 책: 215라는 개념의 거부이다. 네 번째 결과는 민주주의란 이념은 혁명적 활동을 방해하는 부르주아 개념이라는 이전의 관점에 대한 의구심이다.같은 책 다섯 번째 결과로서 사회를 사회주의적인 것으로 변혁하기 위해서는 생산성이 먼저 증가되어야 한다는 이념, 즉 "생산주의productivism"에 대한 반론이다. 오늘날 신좌파는 생산주의의 신화에 비판적이고, 생산주의 이데올로기의 부정적 결과들, 예를 들어 생태적 위기, 상품화, 비인간화, 그리고 삶의 질과 같은 문제들에 더 큰 관심을 가지고 있다. 여섯 번째 결과는 과학과 과학주의―과학을 유토피아 구성의 토대로 보는 신념―에 대한 회의이다. "과학을 통한 진보"라는 이념은 더 이상 자명한 진리로 받아들여지지 않았다. 이런 신좌파의 새로운 정치는 1968년 이후 새로운 반체제 운동을 가져왔다.

새로운 반체제 운동(1968년 이후)

월러스틴에 따르면, 1970년대 이래 더 나은 종류의 반체제적 운동 anti-systemic movement―더 민주적이고 평등한 세상을 만들려는 목적을 가지고―을 발전시키려는 네 가지 시도, 즉 마오주의, 신사회운동, 인권운동, 그리고 반세계화 운동이 있었다. 이들 네 가지 대안적 운동 간에 몇 가지 근본적 차이가 있지만, 대체로 그들은 위에서 서술한 신좌파 정치의 특징을 공유한다. 그들은 상부구조/문화의 요소, 민주적 절차, 대중의 참여/풀뿌리에 더 많은 관심을 기울이고 있다. 아래에서 이 네 가지 운동에 대해 아주 간략하게 살펴보겠다.

마오주의Maoism는 수정주의적 마르크스주의를 극복하기 위한 대안적 공산주의 이론으로서 마오쩌둥에 의해 1950~1960년대에 발전되었다. 마오주의의 기본적 이념은 신좌파 정치와 노선을 함께한다. 마오주의의 핵심적 이념의 하나는 "민주적 중앙집중주의democratic centralism"로서 이는 레닌주의식의 전위당, 대중조직들, 그리고 전체 사회에서의 민주적 과정을 향상시키기 위한 것이다.D'mello, 2009 또한 마오주의는 상부구조에 대해 다른 접근 방법을 취하고 있으며, 또 문화를 훨씬 더 중요하게 생각한다. 정통적 마르크스주의와는 대조적으로 마오주의는 "상부구조의 요소를 변화시키기 위해 의식적인 노력을 하면, 그 결과로 경제적 토대에 영향을 미친다."고 믿는다.같은 책 또 다른 핵심적 이념은 풀뿌리 대중노선grassroots mass line—"대중에서 대중으로from the masses, to masses"—이다. 마오주의는 페루의 '빛나는 길Shining Path', 인도의 '낙살라이Naxalities', 네팔의 공산당과 같은 제3세계의 일부에서 시도되었다.

　두 번째의 대안운동은 신사회운동—녹색운동가와 여타 환경운동가, 페미니스트, 인종/민족소수자들의 캠페인들—으로, 이는 1970년대에 특히 유럽에서 출현하였다. 그러나 1980년대에 이르러서는 내적 분열과 급진주의자들revolutionaries에 대해 개선주의자들reformists이 최종적으로 승리함으로써 신사회운동을 압력/이익 집단처럼 만들어버렸다. 이렇게 하여, 신사회운동은 "생태학, 성차별주의, 인종차별주의, 혹은 셋 모두에 대한 주장/표현들을 하게 되면서" 그것들 모두 더욱 사회민주주의처럼 되어갔다.Wallerstein, 2004b: 268 인권운동 기관들은 "시민사회"를 대변한다고 주창한다. 그러나 인권운동 단체들 또한 곧 비정부기구로 변했고, 그들은 "정부의 반대자이기보다는 오히려 그것의 부속물인 것처럼 되었고, 전체적으로 보면 전혀 반체제적인 것 같지도 마지막으로, 반세계화 운동 역시 최근에 두드러진 성장을 보였다. 그들은 신자유주의의 결과로 생긴 사회적 질병/병폐들에 대한 저항과 투쟁이다. 비정부기구들이 가장 두드러져 보이기는 하지만, 반세계화 운동은 모든 이데올로기 스펙트럼으로부터 출발한 모든 형태의 집단을 포괄하고 있다. 반세계화 운동의 가장 좋은 사례는 2001년 브라질의 포르투알레그리에서 결성된 세계사회포럼World Social Forum이다. 이 모임은 다보스에서 열리는 세계경제포럼World Economic Forum의 대척물이다. '세계사회포럼'은 신자유주의적 세계화에 대한 반대 전략을 논의하기 위한 첫 세계적 플랫폼이다. '세계사회포럼'은 "또 다른 세계는 가능하다"는 슬로건을 대담하게 선언했다. 이 포럼은 그것의 목표를 밝힌다는 뜻에서 2002년 "반세계화" 용어를 "글로벌 정의"로 바꾸었다.Maraff, 2009 그럼에도 불구하고, 이 포럼과 반세계화 운동이 안고 있는 주요한 문제는 그들의 이념적 토대, 전략, 그리고 프로그램들이 모두 분명하지 않다는 것이다. 그렇기 때문에 반세계화 운동이 진정한 대안이 될 수 있는지, 또는 대안을 제시할 수 있는지는 분명치 않다. 전체적으로 봐서, 이들 네 가지 반체제적 운동—마오주의, 신사회운동, 인권운동, 그리고 반세계화 운동—은 무너지거나 취약해졌으며, 다른 운동에 포섭되었거나 혼란된 상태에 있다.

글로벌 자본주의에 대한 대안적 모델

좌파 정치와 사회운동이 변화되는 동안 세계경제의 조건 또한 달라졌다. 68혁명 이후 세계는 1973년 오일 쇼크로 인해 또 다른 경제적 위기로 빠져 들었다. 1970년 이후 우리가 목격하고 있는 것은 자본주의의 구조적 위기가 진행되는 현상이다. 여러 학자들은 우리는 지금 이행기transition period에 있다고 말한다.Wallerstein, 1995; Hardt & Negri, 2000; Hobsbawn, 2009; Harvey; 2010 현재 시기—대충 1970년 이후—는 한 시대의 종말이며, 따라서 동요와 반동적 정치의 시대이다. 최근의 민족적/종교적/문화적 갈등의 고조, 그리고 미국의 군국주의의 부상은 이런 위기를 드러내는 징후들이다. 본질적으로 보면, 신자유주의neoliberalism 또한 이런 거대한 구조적 위기와 이행에 대한 반응이다. 신자유주의는 지배 이데올로기를 재구성하기 위해 자유주의를 다시 새롭게 소생시키고 있다. 그래서 "신neo"자유주의이다.

이러한 경제적 위기와 글로벌 양극화 속에서, 그리고 이행/전환의 시대에 제기되는 질문은 다음과 같다. 우리는 신자유주의적 글로벌 자본주의에 대해 어떤 대안적 사회 모델/비전을 가지고 있는가? 이 거대한 질문에 대해 다양한 이념들, 이론들, 그리고 접근들이 있다. 다음에서 나는 단지 네 가지의 대안적 사회 모델(개선주의자, 글로벌주의자, 지역주의자, 공과 사의 혼합경제)만을 제시하고자 한다.

개선주의자: 복지국가와 함께하는 사회민주주의

신자유주의적 글로벌 자본주의에 대한 하나의 대안은 자본주의를 개선하는 것이다. 즉, 복지국가와 사회민주주의를 향상시키고, 이를 글로벌 규모로 확대하는 것이다. 현존하는 자본주의에서는 여러 다양한 변형들이 자유-자본주의로부터 복지-자본주의까지, 자유방임-자본주의로부터 국가-자본주의까지 존재한다. 어떤 의미에서 이 개선주의 접근은 더 나은 형태의 자본주의를 찾거나 더 평등한 분배를 통해 자본주의를 향상시키는 것을 목적으로 한다. 그래서 이 접근의 초점은 분배 측면에 있다. 부의 평등한 분배, 소외된 계층을 위한 사회적 보호, 그리고 부와 자원의 평등한 혹은 덜 불평등한 글로벌한 분배 등이 그것이다. 개선주의 입장은 생산 측면—재산의 사적 소유와 이윤을 위한 생산—의 변화를 시도하지 않는다. 생산을 다루지 않는 이유는 다양하다. 자본주의 생산 체제를 변화시키는 것은 실현 가능성이 적기에, 생산의 변화는 너무 혼란스럽고 손실이 클 수 있기에, 또는 자본주의적 생산이 가장 효율적인 체제이기 때문이다. 그 이유가 무엇이든, 이 입장은 자본주의 체제 안에서의 해결책을 모색한다.

사회민주주의와 복지자본주의의 기본은 자유자본주의가 불가피하게 만들어내는 불평등과 사회적 병리를 보완하는 데 있다. 정부는 시장에 개입하고, 규제하며, 불리한 계층을 위한 보호를 제공한다. 사회민주주의와 복지국가는 위기를 관리하고, 일반 대중의 생활수준을 향상시킴으로써 시장을 안정시킨다. 위에서 언급한 대로, 사회민주주의와 복지자본주의는 2차 세계대전 이후 산업화된 서구에서 실험되었다. 사회민주주의적 복지자본주의의 가장 좋은 사례는 스웨덴, 노르웨이, 핀란드, 네덜란드와 같은 스칸디나비아와 북유럽 국가들에서 볼 수 있다.

이 개선주의가 진보주의자와 좌파들에게 폭넓게 지지되고 있는 입장이라고 나는 생각한다. 사실, 이것은 1950년대 이래 서구 노동자 계급의 입장이었다.[Hobsbawn, 2009] 경제적 생산 체제의 변화—즉, 혁명—를 요구하는 대신에, 산업화된 국가의 노동과 노동조합은 부의 더 평등한 분배를 달성하는 것에 합의하였다. 역사적으로 보면, 이 입장은 특히 1980년대 이후에 호소력과 인기를 얻었다. 대충 말하면, 1950년 대와 1960년의 좌파는 러시아와 중국의 사회주의에 기대를 걸었다. 그러나 사회주의권의 권위주의와 경직성이 발생하고 두드러지게 되면서 일부 좌파는 라틴아메리카의 국가 발전으로 방향을 돌려 종속 이론을 앞으로 나아갈 대안적 노선으로 보기 시작했다. 그러나 라틴아메리카 경제가 1970년대 후반에 어려움을 겪게 되자, 그들은 종속 이론의 약속들에 의심을 갖기 시작했다. 라틴아메리카 국가 발전의 후퇴와 사회주의권의 몰락 이후, 종속 이론과 사회주의 이론은 쇠퇴하기 시작했다. 그러자, 북유럽의 사회민주주의가 많은 사람들에게 우월한 것처럼 보이기 시작하였다.

그런데 이 입장이 가진 핵심적 문제는 복지자본주의를 글로벌 규모로 확장하는 것이 가능한가이다. 북반구의 복지자본주의는 남반구의 존재 때문에 가능하였다. 1960년대 이후 산업화된 나라에서의 생활수준 향상은 저개발 국가의 착취에 기반하고 있었다. 남반구는 값싼 원자재를 북반구에 제공해주었고, 이는 북반구에 산업화에 필수적인 것이었다. 이름하여 "원시적 축적primary accumulation"이라고 할 수 있다. 또한 저개발 국가들은 제1세계가 생산한 상품들을 소비하는 중요한 시장이었다. 이러한 불평등한 무역은 북반구에 이득을 가져다주었고, 이들 나라의 복지자본주의를 가능하게 하였다. 그러나 지금 저개발 국가는 자기들의 발전을 도울 수 있는 "남반구"를 갖고 있지 않다. 달리 말하면, 저개발 국가나 미개발 국가는 예전에 북반구가 누렸던 원시적/일차적 축적에서의 혜택 없이 자신들을 복지자본주의 국가들로 변혁해야 한다.

일부 사람들은 일차적 축적이 없어도, 세계화와 기술적 진보 때문에 이러한 변혁이 여전히 가능하다고 주장한다. 그러나 무역 불평등은 산업화된 국가와 저산업화된 국가 간에 여전히 지속되고 있다. 게다가 최근 수십 년 동안 신자유주의의 등장으로 인하여 복지국가에 기반을 둔 사회민주주의는 후퇴를 하고 있다. 사실, 신자유주의는 기본적으로 복지국가와 사회민주주의에 대한 공격이다.

특히 지금 우리가 겪고 있는 심각한 재정 위기를 감안하면, 이러한 개선주의의 대안이 얼마나 호소력 있고 성공할 수 있을지는 확실하지 않다. 그럼에도 불구하고, 내가 보기에 많은 진보주의자와 비판적 교육자들은 평등, 정의, 민주주의, 포용, 다양성, 그리고 자유를 고수하면서 자본주의의 개선/개혁을 선호하고 있는 듯하다. 혹은 아마 일부 사람들은 자본주의의 이념을 신뢰하지는 않지만, 자본주의를 개선하는 것이 유일하게 실현 가능한 선택이기 때문에 이 입장을 취할 수도 있다.

글로벌주의자: 글로벌 사회주의와 초국가적 정치

일부 사람들은 글로벌 자본주의는 개선이나 수리의 수준을 넘어섰다고 보고, 따라서 유일한 대안은 글로벌 자본주의를 붕괴시키고, 다른 글로벌 체제로 대체시켜야 한다는 주장을 편다. 달리 말하면, 이 입장은 반세계화가 아니고, 대항적 세계화이다. 글로벌주의자들 사이에 가장 두드러진 이념은 글로벌 사회주의이다. 1980년대 후반 이후 좌파의 많은 사람들은 사회주의/공산주의와 거리를 두려고 하지만,

일부 사람들은 여전히 사회주의가 앞으로 나아가야 하는 해결책이고 방향이라고 본다. '세계사회포럼 2010'에서 행한 연설에서 데이비드 하비David Harvey, 2010는 "1990년대 후반의 대안적 세계화 운동이 '또 다른 세상이 가능하다another world is possible'라고 선언했다면, 또한 '또 다른 공산주의가 가능하다'라고 선언하면 왜 안 되는가?"라고 열정적으로 주장하였다. 여기에서 유념해야 할 점은 하비와 다른 사람들이 옹호하는 사회주의는 소비에트 모델 식의 중앙집권화된 국가-계획적 경제로서의 사회주의가 아니라는 것이다. 사실, 하비같은 책는 사회주의/공산주의를 부활하려는 최근의 시도들은 일반적으로 국가 통제를 거부하며, 또 다른 형태의 공동체적 사회조직을 추구한다고 밝혔다. 그에 따르면, 공산주의의 바람직한 형태는 "생산자와 소비자의 위계적인 지배 체제에 반대되는, 수평적으로 네트워크화된" 형태이다.

아래에서는 사미르 아민Samir Amin, 1997에 초점을 맞추어서 글로벌 사회주의 입장의 주요한 요점을 밝히고자 한다. 아민은 지역주의자들—다음 절에서 다시 논의할 것이다—과 달리 격리와 지역주의가 글로벌 자본주의의 대안이라고 생각하지 않는다. 대신에 그는 세계화를 불가피하고 바람직한 추세라고 받아들인다. 아민은 신자유주의적 글로벌 자본주의의 대안으로서 글로벌 사회주의로 가는 하나의 단계로서 "다-중심권적 권역화polycentric regionalization"를 옹호한다. 아민, 그리고 하버마스, 월러스틴, 하비 등에 따르면, 세계는 1970년대 초 이래 구조적 위기에 빠져 있다. 아민은 이런 위기는 두 요인 때문이라고 본다. 하나의 요인은 사회적-민주적 타협안의 계급 관계에 내재한 한계, 그리고 소비에트 및 제3세계 부르주아의 야망이다. 두 번째 요인은 양극화를 만들어내는 자본주의의 끝없는 세계화이다. 그 결과 우리는 민족-국가의 쇠퇴, 산업화된 중심부와 비산업화된 주변부 간 격차의 감소, 그리고 새로운 차원의 양극화 출현을 보게 된다. 아민에 따르면, 1980년 이래 발전되어온 신자유주의는 자본의 세계화, 특히 재정적 자본의 세계화에 대한 대응이다. 재정적 자본의 세계화는 생산/산업 자본에 대한 투자 중지, 자본의 국제적 운동 자유화, 변동적 환율, 높은 금리, 제3세계의 부채, 그리고 민영화가 특징이다.

아민은 이러한 구조적 위기의 궁극적 해결책은 글로벌 사회주의 밖에 없다고 생각한다. 그리고 글로벌 사회주의로 가는 길로서 미국의 글로벌 자본과 글로벌 지배를 물리치기 위해 "체계적 분리coherent delinking"를 해야 하고(아민은 초기 "종속 이론가들dependent theorists" 중의 한 사람이다), 경제적·정치적 수준에서 다-중심권적 세계 체제를 확립해야 한다고 그는 주장하였다. 이런 생각에 바탕하여 아민은 글로벌하고 국제적인 기관과 구조의 급진적 개혁을 제안한다. 그의 제안 중 일부는 다음과 같다. 지구의 주요 자연 자원의 계획적 이용과 원자재의 가격 결정을 위한 세계무역기구의 개혁, 소외된 지역을 선호하는 무역 규제, 과도한 재정/저축을 주변 국가들의 생산적 투자로 사용하기, 환율의 상대적 안정을 보장하기 위해 국제적 금융 체제를 권역별 금융 체제로 바꾸기, 국제통화기금을 세계중앙은행으로 바꾸기, 유엔의 민주화, 임금 대신에 시민 모두에게 보장되는 시민소득제의 채택, 세계적으로 통일된 세금 제도, 세계의회의 설립 등이다.Amin, 1997

물론 다른 형태의 세계주의를 주장하는 글로벌주의자들이 있다. 예를 들어, 하버마스2001 역시 경제가 글로벌화되었고, 민족국가의 시대가 끝났다는 아민의 주장에 동의한다. 그렇지만 하버마스가 보기에 진짜 문제는 글로벌화된 경제와 여전히 민족-국가에 토대를 두고 있는 정치 사이의 불협화음이다. 다시 말하면 정치가 글로벌한 경제를 따라가지 못하고 있는 것이다. 따라서 우리에게 당면해 있는 긴급한 이슈는 정치를 글로벌화하는 것이라고 하버마스는 주장한다. 우리가 직면하고 있는, 그리고 해답을 요구하는 핵심적 질문은 "시민사회와 점점 더 커진 체제의 정치적 공적 영역이 세계시민적 연대의식을 신장시킬 수 있는가이다."같은 책: 55 그러므로 하버마스가 제안하는 "초국적 정치supernational politics"는 민족적 시민 대신에 글로벌 시민에 터전을 두어야 하고, 그리고 민족주의 대신에 세계시민의식을 증진하는 것이어야 한다.

이처럼 하버마스는 글로벌적 정치의 필요성에 찬성하지만, 그러나 그는 세계국가의 조직화된 형태로서의 글로벌 정부global government의 설립에 대해서는 반대 입장을 취한다. 그 대신에 그가 대안으로서 구상하는 것은 각 지역의 통치에 최대한 자유를 부여하는, 느슨하게 짜인 글로벌 지배구조/통치global governance로 이는 다양성과 차이성이 번창하고, 이전 주권 국가들의 자율성, 개별성, 특수성이 고려되는 지배구조/통치이다.같은 책: 56 이를 보면, 하버마스가 제안하는 프로젝트의 초점은 정부를 개혁하는 데 있지 않다. 오히려 "이 프로젝트를 위한 제1의 주소는 정부가 아니다. 오히려 제1의 주소는 사회운동과 비정부 기관들, 즉 국가의 경계선을 넘어서는 시민사회의 적극적 구성원들이다."라고 그는 주장한다.같은 책 이런 그의 제안은 좀 애매모호하게 보이기도 하지만, 하버마스는 유럽연합European Union/EU이 이런 제안의 방향으로 가는 한 사례이고, 따라서 미래를 위한 중요한 역사적 실험이라고 본다.

위에서 본 것처럼, 글로벌주의자 가운데에는 아민 같은 경제적 글로벌주의자와 하버마스 같은 정치적 글로벌주의자가 있다. 그러나 이들이 공유하는 것은 신자유주의적 글로벌 자본주의에 대항하는 대안적 체제가 글로벌해야 한다는 견해이다. 그런데, 글로벌적 접근이 가진 핵심적 문제는 실현 가능성feasibility이다. 국가 간의 권력 불균형, 그리고 부유한 나라와 가난한 나라 간의 엄청난 부의 차이를 감안하면, 글로벌 모델은 거의 불가능하다고 보는 사람들이 있다. 글로벌주의자들이 부딪히는 또 다른 문제나 비판은 보편주의의 이슈이다(이후에 상술할 것이다). 이 이슈는 과연 모든 사람들이 받아들일 수 있는 글로벌 모델을 만들 수 있느냐는 문제이다. 그리고 그 모델을 만들 수 있다고 해도, 문제는 그 글로벌 체제가 결국은 한쪽의 가치를 다른 사람들에게 강요하는 것으로 되지 않을까 하는 점이다.

지역주의자: 자급자족 경제와 땅의 민주주의

이 입장의 지지자는 글로벌 자본주의는 개량의 수준을 넘어서기 때문에 기존의 글로벌 자본주의를 수리하거나 향상하는 것을 신뢰하지 않는다. 자본주의가 이윤에 기반을 둔 생산에 기초하고 있고, 이윤이 생산을 위한 동기로 작용하는 한, 지역주의자들은 자본주의가 계속 착취와 불평등을 야기할 것이라고 본다. 지역주의자들은 글로벌 자본주의는 개량이나 수리보다는 해체되거나 대체되어야 한다고 보는 점에서 위의 글로벌주의자의 생각에 동의한다. 그러나 그들은 현재의 글로벌 자본주의를 다른 글로벌 체제로 대체하는 것에 대해 신뢰하지 않는다. 대신에, 그들은 지역화localization가 대안이라고 믿는다. 간단히 말해, 이것은 기본적으로 반세계화이고, 반자본주의의 입장이다.

마리아 미즈Maria Mies[1986]는 지역 중심적 대안을 옹호하는 좋은 사례를 제시한다. 미즈에 따르면, 글로벌 자본주의에 대한 대안적 사회 체제는 자급자족적 경제 체제이다. 이런 자급자족 경제autarchy economy[5]는 작은 규모의 지역적 농장들로 이루어진, 그 지역의 필요를 자급하는 체제이다. 정통 마르크스주의 경제학 이론과 달리, 미즈는 자본주의 생산 과정은 비임금 노동자들—여성, 식민지 그리고 농민—에 대한 초착취super-exploitation라고 보고, 이런 바탕 위에 임금 노동의 착취가 자행되고 있다고 보았다. 미즈는 생명의 생산, 즉 비임금 노동자들이 담당하는 생존 생산이 자본주의의 영구적 토대perennial basis이고, 그리고 이 토대 위에서 자본주의의 생산 노동이 축적되고 착취된다고 주장하였다. 바로 이것이 로자 룩셈부르크Rosa Luxemburg 주장의 핵심이었다. 그러므로 미즈는 다음의 세 가지는 서로 연계되어 있다고 주장한다.

1. 자연에 대한 인간의 착취와 지배
2. 유럽에서의 여성 종속
3. 다른 땅과 사람들의 정복과 식민화

이들 세 문제는 다른 것들이 아니고, 모두 자본주의의 본질적 요소로서 연계되어 있다. 그러므로 미즈에 따르면, 그 해결책은 생산 양식

mode of production의 변화에 있다. 대안적 체제는 교환exchange을 위한 생산이 아닌 "이용use"을 위한 상품의 생산, 그리고 이윤을 위한 생산이 아닌 "생명life"을 위한 생산에 기초해야 한다.

반다나 시바Vandana Shiva, 2005는 지역 중심적 접근에 생태-민주주의 eco-democracy를 추가한다. 시바는 생산이 교환이 아닌 이용을 위한, 이윤을 위한 것이 아닌 생명을 위한 것이어야 한다는 점에서 미즈와 비슷하다. 그러나 생명을 위한 생산이라는 시바의 사상은 인간을 넘어 확장된 것이다. 그녀는 생명을 인간, 동물, 식물 그리고 지구상의 모든 생명으로 확장한다. 모국인 인도와 다른 나라에서의 활동가적 작업을 바탕으로 그녀는 "땅의 민주주의earth democracy"[6]를 하나의 해결책으로 제안한다. 땅의 민주주의란 개념은 원시시대의 세계관과 동시에 평화, 정의, 지속가능성을 위한, 최근에 등장한 정치적 운동과도 같은 관점이다. 그녀는 땅의 민주주의가 "우리의 공통된 인간성과 모든 생명과의 일체감unity을 주장하는 것"같은 책: 8이라고 정의한다.

시바는 지역 중심적 접근에 생태학과 자원 민주주의를 추가할 뿐 아니라, 자원 갈등과 생태를 글로벌 갈등의 원천으로 본다. 그녀에 따르면 생태 운동ecology movement은 그냥 환경을 보호하는 것이 아니다. 그녀는 환경적 이슈가 갈등, 민주주의, 평화 그리고 안보와 관련되어 있다고 주장한다. 환경의 핵심적 이슈는 글로벌 수준에서의 자원 전쟁에 있다. 그녀는 "제3세계에서의 생태 운동은 부유한 사람들의 사치가 아니다. 그것은 시장경제로 인해 생존의 위험에 처하게 되고, 시장경제의 확장으로 위협을 받는 다수 사람들을 위한 생존의 명령이다." 같은 책: 49라고 주장한다.

그러므로 시바는 테러리즘과 근본주의의 등장이 종교적 차이나 문화적 충돌 때문이 아니라, 자원의 불평등한 분배 때문이라고 주장한다. 게다가 시바는 글로벌적 접근이냐, 지역 중심적 접근이냐의 선택은 허위적 이분법이라고 강조하였다. 왜냐하면 "땅의 민주주의는 특수적인 것을 보편적인 것에, 다양한 것을 공통적인 것에, 지역적인 것을 글로벌한 것에 연결시키기"^{같은 책: 1} 때문이다. 한편, 그녀는 "강한 민족적, 그리고 글로벌 민주주의는 강력한 지역 민주주의의 토대 위에서만 건설될 수 있다."^{같은 책: 84}라고 말함으로써 지역 민주주의에 더 강조점을 두고 있는 듯하다. 그런 의미에서 시바는 "글로벌-로컬적/세방적世方的, glo-cal"옹호자의 입장으로 보인다.

요약하면, 지역주의 접근은 지역들의 필요가 지역 경제에 의해 가장 잘 충족된다는 신념에 기반하고 있다. 또한 이 접근은 다양성과 차이성은 매우 소중한 요소이고, 따라서 보편적 이념이나 글로벌 이념에 의해 희생되어서는 안 되는 것이라고 본다. 게다가 일부 지역중심주의자들—모두가 그런 것은 아니지만—은 교환가치와 이윤을 위한 생산 방식에 근본적으로 도전하고 거부함으로써 자본주의를 비판하고 있다. 그런 의미에서 나는 그들이 다른 사람—예, 글로벌 사회주의자들—보다 더 급진적이라고 본다.

공과 사의 혼합경제

이상에서 나는 글로벌 자본주의에 대한 세 가지 대안적 모델을 제시했다. 첫째는 글로벌 자본주의를 개혁하는 것이다. 둘째는 그것을 글로벌 사회주의로 대체하는 것이다. 그리고 셋째는 그것을 생존의 생산을 위해 지역경제 체제로 대체하는 것이다. 그러나 이 세 가지를 미래를 위한 대안이라고 보지 않는 사람들도 있다. 이들은 새로운 종류의 체제를 제안하려는 의도를 가지고 있다. 이 입장 속에는 여러 가지 견해들이 있으나, 나는 에릭 홉스봄Eric Hobsbawm 2009이 제안한 혼합경제론에 초점을 두고자 한다. 그는 사회주의와 자본주의는 모두 실패했고, 그리고 미래는 공과 사가 혼합된 방식의 경제에 있다고 주장한다. 그러나 이때 주의할 것은 그가 사회주의나 자본주의의 "이론들"을 가리키는 것이 아니다. 다시 말해 이론으로서 사회주의와 자본주의의 실패를 말하는 것이 아니라는 점이다. 홉스봄은 우리가 20세기에 실험했던 "현존하는" 현실의 사회주의와 자본주의를 거론하고 있다.

홉스봄에 따르면, 지금까지 우리가 실현하려고 했던 것은 "절대적인 형태pure form"의 사회주의와 자본주의이다. 그 하나는 소비에트 유형의 중앙집권적 국가-주도적 경제였고, 다른 것은 완전히 제한받지 않고, 통제되지 않는 자유시장 자본주의 경제였다. 이들 두 모델은 역사에서 사라졌고, 그리고 더 이상 실현 가능하지 않다. 소비에트 유형의 사회주의는 1980년대에 붕괴되었고, 자유시장 자본주의는 바로 지금 붕괴되고 있다. 홉스봄은 현재의 세계 위기는 글로벌 자본주의 역사상 최대의 위기이고, 이는 자유시장 자본주의의 종말을 예고하는 것이라고 주장한다. 그는 우리가 자본주의뿐 아니라, 사회주의의 기반이었던 "최대의 경제적 성장과 상업적 경쟁"이라는 지배 이데올로기를 변화시킬 필요가 있다고 주장한다. 그러므로 홉스봄에 따르면, 미래를 위한 대안은 "공과 사가 어떤 식으로든지 함께 묶여진 혼합경제mixed economy"이다. 공과 사를 어떻게 묶을 것인가는 우리가 풀어야 할 과제이다. 그러나 그는 혼합경제를 위한 지도 원리로서 "집단적 사회의 향상을 목적으로 하는 공익적 결정"을 제안한다. 그에 따르면, 이는 자유시장에서 공적이고 비이윤적인 기업으로의 이동/변화를 의미한다.

이와 비슷한 접근을 옹호하는 또 다른 사람들이 있다. 예를 들어 보울스와 긴티스[2001] 역시 이런 입장을 옹호한다. 그들은 자본주의에 대한 더 좋은 대안으로서 "시장과 정부정책으로 조정되는, 민주적으로 운영되고 피고용인이 소유하는 기업의 체제"[같은 책: 21]를 구상한다. 혼합경제의 접근은 다른 접근들과 유사하고 중복되는 면이 있다. 예를 들어, 사적 재산과 소비라는 지배적 전제를 비판하고 거부한다는 면에서 혼합경제 접근은 지역주의자와 같은 입장이라고 할 수 있다. 사적 경제와 공적 경제를 결합하는 접근은 일부 사람들에게 더 잘 받아들여질 수 있다. 사적 시장의 전면적 폐지 같은 급진적 변혁을 요구하지 않기에 이 접근은 다른 대안보다 실현 가능성이 높아 보일 수 있다. 이렇게 이해한다면 공과 사의 혼합 체제는 복지자본주의와 사회민주주의와 같은 것으로 보일 수도 있다. 그러나 홉스봄에 관한 한, 혼합경제 모델은 자본주의도, 사회주의도 아니므로, 그것은 복지자본주의와 사회민주주의와는 다른 것이어야 한다. 그리고 그는 아직 우리가 어떻게 공과 사를 결합해야 하는지는 알지 못한다고 믿고 있다.

논쟁점과 이슈

위의 네 가지 모델 중, 첫 번째 "개선주의"만 자본주의 안에서 해결책을 찾으려는 입장이다. 나머지 모델들은 무엇으로 바꿀 것인지는 다르지만, 자본주의를 다른 것으로 교체하자는 입장이다. 당연히 내가 여기에 포함시키지 못한 다른 접근들이 분명 있을 것이다. 또 어떤 접근은 중첩되거나 중간의 위치에 있을 수도 있다. 위의 논의가 제한적이었음에도 불구하고, 이런 대안적 모델 간에 몇 가지 근본적이고 중요한 논쟁점들이 있다는 것을 볼 수 있다. 그중 나는 네 가지 논쟁/이슈에 초점을 맞춰 간략하게 논의하겠다. 이들 논쟁은 기본적으로 5장에서 논평한 세계화 교육에 대한 대안적 모델 논쟁과 기본적으로 같다.

첫 번째는 로컬적인 것과 글로벌적인 것 간의 논쟁이다. 스펙트럼의 한쪽 끝에는 지역 중심으로 가야 한다는, 즉 지속가능성sustainability 을 지향하는 자급자족적 경제 체제로 가야 한다는 견해가 있다. 스펙트럼의 다른 끝에는 세계화를 거부하지 말고 다른 종류의 글로벌 체제—글로벌 사회주의와 같은—로 발전시키자는 제안이 있다. 이전의 장에서 본 대로, 이런 로컬 중심/글로벌 중심의 분할은 비판적 교육 그리고 교육의 대안적 모델에도 반영되어 있다.

두 번째의 논쟁점은 국가와 시민사회 간의 대립이다. 한쪽은 변화의 표적/대상은 "국가"를 변혁하는 것이라고 믿는 반면, 다른 한쪽은 "시민사회"의 변화와 혁신을 촉구한다. 이 차이는 사회운동의 형태와 조직에 영향을 미치기 때문에 매우 중요하다. 국가를 중심으로 변혁을 시도하는 쪽은 대체로 정당 주도의, 조직화된, 중앙집중적 투쟁을 선호한다. 반면 시민사회를 지향하는 쪽은 탈중심적인, 비위계적인, 분산된 형태와 전술을 가진 자발적 풀뿌리 운동을 옹호하는 경향이 있다. 달리 말하면, 시민사회 지향 입장은 지역화된 상향적 접근을 선호하고, 국가와 하향식 해결에 비판적이고 회의적인 경향을 보인다. 최근에는 상향식 접근과 시민사회 입장이 페미니스트와 사회활동가들 사이에 가장 인기가 있는 것 같다. 비정부기구의 이념도 원래는 이런 입장에서 출발한 것이었는데, 그 후 실제로는 비정부기구와 비영리단체는 자본주의 체제에 통합되어 자본주의 체제의 보완적 역할을 하게 되었다.Tang, 2005

세 번째는 권력에 대한 논쟁이다. 신사회운동 내에서의 가장 중요한 논의의 하나는 권력에 대한 것이다. 즉 국가권력을 장악하느냐 마느냐에 대한 논쟁이다. 존 홀로웨이John Holloway 2002가 『권력을 장악하지 않고 세상을 변화시켜라Change the World Without Taking Power』라는 책을 출간한 이래, 신사회운동이 어떻게 사회 변화를 촉진해야 하느냐에 대한 진지하고 활발한 논쟁이 있어왔다. 홀로웨이는 권력을 잡지 않는 지역적이고 풀뿌리적 접근을 지지하였지만, 이 접근에 큰 우려를 갖고 있는 사람들도 있다. 예를 들어, 필 헐스Phil Hearse 2007는 홀로웨이의 접근을 비판하고, 책 제목대로 『세계를 변화시키기 위해서는 권력을 잡아라』라고 주장하였다.

마지막으로 네 번째는 보편주의와 특수주의 간의 대립이다. 신사회운동은 정체성 정치와 단일한 이슈 지향 운동과 같은 특수주의적 정치particularistic politics[7]에 맞추어졌다. 이 운동은 이전에 진술한 대로,

보편주의에 대한 저항이다. 이와 다른 입장의 사람들은 차이의 정치가 분열적이라며, 보편주의에 기반을 둔 정치와 운동을 추구해야 한다고 주장한다. 우리는 이런 동일한 논쟁을 비판적 교육에서 보았다. 앞 장에서 이 논쟁을 이미 논의했기에, 여기에서는 그것을 반복하기보다는 이 이슈에 대한 몇 가지 이론적 논쟁을 아주 간단히 추가하도록 하겠다.

보편주의 혹은 보편적 진리의 이슈는 사회철학과 인식론의 핵심적 이슈이다. 사실 이 이슈에 대해 독일 철학자들(하버마스와 같은)과 프랑스 탈구조주의자들(푸코와 리오타르와 같은)은 대립적 입장에 서 있다. 하버마스[2001]는 진리의 죽음—임마누엘 칸트가 선언했던—이후에 우리는 어디로 가고 있는가라고 질문한다. 그는 기본적으로 세 가지 선택—상대주의, 지역 결정론, 다양성/다문화적 차이—이 있다고 본다. 하버마스는 거대 이론의 죽음을 주장하며 국지적local 지식에 안착하는 프랑스 탈구조주의의 입장에 동의하지 않는다—특별히 리오타르를 염두에 두고 한 말이다. 그래서 하버마스에게 질문은 어떻게 보편주의로부터 전체주의적이고 식민주의적인 경향/위험을 감당하지 않고 무엇을 구해낼 수 있을 것인가? 우리가 잘 알고 있는 대로, 그는 그 해답을 의사소통적 행동communicative action과 합리성rationality을 통해 찾으려고 노력했다. 그리고 월러스틴도 보편적 진리들을 찾을 수 있다고 믿는다는 점에서 하버마스와 비슷하다. 하지만, 월러스틴은 유럽 보편주의의 시대는 끝났으며, 이제 하나의 가능한 대안은 "보편적 보편주의의 네트워크와 상당히 닮아 있는, 보편주의의 다수성/다양성multiplicity of universalism"[Wallerstein, 2006: 84]에 있다고 주장한다.

비판적 교수학을 위한 시사점

사회의 대안적 모델에 대한 논의를 마치면서, 나는 또다시 이 주제가 얼마나 거대한 것인지, 그리고 나의 분석이 얼마나 한계가 있는지를 자각하게 된다. 나의 한계에도 불구하고, 나는 대안적 사회 형태에 대한 몇 가지 이론을 제시하려고 노력하였다. 이 장을 마치면서, 나는 우리가 대안적 사회 체제에 대한 위의 논의에서 도출할 수 있는 시사점 몇 가지를 간략하게 언급하려고 한다. 주목할 사항 하나는 비판적 교수학의 정치가 신사회운동과 신좌파의 정치와 상당히 흡사하다는 점이다. 우리는 비판적 교수학이 신좌파와 동일한 전략과 정치적 입장을 공유하고 있음을 본다. 문화에 대한 집중된 관심, 정체성과 다자성의 강조, 체제의 변혁보다 개인적 혁신에 초점을 두는 것, 지역주의의 선호, 국가에 대한 불신과 시민사회의 옹호, 참여적/풀뿌리 민주주의의 강조, 반권위적 구조의 원리 등이 그것이다. 나는 이 장에서의 논평이 비판적 교수학의 일반적인 정치적 입장을 이해하는 데 도움이 되었기를 기대한다.

또 다른 하나는, 위에서 보았듯이 논쟁점과 이슈가 대안적 교육과 대안적 사회에서 거의 동일하다는 점이다. 양자에서 지역주의와 글로벌주의, 보편주의와 특수주의 사이에 동일한 논쟁을 보게 된다. 물론 이는 당연한 것인데, 왜냐하면 비판적 교육은 비판적 사회 이론의 한 하위 분야이고, 따라서 사회 이론의 이론과 이슈에 의해 영향을 받기 때문이다. 또한 비판적 교육자들은 비판적 사회 이론들이 지적한 이슈들, 생산주의와 개발주의에 대해 제기된 비판, 과학에 대한 회의와 비판, 그리고 민주주의에 대한 재고 등으로부터 배울 여지가 많다고 본다. 대안적 교육을 추구하면서 이들 이슈를 더 진지하게 다룬다면, 나는 그것이 우리에게 도움을 줄 것이라고 생각한다.

이 장을 마치면서, 비판적 교육자의 입장이 하나의 대안적 사회 모델이나 접근에 맞지 않을 수도 있다. 하나의 모델만을 선택할 필요가 없을지도 모른다. 말할 나위도 없이, 사회 변화는 우리가 의도한 대로 혹은 구상한 대로 그대로 일어나지 않는다. 게다가 나는 교육자가 사회를 변화시키는 데 있어 제한된 권력과 역할만을 갖고 있다고 본다. 하지만, 우리가 비판적 교수학과 비판적 교육이 사회 변화의 행위 주체라고 주장한다면, 나는 우리가 어떤 종류의 사회를 추구하고 상상하는지를 적어도 한번쯤은 곰곰이 생각해보아야 한다고 본다. 우리가 교육의 지엽적인 것에 정신이 팔려 이런 질문을 망각하기가 쉽기에 더욱 그렇다. 그러므로 이 커다란 질문을 마음에 담아두고 계속해서 생각해보는 것이 중요하다고 본다. 종국적으로, 우리는 어디로 향하고 싶은가, 즉 "그곳"은 비판적 교육자에게 던져진 가장 중요한 질문이다.

1 '유모 국가nanny state'는 정부나 그 정책이 개인의 선택을 가지고 지나치게 보호적이
거나 과도하게 간섭하는 관점을 갖는 국가정책을 비판할 때 흔히 사용된다. 영국에
서 처음으로 사용되었다. 정부를 아이들 양육에 있어 "유모nanny"의 역할에 비유한
것에서 비롯된 것이다. 기본적으로 '어린이들'의 필요에 책임을 지고 통제하고, 심지
어 재정을 지원하는 사회주의 국가의 실천이 권위주의적이고, 간섭적이고, 지나치
게 보호적이라는 것이다. 복지국가를 대표하는 일부 나라의 운영구조는 공공의료,
안전 대책 등에 있어 그런 경향을 보여준다는 것이다.

2 "사회적 자본"은 사회 구성원들이 힘을 합쳐 공동 목표를 효율적으로 추구할 수 있
게 하는 자본을 이르는 말이다. 사람과 사람 사이의 협력과 사회적 거래를 촉진하
는 일체의 신뢰, 규범 등 사회적 자산을 포괄하여 말한다. 사회적 자본은 종전의
인적, 물적 자본에 대응되는 개념으로 사회 구성원들이 공동의 문제를 해결하는
데 적극적으로 참여하는 사회의 조건 또는 특성을 지칭한다. 이것은 사회 구성원
들이 힘을 합쳐 공동목표를 효율적으로 추구할 수 있게 하는 사회생활의 특성으
로서 공동이익을 위한 상호 조정과 협력을 촉진하는 사회적 조직의 특성이라고도
정의할 수도 있다. 여기서 사회생활 또는 사회적 조직의 특성이란 상호 신뢰, 친사
회적 규범 그리고 협력적 네트워크이다. 이러한 특성들이 사회적 자본의 핵심적 구
성 요소이다.

3 국가-사회 간의 시너지state-society synergy를 줄인 말로서 정부와 사회적 자본의 관
계의 동반 상승효과를 말한다. 발전에 대한 더욱 포괄적인 제도적 전망을 지향하
는 최근의 운동은 발전 이론을 협소하게 하는 두 가지 독특한 도전에 의해 고무되
고 있다. 첫째, 사회적 자본 이론가들은 자신들이 기반하고 있는 신뢰의 규범과 인
간 상호 간의 네트워크가 경제적 자산을 구성하고 있는 정도를 부각시키고 있다.
둘째, 동아시아 신비를 말한 수정주의 이론가들은 자본주의적 발전에서 공적 제도
의 중심적 역할을 강조하였다. 에반스P. Evans는 공유된 발달 프로젝트에서 국가와
시민사회를 연결시키는 관계의 잠재적 역할을 검토함으로써 두 분리된 전통을 조
화시키는 시도를 하고 있다. 능동적 정부와 결집된 공동체가 서로의 발달적 노력을
증진시키고 "국가-사회의 시너지"를 창출하는 사례로 러시아, 중국, 멕시코, 브라
질, 대만, 그리고 인도의 예를 들고 있다.

4 "시민사회"는 가정, 국가, 그리고 시장 외부에 있는 사람들이 공동의 이익을 증진하
기 위해 결합하는 영역이다. 시민사회를 정부와 기업과 구별되는 '제3의 영역'이라
고 가리킨다. 시민사회는 그것의 공적 영역이 중요한데, 때때로 가정을 시민사회의
사적 영역을 포함시키기도 한다. 시민사회는 첫째, 시민의 이익과 의지를 표명하는
비정부기구와 기관의 집합체, 둘째 정부와 독립적인 사회에 존재하는 개인과 기관
으로 정의될 수 있다. 때때로 이 용어는 더 일반적인 의미로 민주주의 사회를 구성
하는 표현의 자유, 독립적 재판과 같은 요소로 사용된다. 자원봉사활동은 종종 시

민사회를 구성하는, NGO나 NPO로 불리는 기구의 특징으로 생각된다.

5 생활에 필요한 물건을 각자 직접 만들어 사용하는 방식을 "자급자족 경제autarchy, autarky"라고 한다. 영국 인디펜던트지는 그리스 정치인들이 국가적 위기 해결을 위해 안간힘 쓰는 동안, 국민들은 먹고살기 위해 시계를 거꾸로 돌려 '자급자족 경제' 시대로 되돌아가고 있다고 보도한 바 있다. 자급자족 경제는 인류의 문명 발달과 획을 같이한다. 자급자족은 생산자가 스스로의 소비를 위해 생산하는 것이기 때문에 필요 이상으로 많이 생산할 필요는 없었지만, 필요로 하는 다양한 품목들은 모두 직접 생산해야만 했다. 자급자족 경제는 한 사람이 자신에게 필요한 모든 것을 스스로 생산하므로 생산자는 물건 하나를 생산하더라도 생산의 모든 과정에 관여해야 한다. 이 때문에 개인의 역량이 한곳에 집중하지 못하고 분산되어 생산성이 떨어진다. 그래서 여러 명이 나눠서 일을 하는 분업divisin of labour이 발달하였다. 분업에 의한 생산성의 향상을 더욱 발전시킨 대표적인 사례가 "포드 시스템(대량생산 시스템, 표준화, 이동식 조립법)"이다. 그런데 최근 재정위기로 국가경제가 사실상 와해된 그리스에서 생존을 위한 탈도시 귀농 인구가 급증하고 있다. 내 손으로 직접 농작물과 가축을 키워 식생활이나마 해결해보려는 발버둥인 셈이다.

6 글로벌 정의를 위한 투쟁에서 지도적 목소리를 내고 있는 『지구 민주주의earth democracy』의 저자, 시바는 세계적으로 알려진 환경운동가이고 물리학자이다. 시바는 유전 식량 공학, 문화 절도 그리고 자연자원의 민영화에 대한 대항을 근본주의 부상, 여성에 대한 폭력, 지구적 죽음과 연결지어 적발하는 등 국제적 관심을 불러일으키는 투쟁을 알리고 있다. 공동적인 것을 요청하고 지구 자원을 무상으로 공유하며 포용, 비폭력에 기반을 둔 투쟁은 세계 방방곡곡의 거리, 가정, 농장에 일어나고 있다. 지구 민주주의를 요청하는 시바의 이러한 이상은 평화에 대한 긴급한 요청과 정의롭고 지속 가능한 미래를 위한 기반으로서 기여할 것이다.

7 "특수주의적 정치" 또는 "정치적 특수주의political particularism"는 국가의 큰 이익보다는 작은 이익에 호소함으로써 자신들의 경력을 확대하고자 하는 정책 결정자의 능력이다. 종종 보편적 권리를 우선시하는 집단 정체성의 정치를 반대하는 입장을 가지고 있고, 그래서 소수자의 권리나 어떤 다른 종류의 타자의 권리를 옹호하는 특징을 갖고 있다. 특수주의에서 정치의 결정적 요소는 보편적 권리를 강조하고, 종교와 정부 그리고 종교와 인종적 관용을 분리하는 정치적 다원주의의 이념과 가치 대신에, 이들 결속에 의해 정의되는 종교적이고 인종적인 정체성과 공동체의 이익이 된다.

제7장
비판적 교수학의 전망과 과제

내가 말하고 있는 것은 너무 불가능한 일이고, 그것은 도저히 사실일 수가 없습니다. 그러나 이런 불가능한 일들만이 세상이 살아남을 수 있는 유일한 길입니다. 내가 할 일은 50억의 세상 사람들을 다른 무엇으로 바꾸는 일입니다. 물론 그것은 완전히 불가능한 일입니다. 하지만 모든 가능한 것들은 이미 시도되었고, 그래서 나는 불가능한 것들을 시도해야만 합니다. 그리고 내가 불가능한 것들을 시도하고, 그것이 성공할 때 내 마음이 뿌듯해지는데, 왜냐하면 내가 허튼 짓을 하고 있지는 않다는 걸 알게 되기 때문이죠.

Szwed, 『우주가 공간이다: 쎈 라Sun Ra의 삶과 시간』, 1997: 295.[1]

변화 주체의 한계

지금까지 나는 비판적 교수학에 대한 체계적 분석을 해왔다. 이 책의 초점은 "가능성의 언어"에 대한 여러 이론들을 분석하고, 비판적 교수학이 제시한 대안적 프로젝트를 비판적으로 검토하고, 더 나은 대안적 교육의 방향을 제안하는 것이었다. 비판적 교수학은 사회에 영향을 미치고 사회를 변화시키겠다고 주창하지만, 나는 비판적 교수학의 주류 담론에 내재해 있는 한계들이 사회 변화의 가능성을 제약하고 있다고 주장하였다. 이런 이유로 인해, 나는 현 상태로서의 비판적 교수학은 사회를 변화시키기보다는 기껏해야 향상시킬 뿐이라는 주장을 했다. 아래에서는, 내가 주장하는 비판적 교수학의 한계, 즉 "가능성의 언어"의 모색에 한계를 보여주는 비판적 교수학 내의 주요 경향, 문제점을 간략히 정리하여 제시하려고 한다. 아래에서 지적되는 한계와 문제점들은 비판적 교수학에만 해당되는 것은 아니고, 비판적 교육 전반에 내재되어 있을 것이다.

첫 번째의 문제점은 비판적 교수학의 "탈정치화" 경향이다. 비판적 교수학은 때로 혼란스러울 정도로 다양한 관점들을 가진 광범위한 분야이다. 따라서 우선 비판적 교수학이 무엇인지를 정확하게 밝힐 필요가 있다. 특히 비판적 교수학에 대한 탈정치화된 관점이 있기 때문에 더욱 그러하다. 프레이리의 교육학이 종종 탈정치화된 교수 기법으로 이용됨에 따라 비판적 교수학을 단순히 교수법으로 이해하는 경향이 있다. 내가 만약 비판적 교수학의 가장 중요한 개념을 선택한다면, 그것은 "권력power"일 것이다. 물론 권력은 복잡한 개념이고, 그것에 대한 여러 다른 개념화와 접근 방식이 있다. 그러나 어떤 사람이 권력을 이해하지 못하거나 권력의 복잡한 역동성을 비판적 교수학에 포함시키지 않는다면, 그 사람은 "좋은"교수학을 거론하는 것일지언정, 그것은 "비판적 교수학"이라고 할 수 없다. 비판적 교수학은 본질적으로 정치적 프로젝트이고, 그래서 본질적으로 권력에 관한 것인데, 이런 간명한 사실이 놀랍게도 일부 사람들에게는 분명치 않아 보인다. 모든 비판적 교수학자들이 탈정치화되었다고 시사하는 것이 아니라, 비판적 교수학에 정치적 요소를 재강조하고 재이입해야 한다는 것이 나의 주장이다.

두 번째 문제점은 위의 탈정치화와 관련되어 있는 것으로 비판적 교수학 내의 자유주의적/개량주의적 경향이다. 이는 특히 비판적 교수학이 추구하는 최종 목표에 나타난다. 비판적 교수학에서 사회 변화, 사회 변혁, 해방, 자유, 민주주의, 평등, 다양성, 사회정의와 같은 개념들이 흔히 거론된다. 그런데 이들 이념은 최근 우파에 의해 오염되었고(예를 들어, 평화를 위해 전쟁을 해야 한다는 주장), 시장경제에 의해 상업화(예를 들어, 다양성과 사회 변화가 광고 전략으로 쓰이는)됨으로써 그것을 액면 그대로 받아들이기가 어려워졌다. 이런 오염된 이슈를 제쳐놓더라도, 이 이념들은 많은 방식에서 자유주의적으로, 급진적으로, 그리고 그 사이에 있는 것으로 해석될 수 있는 추상적 개념이다. 나의 경험에 따르면, 비판적 교수학은 상당히 자유주의적 편향을 보이고 있다. 자유주의적 관점에서 보면, 비판적 교수학은 권력의 공유, 차별의 감소, 평등/동등한 기회의 구현 등에 관한 것이 된다. 달리 말해, 자유주의적 관점의 비판적 교수학은 그 표적을 권력구조 그 자체가 아니라, 권력을 가진 사람들에게 맞추게 된다. 이런 자유주의 경향 때문에 비판적 교수학의 목표는 대부분 체제의 해체가 아니라 체제를 개선·향상하는 것에 머물렀다.

세 번째 문제점은 도덕주의moralism이다. 여기서 도덕주의의 의미는 비판적 교수학을 기본적으로 도덕적 프로젝트—올바른 일을 하는 것—라고 이해하는 경향을 지칭한다. 달리 말하면, 교육의 핵심적 이슈를—그리고 사회 전체의 이슈도—도덕적/윤리적 문제라고 이해하고 정의한다. 이런 시각으로 보면, 비판적 교수학은 본질적으로 도덕화 프로젝트이며, 특히 개인들을 도덕적으로 만드는 것이 된다. 도덕주의는 다소 까다로운 주제이다. 물론 비판적 교수학이 정치적 프로젝트이기에 불가피하게 도덕성을 포함한다. 그러나 도덕적인moral 것과 도덕주의적인moralistic 것에는 차이가 있다. 비판적 교수학에 때로는 암시적이고, 때로는 명시적인 하나의 가정/태도가 있다. 이는 비판적 교수학이 다른 교육학보다 더 나은 것이며, 비판적 교육자는 다른 각성되지 않은 교육자보다 더 낫고 더 각성되어 있으며, 따라서 비판적 교수학의 과제는 나머지 각성되지 않은 사람들을 각성시키는 것이라는 생각이 깔려 있다. 물론 비판적 교수학—그리고 일반적으로 가르침—은 프레이리가 보여준 "의식화"를 포함하지만, 비판적 교수학의 과제를 개인의 도덕적 변혁에 고정시키는 것은 제한적이고 위험스러운 프로젝트이다. 이런 도덕주의적/근대주의적 접근은 이미 많은 비판과 도전을 받아왔다는 것을 주목해야 한다. 특히, 탈구조주의자와 탈근대주의자의 영향을 받은 페미니스트들은 니체의 비이원론non-dualism("선과 악을 넘어서는)을 끌어들여 이원론적인 근대주의의 인식론과 도덕주의를 넘어 "진정으로" 비판적이며 권력으로부터 자유로운power-free 교수학을 제시하려고 했다. 그런데 이들의 도전이 비판적 교수학에 진정한 영향을 미쳤다고 나는 생각하지 않는다. 그 이유는 간단하다. 결국, 탈구조주의 페미니스트들 역시 비이원론적 비판적 교수학이 무엇인지,

그리고 무엇이어야 하는지를 밝히지 못했기 때문이다.

네 번째 문제점은 문화와 탈근대주의에 관한 것이다. 처음에 나는 비판적 교수학 내의 문화주의와 탈근대주의의 과잉이 문제라고 생각했었다. 그런데 진짜 문제는 너무 많은 문화와 탈근대주의가 아니라, 오히려 그것들을 잘못 이해하고 잘못 사용하는 것이라고 본다. 많은 개념들이 탈구조주의와 탈근대주의로부터 너무 쉽게 빌려와 비판적 교수학에 투입되었다. 권력의 테크놀로지, 진리의 체제regime of truth, 정복된 지식, 초/거대-서사 같은 새로운 용어들이 광범위하게 사용되었다. 이들 새로운 개념과 용어에 문제가 있는 것은 아니다. 내가 생각하기에 진짜 문제는 이런 강력한, 그러나 복잡한 개념들과 이론들이 종종 잘못 이해되고, 피상적으로 적용되고 있다는 것이다. 그래서 결국 탈근대주의들의 주장과는 달리 비판적 교수학은 탈근대주의로부터 나온 강력한 아이디어들을 제대로 통합할 수가 없었다.

다섯 번째의 문제는 비판적 교수학이 교육자가 직접적으로 영향을 미칠 수 있는 미시적 수준—즉, 개인, 교실, 가르침—에 초점을 두는 것이다. 비판적 교육자가 오직 미시-중심적 교수학과 정치만을 촉구하여 왔다고 말하려는 것은 아니다. 내가 보기에는 많은 비판적 교육자들은 체제의 문제를 인식하고 있을 뿐 아니라, 체제의 더욱 근본적 변화를 바라고 있다. 하지만 그러한 체제의 변화를 위해 요구되는 엄청난 과제가 비판적 교육자에게는 버겁게 느껴질 수밖에 없다. 어떻게 우리가 체제를 변화시키는가? 자본주의를 제거하는 것이 실현 가능한 일인가? 이것들은 그들이 상상조차 하기 어려운 엄청난 일일 것이다. 그래서 비판적 교수학은 학교와 교실에 관심을 집중하였고, 거기에서 변화를 시도하려고 하였을 것이다. 이런 미시적 접근은 "가능성의 언어"를 과정process에, 즉 비판적 교수학을 실천하는 방법에 집중하도록 한다. 과정을 강조하다 보면 과정 그 자체가 대안의 목표가 되어버린다. 즉, 미시적 접근은 결국 최종 목표prize로 가는 궤도를 잃어버리게 된다. 따라서 내가 보기에, 비판적 교수학이 겨냥하는 목표는 "사회 변화"—어떻게 정의하든지—에 있어야 한다.

여섯 번째의 문제점은 지역중심주의localism[2]이다. 비판적 교수학은 지역 중심적/특수주의적 정치에 의해 근거하고 있는 편이다. 우리가 왜, 그리고 어떻게 지역주의적 정치에 이르게 되었는지는 역사적 이유/맥락이 있다. 지역주의적 민주주의에 대한 새로운 민감성은 이전의 레닌적 정치에 대한 수정적 대응이다. 그렇지만 지역주의적 정치가 오직 개인적이거나 지역적 관심으로 제한되거나 협소화된다면, 그것은 불행한 일이다. 게다가 신자유주의적 자본주의가 공적인 것(국가를 포함하여)을 약화시키는 데 성공을 거두고 있는 상황에서는 지역주의적/특수주의적 정치가 무력하거나 위험스러울 수 있다. 국가와 공적인 것에 의해 보호될 수 있고, 또 보호되어야 하는 것들은 아직도 많이 있다. 대부분의 비판적 교육자들이 "글로벌하게 생각하고, 지역적으로 행동하라Think globally, act locally"라는 대중적 슬로건을 열렬히 옹호하겠지만, 내가 보기에는 실제 비판적 교수학은 글로벌하게 생각하는 데는 아주 취약하다. 나는 지금이야말로 비판적 교수학이 글로벌 중심주의를 진지하게 다루고, 그리고 유럽적 보편주의를 넘어서는, 이매뉴얼 월러스틴Immanuel Wallerstein이 지칭한 "보편적 보편주의"를 재개념화하고 재탐구할 시의적절한 때라고 본다.Wallerstein. 2006: 84 혹은 하버마스^{Habermas, 2001}가 강조한 대로, 지금 우리에게는 "탈국가적인_{post-national}" 세계시민적 의식의 발전이 크게 요구되고 있다.

마지막으로, 일곱 번째 문제는 대안을 추구함에 있어서 비판적 교수학의 사변적이고 관념주의적 경향이다. 우선 여기서 내가 "이상주의_{idealism}"라 함은 유토피아주의나 이상적 상태의 추구라는 뜻이 아니다. 내가 의미하는 이상주의는 사실주의_{realism}/유물론_{materialism}과는 반대되는 "비유물론_{un-materialistic}"을 가리킨다. 비판적 교수학의 담론은 희망, 사랑, 민주주의, 유토피아, 돌봄과 같은 추상적이고 윤리적 이상에 몰두하고 있다. 최근에 우리는 이런 "이상_{ideals}"에 터한 저서들의 범람을 보게 된다. 이들 이상은 거부하기가 쉽지 않은, 아름다운 개념들이다. 그러나 나는 이런 이상주의적 경향은 문제가 있다고 생각한다. 비판적 교수학이 구체적인 실용적 프로젝트를 제시하지 않고 "이상"에 집중하면, 그것은 관념적이 되어버리고, 심지어 사변적/추상적_{speculative}이 된다. 이것은 그람시_{Gramsci}가 이론의 "사변적 왜곡_{speculative distortion}"이라고 불렀던 것으로, 지식이 현실과 직접적 연계가 없거나 현실에 사용되지 않을 때 일어나는 문제이다. 비판적 교수학 전체가 사변적 정치_{speculative politics}에 기반을 두고 있다는 뜻은 아니다. 다만, 내가 제안하는 것은 비판적 교수학의 약속을 구현하기 위해 우리는 비판적 교수학이 사변적/관념주의적 경향에 빠지지 않도록 경계할 필요가 있다는 점이다.

미래의 방향을 위한 스케치

학교는 어떻게 사회 변화의 주체가 될 수 있는가? 자유다원주의 liberal pluralism—자본주의 주류 이데올로기—는 평등한 권리의 향상과 차별의 폐지를 통해 현 사회 체제를 발전시키는 것이 유일한 가능성이라고 주장한다. 점점 더 강화되는 세계화와 함께 주류의 교육 패러다임이 우리에게 하는 말은 학교가 학생들을 더 잘 교육해야 하며, 그래서 우리의 국가/경제가 경쟁적인 글로벌 시장에 더 잘 경쟁할 수 있도록 해야 한다는 것이다. 종국적으로 교육은 개개의 학생들을 위한 것이므로 학생들의 필요를 충족시키고, 최선을 다해 그들을 교육하는 데 집중하자는 것이다. 그런데 학교를 통한 사회 변화라는 이상은 바람직한 이상일지 모르나, 그것은 이상과 환상에 지나지 않는다. 우리가 해야 할 일은 우리가 가지고 있는 것을 향상시키는 일이다. 이게 자유다원주의가 우리에게 하는 말이다.

그렇다면, 학교는 무엇을 할 수 있고, 또 무엇을 해야 하는가? 나는 대안적 교육을 "다-수준multi-level" 전략으로 접근하는 것이 도움이 될 것이라고 생각한다. 월러스틴Wallerstein, 2004a은 근대의 시대가 끝났고, 우리는 지금 이행의 시대에 있다고 본다. 이런 이행의 시대에서 다수의 구성 요소를 가진 전략을 발전시킬 필요가 있다고 말한다. 아래에서 설명될 그의 제안은 특별히 '세계사회포럼'을 위한 것이었으나, 교육의 대안적 비전을 모색하는 데에도 유용할 수 있다고 나는 생각한다. 월러스틴은 전략의 네 가지 구성 요소를 다음과 같이 제안하였다.

월러스틴이 추천하는 첫째의 구성 요소는 이행과 우리가 희망하는 결과에 대해 지속적이고 개방적 논의를 할 수 있는 방법을 유지하는 것이다. 비판적 교육critical education과 비판적 교수학critical pedagogy은 적어도 과거 30여 년 동안 이런 논의를 해왔다. 그리고 이 책이 교육의 대안적 비전에 대한 우리의 논의를 더욱 진전시키고 활성화하는 데 기여할 수 있기를 바란다.

전략의 두 번째 구성 요소는 단기적인 방어 조치를 마련하는 것이다. 월러스틴은 이런 방어 조치들이 "시스템을 고치기 위해서가 아니고, 부정적 결과들이 악화되는 것을 단기적으로 방지하기 위한 것이라는" 점을 강조한다.Wallerstein, 2004b: 272 우리는 신자유주의적 교육개혁에 대해 방어 조치를 구안할 수 있고, 그리고 이미 몇 가지 방어 조치가 있었다. 예를 들어 "모두를 위한 교육Education for All"이 그것이다. 내가 자유주의적 비판적 교수학이라고 부르는 진영의 제안들—예, 학생들에게 권한 부여, 학교 문화의 민주화 등—은 이런 방어 조치로서 일시적이고 방어적인 조치라는 것만 분명히 한다면, 이것이 활용될 수 있을 것이다. 우리는 이러한 전술들을 시장화와 민영화의 부정적 결과들을 최소화하는 데 이용할 수 있을 것이다. 물론 이를 말하기는 쉬워도 실행하기란 어려울 것이다. 그렇지만 우리는 이러한 조치는 체제의 수정이나 지속을 의도하는 것이 아니라는 것을 잊지 말아야 한다.

세 번째 구성 요소는 올바른 방향으로 가는 잠정적인 중간 목표를 세우는 것이다. 월러스틴에 따르면, 올바른 방향은 선택적으로, 그러나 계속 확산되는 탈상품화를 향해 가는 것이다. 마지막으로 네 번째 구성 요소는 장기적 목표/방향을 개발하는 것이다. 장기적 목표로 월러스틴은 "비교적 민주적이고 평등한 세상"Wallerstein, 2004b: 272-273을 제안한다. 내가 보기에 탈상품화와 더욱 민주적이고 평등한 세상은 대안적 교육을 위해서도 올바른 중기적·장기적 목표/방향인 것 같다. 이전의 장에서 논의되었듯이, 비판적 교육학은 신자유주의적 교육개혁에 대항한 대안적 교육을 제안해왔다. 유토피아 교육학, 휴머니스트 교육학, 지역주의 교육학, 생태교육학, 탈식민주의 교육학, 원주민의 교육학 등은 교육의 중기적·장기적 목표로서 개발될 수도 있을 것이다.

교육의 대안적 비전을 위한 중기적·장기적 목표를 설정하는 데에 절대적으로 필요한 것은 계몽주의적 근대주의와 자유주의, 즉 근대 시대의 "진리 체제regime of truth"를 반박하고 재검토하는 일이다. 푸코Foucault, 1980는 근대 서구 사회가 지닌 진리 체제의 다섯 가지 특성을 다음과 같이 규정하였다.

1. "진리"는 과학적인 담론의 형식에, 그리고 그 담론의 형식을 생산하는 기관들에 중심을 두고 있다.
2. 진리는 경제적 기여와 정치적 기여에 종속되어 있다.
3. 진리는 다양한 형태의, 광범위하게 확산되고 소비되는 물건/상품이다.
4. 진리는 소수의 정치적·경제적 기구의 지배적인 (또는 배타적인) 통제 하에서 생산되고 보급된다.
5. 진리는 거대한 정치적 논쟁과 사회적 갈등—즉, 이데올로기적 투쟁—의 중심점이다.

지식인들에게 핵심적 정치적 문제는 "진리의 권력을, 현재 그 속에서 작동하는 사회적·경제적·문화적 헤게모니로부터 분리시키는 것"이라고 푸코는 주장한다.Faucault, 1980: 133 푸코가 우리 시대의 진리 체제의 특성을 제대로 이해했다면(내가 보기에는 그렇다), 이것의 의미는 지식을 경제적 연관으로부터 '분리시키지 않으면', 그리고 과학적 담론에 '도전하지 않으면', 우리가 대안적 교육을 위해 장기적 목표를 세울 수 없다는 것이다. 그리고 그동안 실제 우리는 진리의 체제, 특히 경제적 연계성과 과학적 담론에 도전해왔다는 것을 덧붙일 필요가 있다. 그리고 아주 간단히 보면 이것은 바로 탈구조주의와 탈근대주의와 관련된 것이다.

그러나 나는 푸코의 근/현대적 진리 체제의 특성에서 놓치고 있는 요소가 있다고 보는데, 이는 민족주의와 유럽 중심주의이다. 나는 민족주의와 유럽 중심주의가 근/현대적 진리 체제의 핵심적 특성이라고 본다. 나는 대안적 교육의 비전에도 민족주의와 유럽 중심주의를 포함할 필요가 있다고 본다. 따라서 대안적 교육을 위한 중기적·장기적 목표를 설정하는 데에 있어 다음과 같은 핵심적 이슈/주제를 고려해야 한다. 먼저 민족국가라는 주제이다. 근대 학교 체제는 민족-국가의 한 프로젝트로서 건설되었다. 그러나 세계화로 인해 우리는 지금 근대 학교 체제와 민족-국가 사이의 관계를 어떻게 재정의할 수 있는지를 탐구할 필요가 있다. 지금까지 근대 학교 체제는 주로 국가/민족의식을 형성하고 촉진해왔다. 그러나 지금 비판적 교육은 민족/국가 의식을 글로벌, 초국가적 의식으로 변화시키는 방법을 찾아야 한다. 비판적 교육이 고려할 또 다른 이슈는 유럽 중심주의, 유럽 중심적 보편주의이다. 이제 우리는 근대주의와 유럽적 보편주의가 지닌 근본적 문제들과 한계들을 알고 있다. 일부 사람들은 지금 우리는 유럽적 보편주의의 종말Wallerstein, 2004a, 혹은 서구 사상의 위기Faucault, 1999를 목격하고 있다고 주장한다. 근대 시대의 종말과 확장되고 있는 세계화에 직면하고 있는 오늘날, 우리는 유럽적 보편주의와 글로벌 인종차별을 극복하고 "보편적" 보편주의를 구성하는 방법을 찾아야 한다.

변화 주체로서의 교육

그러면 이제 다시 처음의 질문으로 돌아가자. 비판적 교수학은 정말 변화의 행위 주체가 될 수 있는가? 더 나아가서, 어떻게 교육이 변화의 행위 주체가 될 수 있는가? 역설적이게도 가능성의 언어가 되겠다는 원래의 주장 때문에 비판적 교수학은 주로 실현 가능한 것에 초점을 맞추게 된 것이다. 이전의 비판적 교육 이론들(마르크스주의, 신마르크스주의, 구조주의 이론)은 사회구조/체제, 구체적으로 말하면 대체적으로 자본주의가 교육 문제의 뿌리라고 본다. 따라서 이 이론에 따르면, 궁극적 해결은 당연히 사회 체제의 총체적 또는 근본적 변화—즉, 자본주의의 폐지나 그와 비슷한 것—일 것이다. 이런 전면적 구조의 변혁이 왜 많은 사람들에게 심지어 일부의 비판적 교육자에게도, 비현실적이고 상상하기 어렵고, 또 바람직하지 않게 보이는지는 어렵지 않게 알 수 있다. 나는 "대안이 없다"라는 증후군은 우리 마음 속 깊이, 아마도 비판적 교육자들이 생각하는 것보다 더 깊이 자리하고 있다고 생각한다. 아마 이 "불가능성"이 미국이 안고 있는 현 시대의 가장 큰 헤게모니가 아닌가 싶다. 그래서 비판적 교수학은 가능한 것, 상상할 수 있는 것, 생각할 수 있는 것, 실현 가능한 것에서 "가능성의 언어"를 찾게 되었다. 그리하여 비판적 교수학은 결국 교육자가 "무언가" 할 수 있는 미시적 수준에 초점을 두게 된 것이다.

비판적 교육 이론들은 1970년대 보울스·긴티스와 함께 강력한 구조적 분석을 하고 있었다. 그들 이론의 한계 때문에—그리고 더 중요하게는 자본주의 변화 때문에, 비판적 교육은 보울스·긴티스뿐 아니라 구조적 분석 그 자체로부터 멀어졌다. 그러나 나는 우리가 너무 멀리 떨어졌다고 생각한다. 우리가 꼭 보울스·긴티스로 돌아갈 필요는 없다고 하더라도—나는 그들의 이론이 기본적으로 맞다고 보지만, 구조적/거시적 분석을 자신의 미시적 지향의 관점에 포함시키는 것이 비판적 교수학에게 도움이 될 것이다.

이것이 왜 내가 이 책에서 분석의 렌즈를 거시적인 관점으로 돌려 비판적 교수학을 좌파 정치와 사회운동의 역사적 맥락 속에서 분석한 이유라고 할 수 있다. 비판적 교수학이 가진 정치의 전체적인 담론을 이해함으로써 우리는 비판적 교수학에서 경시되어온 영역이 무엇인지 알 수 있을 뿐 아니라, 우리가 지평을 넓혀주면서 우리의 초점을 다시 맞출 수 있게 된다고 생각한다. 그렇게 함으로써 우리는 교육의 새로운 대안적 비전과 정치를 구상하기 위해 비판적 교수학의 강점을 이용할 뿐만 아니라, 그 약점들도 더 잘 해결해나갈 수 있을 것이다.

나는 학교와 교육이 변화의 행위 주체일 수 있고, 주체이어야 한다는 확고부동한 신념을 갖고 있다. 내가 궁극적으로 관심을 두는 것은 사회의 변화이다. 나는 "변화의 행위 주체"라는 교육의 이념을 좋아한다. 그러나 나는 이 말이 "진보적progressive"—비판적critical과 다른—교육자들 사이에서 너무 자주, 그리고 너무 쉽게 사용될 때 짜증이 난다. 얼마 전, 나는 라디오에서 한 대학의 광고를 들은 적이 있다. 그 대학은 자신을 변화의 행위 주체라고 광고하고 있었다. "변화의 행위 주체로서의 교육"이 이제 광고 슬로건이 되어버렸다. 이런 상황에서, "변화의 주체"라는 말을 좀 더 진지하게 받아들여야 할지, 아니면 아예 포기해야 할지는 잘 모르겠다.

학교를 변화의 행위 주체로 보는 이념은 비판적 교수학의 독점물은 아니다. 비판적 교수학만이 사회 변화 주체로서의 교육을 추구하고 모색하는 것은 물론 아니다. 나의 궁극적인 관심은 사회 변화와 교육에 있으므로, 나는 "비판적 교수학critical pedagogy"이 아니라, "비판적 교육critical education" 일반에 초점을 두고 이 책을 쓸 수도 있었다. 그런데, 내가 "비판적 교수학"에 초점을 두고 이 책을 쓰기로 결정한 이유는 그렇게 하는 것이 적절한 출발점이라고 믿었기 때문이다. 비판적 교수학은 그 출발부터 자신들을 "가능성의 언어language of possibility"의 탐색이라고 선언하였고, 그리고 그것과 동일시하였다. 게다가, 최근 이십여 년 동안 비판적 교수학은 비판적 교육 이론 내에서 상당히 영향력 있고 인기 있는 분야, 즉 비판적 교육의 선두 주자 역할을 해왔다. 따라서 비판적 교수학은 우리가 대안적 교육 비전을 탐색함에 있어 얼마나 그리고 어떤 방향으로 진전하고 발전하고 있었는지를 테스트하는 효과적인 리트머스 검사지가 될 수 있다. 비판적 교수학을 비판적 교육과 동일하게 보든 말든, 그리고 "비판적 교수학"이라는 새로운 분야와 이름이 생기지 않았다 하더라도, "비판적 교육"은 1970~1980년대의 비판 위주의 담론을 넘어섰을 것이다. 대안―"가능성의 언어"―의 탐색은 당시 비판적 교육이 전진하기 위해 필요한 다음 단계였다.

그러므로 비판적 교수학은 비판 정신을 가진 교육자에게 적절하고 필요한 질문을 던져 왔다. 무엇이 우리의 대안인가? 비판적 교육자들이 대안적/대항 헤게모니적 교육 비전을 내놓을 때가 되지 않았나? 물론 이것은 새로운 질문이 아니다. 오랫동안 비판 정신을 가진 교육자들은 바로 이런 질문에 대해 고민해왔다. 무엇이 우리의 대안인가? 그런데 비판적 교수학이 한 일은 우리들로 하여금 이 "대안"에 대해 다시 생각하고, 다시 초점을 맞추도록 강력하게 촉구했다는 점이다. 그것의 출현 당시의 담론 분야와 이론적 추세로 인해 비판적 교수학은 이 책이 밝힌 바대로, 결국 한쪽으로 치우친 관점을 취하고 말았다. 그렇지만 이런 약점에도 불구하고, 비판적 교수학이 제기했던 질문은 여전히 적절한 것이다.

시간이 좀 걸리기는 했지만, 나는 학문 분야도 역시 추세와 유행이 있다는 것을 깨닫게 되었다. 어떤 이론과 개념이 한때는 지배적이고 인기가 있다가, 유행이 변하면 다른 이론과 개념으로 대체된다. 비판적 교수학은 지난 30년 동안 대안적 교육이라는 문제를 이끌어왔다. 이제 세계화 연구가 바통을 이어받아 그 문제를 더욱 멀리 끌고 갈지도 모른다. 아니면 또 다른 이론들이 나타나서 비판적 교수학을 대체할지도 모른다. 그래서 종국적으로 어떤 이름을 사용하느냐는 비판적 교수학이든, 비판적 교육이든 혹은 그 무엇이든지, 그리 중요한 게 아

닌 것 같다. 우리가 "무엇이 대안인가?"라는 질문을 망각하지 않는다
면, 그리고 대항 헤게모니적 교육의 탐색을 계속한다면 말이다.

1 썬 라(Sun Ra: 1914~1993)는 미국의 흑인 재즈 작곡가이다. 'Ra'는 이집트의 태양신
   을 가리킨다.
2 "지역중심주의localism"는 지역을 우선시하는 정치철학의 영역을 묘사한다. 지역중
   심주의는 우리의 지구를 경제적으로, 그리고 환경적으로 구출하려는 응용하려는
   철학이다. 지역중심주의는 우리들의 엄청난 환경 위기와 경제적 우려를 묘사하는
   데 본질적이다. 일반적으로 지역중심주의는 지역의 상품 생산과 소비, 그리고 지역
   의 역사, 지역의 문화, 그리고 지역의 정체성을 지지한다. 지역중심주의는 단일 국
   가의 중앙정부와 지방주의regionalism와 대조될 수 있다. 지역주의자들은 세계의 역
   사를 통해 대부분의 사회적, 경제적 제도가 지역 수준에서 설계되어왔다고 주장
   한다. 지역적 규모는 제국주의와 산업혁명으로 인해 손상되었기에 이제 지역적 규
   모에서 다시 민주적·경제적 관계를 재지역화re-localization 해야 한다. 사회적·경제
   적·환경적 문제가 더 잘 정의되어야 해결이 더 쉽게 될 것이다. 이것은 아나키즘,
   생명-지역주의, 환경주의, 녹색주의 이념에 토대를 둔 먹거리, 재정 정책, 그리고 교
   육에 대한 더욱 세부적인 관심을 포함한다. 최근 많은 지역주의자들은 제3세계의
   발전의 문제에 관심을 가진다. 많은 사람들은 제3세계 국가가 선진 국가와의 불공
   정한 무역 관계를 벗어나기 위해 자연자원을 보호하면서 자신의 상품과 서비스에
   의존하려는 목적을 갖는다고 본다. 일부 지역주의자들은 가난한 나라에서 부유한
   나라로의 이민을 반대하기도 한다. 이것은 지적/두뇌 자원의 유출을 낳는다, 일부
   지역주의자들은 정치적 간여와 평화 유지 조치를 반대한다. 이들은 지역사회가 자
   신들의 문제를 자신들의 결정 방식으로, 자신들의 시간에 맞게 해결책을 모색해야
   한다고 믿는다. 그들은 그렇게 할 수 있는 기회가 한번이라도 주어지면, 모든 사회
   는 장기간의 평화를 유지할 수 있다고 믿는다.

역자의 말

1

비판적 교육 이론은 과거 이론적 기반이 취약했던 한국 교육운동의 방향과 관점을 수립하는 데 기여했다. 과거 학습과 실천이 상당히 밀접하게 결합 관계를 유지하고 있었을 때는 비판적 교육 이론이 상당한 영향력을 발휘하였다. 1980년대 초 한국 교육에서 '재생산 이론reproduction theory'은 자유주의적 교육개혁의 허구와 제도교육의 모순 및 구조적 한계를 깨닫고 비판하는 데 커다란 기여를 했다. 그렇지만 학교교육에 대한 강력한 비판의 언어를 제공했던 "교육의 재생산 이론"은 사회를 변혁할 실효성 있는 교육 대안을 제시하지는 못했다. 당장의 교육 모순을 폭로하는 데는 도움을 주었으나 실천하는 데는 큰 도움을 주지 못했다. 이런 재생산 이론의 문제의식을 일부 수용하면서도 그것이 간과했던 측면을 드러내는 역할을 한 것이 프레이리, 지루와 애플 등의 '저항 이론resistance theory'이었다. 저항을 통한 '참교육'의 창출과 동시에 대중운동으로서의 전교조 탄생으로 표출되었다.

그렇지만 1990년대 동구권이 몰락하고 파시즘적 교육이 이완되고 한국 사회에서 정치적 민주화가 진전되면서 사회운동 진영에서 거대 담론이 쇠퇴하였고, 동시에 포스트모던 경향이 강해지면서 신자유주의 정책의 정치적 수사를 분석할 이론적 기반 또한 상당히 취약하였다. 이런 와중에 1995년 5·31 교육개혁안이 발표되었다. 그런데 5·31 교육개혁안의 신자유주의적 성격을 파악하는 데는 상당한 시간이 흘러야 했다. 문민정부와 국민의 정부, 이명박 정부와 박근혜 정부를 거치면서 5·31 교육개혁안의 정체는 하나하나 드러났고, 이에 대한 문제의식은 더욱 확산되었다. 그것은 신자유주의 정책을 세계적으로 유포시킨 영미의 신자유주의가 한계에 봉착한 것과 무관하지 않다. 우리나라도 신자유주의 교육개혁이 도입된 이래 이 정책의 문제점이 구체적으로 드러나면서 '공교육 새판 짜기 운동'이 일어나고 있는 중이다.

이런 가운데 미국 토마스 대학의 한국인 교수인 Cho Seewha/조시화 교수의 탁월한 저작인 『비판적 페다고지는 세상을 변화시킬 수 있는가?Critical Pedagogy and Social Change』Routledge, 2013가 혜성처럼 우리 앞에 나타났다. 이 책은 비판적 교수학의 역사적 기원과 이론적 맥락을 추적하고, 그 과정에서 대안적 사회의 모델을 비판적으로 검토하고, 더 나은 사회를 만들기 위한 대안적 교육의 방향을 제시하고 있다. 그리고 조 교수의 저서가 다른 비판적 교수학과 다른 점은 비판적 교수학critical pedagogy과 비판적 교육 이론critical education theory의 전통에 대한 강력한 문제 제기를 한다는 점이다.

그동안 진보적 교육운동을 하는 많은 사람은 사회 개혁/사회 변혁을 많이 이야기한다. "새로운 사회를 위한 교육혁명"을 말하기도 한다.

그런데 학교혁신이나 교육혁명을 거론하면서도 이들 교육이 어떤 사회를 요구하는지를 구체적으로 제시하지 못했다. 기껏해야 보다 자유롭고 민주적이며 평등한 사회가 추상적으로 거론되는 수준이다. 여기에서 저자는 사회 변화를 위해서라고 말할 때 어떤 종류의 사회를 상상하는지를 상세하게 보여준다. 사회 변화를 위한 학교라 할 때, 우리는 어떤 종류의 사회를 구상하는가? 비판적 교수학의 근저에는 어떤 정치관이 숨어 있는가? 비판적 교수학은 주류/지배 교육에 대해 어떤 대안적 비전을 제시하고 있는가? 그런 대안들은 진정 비판적 교수학이 추구하는 사회 변화를 가져올 수 있는가? 사회 변화의 비전이란 진정 무엇을 가리키고 있는가? 사회 변화를 위한 학교라 할 때, 어떤 종류의 사회를 구상하고 있는가?

그런데 일반적으로 교육을 통한 미래 사회의 준비라고 할 경우 대개 지식정보 사회 또는 지식경제 사회를 거론한다. 이 밖의 다른 대안적 사회 모델을 우리는 들어본 적이 없다. 이러한 갈증 상황에서 저자는 더욱 근본적인 대안을 제시한다. 이 점이 이 책이 갖는 최대의 매력이다. 저자는 신자유주의적 글로벌 자본주의에 대한 새로운 대안으로서 사회민주주의 모델, 글로벌 사회주의 모델, 경제적 자급자족 모델, 공과 사가 혼합된 경제 모델을 제시한다. 미래 사회의 전망이 불투명한 현실에서 저자의 제안은 가히 대안적이고 유토피아적이다. 이상적 대안 사회의 모델에 조응하는 대안적 교육 모델을 제시한다.

대안적 사회로의 변화를 위해 교육이 해야 할 일은 무엇인가? 이에 대한 저자의 답변은 학교와 교육이 변화의 행위 주체일 수 있고, 주체여야 한다는 신념을 보여준다. 먼저 저자는 사회 변화의 주체가 되기 위해 현대 교육의 모순과 그것을 극복하고자 하였던 비판적 교수학 critical pedagogy의 검토부터 시작한다. 비판적 교수학은 현대 교육의 도구적 합리성, 이윤/시험을 위한 도구, 억압, 물신화/비인간화, "은행 저축식 교육" 모델, 교육과정의 부적절성, 표준화 검사에 대한 의존, 비민주적인 학교 문화, 그리고 차별과 불평등의 용인, 사회 체제의 유지 및 재생산 등 주류의 교육/기능주의 패러다임에 대한 비판을 가한다. 비판적 교수학의 주제에 영향을 미친 이론은 신마르크스주의(계급, 인종, 성, 숨겨진 교육과정), 파울로 프레이리(의식화), 탈근대주의(주변성, 주체 형성), 탈구조주의(권력과 지식의 관계), 페미니즘(사회적 성), 반인종주의와 탈식민주의(탈식민적 권력과 식민적 지식 간의 관계) 등이다. 비판적 교수학은 특히 탈구조주의와 탈근대주의 이론의 지대한 영향을 받으면서 등장하였다. 이러한 배경/맥락은 비판적 교수학의 정체성과 지향성을 규정하였고, 또 대안을 탐구하는 데 있어 비판적 교수학을 특정한 방향으로 이끌었다. 비판적 교수학은 네 가지 주요한 대안적 프로젝트, 즉 경험의 프로젝트, 다자성과 포함/포용의 프로젝트, 반위계적 민주주의 프로젝트, 개인적 자각의 프로젝트를 제창한다.

사회 변화를 위한 교육 활동은 근본적으로 "정치적 행위"이다. 학교와 교육이 변화의 주체가 되어야 하는 궁극적 이유는 "사회 변화 social change"에 있다. 정치적 행위로서의 교육, 그리고 변화 주체로서의 학교와 교사라는 정치적 접근은 자유주의 교육liberal education과 구분된다. 사회 변화를 시도하는 학문으로는 크게 '비판적 교수학critical pedagogy'과 '비판적 교육 이론critical education theory'이 대표적이다.

그런데 '비판적 교수학'은 사회에 영향을 미치고 사회를 변화시키겠다고 주장하지만, 저자의 판단으로는 비판적 교수학의 주류 담론에 내재해 있는 자유주의적 경향 때문에 사회 변화의 가능성을 제약하고 있다고 주장한다. 이런 이유로 현 상태로서의 비판적 교수학은 사회를 변화시키기보다는 기껏해야 "수리" 및 "개선"할 뿐이라고 주장한다. 즉, 비판적 교수학의 현재 상태로는 변화의 행위 주체가 될 수 없다는 것이다. 비판적 교수학의 내재적 한계는 그것의 "탈정치화" 경향 때문에 탈정치화된 교수 기법으로 전락할 가능성이 있다. 또 비판적 교수학의 과제를 개인의 도덕적 변혁에 고정시키고 있고, 비판적 교수학 내의 문화주의와 탈근대주의의 과잉으로 인해 권력의 테크놀로지, 진리 체제, 정복된 지식, 초/거대-서사 같은 용어를 제대로 파악하지 못할 가능성도 있다. 그리고 비판적 교수학이 미시적 수준(즉, 개인, 교실, 가르침)에 초점을 둠으로써 체제의 변화를 위한 교육자의 과제를 부담스러워하면서 실현 가능한 일에만 관심을 보이고 교육자로 하여금 미시적 수준의 교육 개선/수선에 한정시키고 말았다. 비판적 교수학은 지역 중심적/특수주의적 정치에 근거하고 있는 편향을 보임으로써 개인적이거나 지역적 관심에 한정된 주제만 다룰 가능성도 있다. 결국 비판적 교수학의 이런 경향 때문에 사회 체제의 총체적 또는 근본적 변화를 시도할 수 없게 되었다는 것이다. 사회의 착취와 지배의 구조, 그리고 그것을 뒷받침하고 있는 복잡한 관계의 본질을 이해하는 것에 소홀하다는 것이다. 나아가 비판적 교수학 내에서 대안적 교육alternative education의 형태를 거의 발견할 수가 없다. 더구나 대부분의 비판적 교수학 문헌들은 사회정의, 평등, 민주주의와 같은 새로운 사회를 이룰 몇 가지 기본 원리만을 제시할 뿐, 구체적인 사회 체제의 형태/모습은 제시하지 않고 있다.

이 지점에서 비판적 교수학은 세계화 현상을 맞이하면서 그것의 정체성과 방향을 둘러싼 논쟁이 벌어진다. 여기에서 저자는 30년의 역사를 가진 비판적 교수학의 성과를 받아들이면서도 새로운 반성을 요청한다. 비판적 교수학의 초점을 미시적 수준(학교 수업, 교수학습)을 포함한 거시적 수준(학교를 넘어 더 넓은 사회까지)으로 확장하고 있다. 나아가 저자는 비판적 교수학의 주류에서 상실되었거나 주변으로 밀려났던 "다른 대안들"을 찾는다. 사회 변화를 위한 행위 주체를 "비판적 교수학critical pedagogy"보다 더 근본적이고 급진적인 "비판적 교육 이론critical education theory"에서 해답을 찾는다. 물론 가능성의 언어를 탐색하는 "비판적 교수학" 연구를 기반으로 하면서 사회 체제의 근본적 변혁을 모색하는 "비판적 교육"의 전망을 구상한다. 비판적 교육은 사회적 형평, 사회적 정의, 사회적 인정, 민주주의, 문화적 자력화, 생태학, 그리고 생명-평등, 휴머니즘 등의 개념을 위치시킨다. 저자는 신좌파와 동일한 전략과 정치적 입장을 공유하고 있으며, 교육을 정치경제학과 문화정치학cultural politics의 밀접한 상호관계 속에서 파악하고 있다. 나아가 저자는 신자유주의적 세계화에 대응하는 대안적 사회 모델을 염원하면서 그것에 조응하는 대안적 교육 체제를 상정한다.

먼저 비판적 교수학이 사회 변화의 주체라고 주장한다면, 어떤 종류의 새로운 사회를 우리는 추구하는가? 비판적 교수학의 정치적 성향의 형성을 전체 사회의 경제적, 정치적, 사회적, 그리고 문화적 변화라는 거대한 역사적 맥락 속에서 추적해보아야 한다. 그런데 여기에서 저자는 그동안 유물론, 특히 마르크스주의는 얼마 전까지만 해도 천박한 이론이라고 비판받았지만, 세계화(민영화, 시장화, 표준화, 책무성, 효율성, 경쟁 등)의 등장과 함께 유물론과 정치경제학의 재출현을 새롭게 보게 되었다고 말한다. 그렇다고 이론이나 방법론이 문화주의에서 유물론으로, 탈근대주의에서 마르크스주의로 완전히 이동했다는 뜻은 아니다. 문화 이론과 몸의 정치는 여전히 힘을 발휘하고 있고 사라지지 않았다.

결국 저자의 이런 문제의식은 비판적 교수학의 한계를 넘어서기 위해 제안되었던, 흔히 우리나라에서 "비판적 교육학"으로 불리는 이전의 "비판적 교육 이론critical education theory", 구체적으로는 "신마르크스주의 교육학"으로 돌아간다. 비판적 교육 이론들은 1970년대 보울스·긴티스와 함께 강력한 구조적 분석을 하고 있었다. 이들 이론의 한계 때문에, 그리고 자본주의 변화 때문에 비판적 교육은 이들뿐만 아니라 구조적 분석으로부터 멀어지기 시작하였다. 이에 대해 저자는 "비판적 교수학"이 "비판적 교육 이론"으로부터 너무 멀리 떨어짐으로써 새로운 문제에 봉착하였다고 판단한다. 그렇다면 이 문제를 어떻게 해결해야 하느냐? 저자는 구조적/거시적 관점, 즉 비판적 교육 이론이라는 큰 우산 아래 미시적 해결 방안을 위치시킨다면 "비판적 교수학"의 새로운 희망을 기대할 수 있다고 예견한다. 이러한 해결 방식은 프레이리의 의식화론이나 비고츠키의 사회적 구성주의가 사회적 현실과 밀접한 연계를 갖는 교육 이론임에도 불구하고 교수 방법론으로 전락한 것에 대한 문제 제기이기도 하다.

그래서 저자는 비판적 교수학의 강점을 이용할 뿐만 아니라, 그 약점들도 더 잘 처리해나갈 방안을 모색한다. 또한 교육 문제에 관통되고 있는 착취와 지배 구조, 그리고 그것을 뒷받침하고 있는 관계의 복잡한 본질을 간파하고자 한다. 이 간파를 통해 대안적 세계 모델 설계와 함께 대안적 교육 모델을 설계한다. 그것도 교육 안의 이론을 가지고 교육을 비판하는 것이 아니라, 전체 사회에 대한 비판적 전망 속에서 "비판적 교수학"의 가능성과 함축적인 의미를 분석한다. 교육 현상의 분석을 사회구조 전체의 맥락과 연동시켜 교육과 학교의 근본적 변화를 시도하는 것이다. 그것은 비판적 교수학을 주로 학교에서의 가르침에 대한 것, 즉 미시적 수준의 수업 방법에 초점을 두는 것이 아니라, 문화적 재생산의 모든 행위로 확장하여 해석하면서 더 거시적 수준에서 학교교육과 사회 간의 더 넓은 권력 관계의 문제로 확장시킨다.

이러한 문제의식을 가진 저자는 비판적 교육 이론의 중심에 "마르크스 교육 이론"을 위치시킨다. 그렇게 하여 비판적 교육 이론의 궁극적 해결을 위해 현재 교육 문제의 뿌리를 이루는 불평등하고 부정의한 사회구조/체제의 총체적 또는 근본적 변화를 시도한다. 그것은 지난 반세기의 거대한 대항 헤게모니, 반反자본 운동의 흐름 속에서 반/대항 세계화와 탈식민주의 논의로부터 출발한다. 이 논의의 중심에 로컬과 글로벌 사이의 조화, 국가와 시민사회의 긴장 해소, 지역적이고 풀뿌리 지향의 운동, 보편주의의 다수성의 가치가 자리하고 있다. 그래서 비판적 교육학이 새로운 가능성을 찾기 위해 해야 할 일은 서구 사상이 깊이 물든 몸, 개인, 주체성으로 되돌아가는 게 아니라 미시적인 것과 거시적인 것, 주체와 구조, 문화와 경제, 그리고 지역적인 것과 글로벌한 것을 연결함으로써 현실적으로 실현 가능한 대안을 탐구하고 생산하는 것이다.

나아가 저자는 "유토피아 교육학utopian pedagogy"에서 대안을 찾는다. 이것이 무대안TINA 증후군에 대항하는 좋은 사례의 하나이다. "아무런 대안이 없다"는 절망의 증후군에 대적하는 하나의 방법은 현재의 신자유주의 논리의 밖으로 나가서 저 너머에 있는 세상을 상상해보는 것이다. 오늘날 우리의 삶을 파고드는 신자유주의적 세계화는 도구주의와 비인간화 현상을 보이고, 하나의 글로벌 문화와 함께 글로벌 자본주의, 그리고 서구적 식민화로 이어지고 있다. 이러한 문제에 대한 대안으로 저자는 '유토피아주의', '휴머니즘', '지역주의', '글로벌주의', '탈식민주의'를 제시한다. 이들 대안에 대한 교육적 방안으로 공공적이고 혁명적인 '유토피아 교육학utopian pedagogy', 휴머니티 교육학humanity pedagogy, 돌봄의 교육학caring pedagogy, 생태적 교육학eco-pedagogy, 장소 기반의 교육학place-based pedagogy, 탈식민주의 교육학postcolonial pedagogy/원주민 교육학indigenous pedagogy 등을 제시한다.

이러한 교육 변화를 추구하기 위해 주체를 어떻게 양성할 것인가? 학교는 무엇을 할 수 있고, 무엇을 해야 하는가? 어떻게 대안적 교육을 할 수 있는가? 여기에서 저자는 이행의 시기에 대응하는 대안적 교육을 위한 다-수준의 전략을 제시한다. 저자는 우선 악화된 것으로부터의 부정적 효과를 단기적으로 방지하는 방어적 조치를 취해야 한다고 본다. 그것은 탈상품화를 최소화하고, 중기적·장기적으로는 더욱 민주적이고 평등적인 세상, 그리고 대안적 교육을 준비하는 것이다.

2

우리가 원하는 대안적 사회 모델 없이 대안적 교육을 구현할 수는 없다. 또한 대안적 교육 없는 대안적 사회가 도래할 수는 없다. 사회와 교육은 따로 떨어져 있는 것이 아니라 함께 얽혀 있는 복합물이다. 이런 복잡한 얼개를 『비판적 페다고지는 세상을 변화시킬 수 있는가?』는 간명하게 정리하고 있다. 그래서 이 책을 통해 교육 패러다임 전환을 시도하고 있는 한국 사회의 교육운동이 사상적 토대를 튼튼하게 할 수 있기를 기대한다. 교육과 사회의 관계에 대한 전환적인 관점에서 출발하는 새로운 교육 패러다임 운동과 교육을 통한 사회의 변화를 지향하는 이론적 실천인 '비판적 교육학'은 교육 변화와 사회 변화의 새로운 결합 창출이라는 한 과정의 두 측면이 될 수 있을 것이다. 그러기에 사회 변화와 교육 변화는 동시에 작동해야 성공할 수 있다.

그런데 저자는 대안적 사회 모델(복지국가, 글로벌 사회주의, 땅의 민주주의, 자급자족 경제, 혼합경제 등)에 대해서는 구체적으로 제시하고 있지만, 그에 부합하는 교육 모델에 대해서는 상세한 언급을 하고 있지 않다. 단지 대안적 교육 모델로 휴머니티 교육, 돌봄의 교육, 생태적 교육, 장소 기반의 교육, 탈식민주의 교육, 원주민 교육 등 주제어만 언급하고 있을 뿐 그 대안을 소개하고 있지 않다. 그래서 대안적 사회 모델에 대해서는 자세한 설명을 하고 있는데 반해, 대안적 교육 모델에 대해 그렇지가 못하다. 그리고 대안적 사회 모델과 대안적 교육 모델과의 상호연계 고리를 발견할 수가 없다. 그래서 현실과 거리가 먼 공허한 유토피아를 꿈꾸게 할 수도 있다. 학교교육의 대안적 모델학교를 기대하는 사람에게는 실망감을 줄 수 있다. 물론 저자는 비판적 교육의 대안적 모델을 구체적으로 제시하는 것이 책을 집필한 일차적 의도가 아님을 밝히고 있다. 그 일은 우리가 해야 할 과제일 것이다. 그러기에 대안적 교육 모델에 대한 후속적 연구가 뒤따라야 한다.

그러나 이런 단점에도 불구하고 이 책을 읽으면 사회 변화의 세계적 흐름을 대안적 관점에서 잘 조망할 수 있을 것이다. 개인이 변화하고 성장하도록 사회구조를 만들어내는 것이 중요하다. 개인들은 사회구조가 변화에 기여하고 지지할 때 자신들의 가치와 행동을 변화시키는 경향이 있다. 그리고 대안적 사회 모델과 비판적 교육론에 대한 최신의 문헌을 통해 우리가 지향해야 할 사회의 형태/모습과 동시에 교육의 형태/모습을 그려볼 수 있을 것이다. 현실적으로 불가능한 유토피아 사회와 그 교육이 언젠가는 실현될 것이라는 전망을 가질 수 있을 것이다. 그것이 없다면 우리는 곧 절망의 늪에 빠질 것이다. 이런 차원에서 이 책을 읽으면 읽을수록 불평등하고 불공정한 그리고 지역과 생태에 뿌리내리지 않은 사회를 재생산하는 교육과는 다른 이상을 발견할 것이다. 그리고 세상을 바꿔야 교육이 바뀌고, 교육을 바꿔야 세상이 바뀐다는 것을 깨닫게 될 것이다. 사회와 교육의 비전과 동시에 변화의 희망을 갖게 될 것이다.

아직 걸음마 단계이긴 하지만 우리나라의 "혁신학교innovative school" 또한 '비판적 교육critical education'으로 나아가지 않고 '비판적 교수학critical pedagogy'에 머물고 있지 않은지를 성찰해보아야 한다. 혁신학교는 어떤 사회 모델을 대안으로 생각하는가? 혁신교육을 하는 교사들은 사회 변화의 구체적 비전을 갖고 있는가? 대안적 사회 모델에 부합하는 혁신적 교육 모델은 어떤 것인가? 이 물음 앞에 혁신학교에 종사하고 있는 사람이나 혁신교육에 관심을 가진 사람은 이상적 사회와 이상적 교육의 적절한 대안을 찾아야 한다. 사회 변화를 꿈꾸지 않는 교실 안에서의 교육실천, 그 실천의 궁극적 목표는 무엇인지에 대한 근원적 질문을 던져보아야 한다. 진보 교육감의 대거 진출은 새로운 교육 패러다임의 지지 기반을 확대할 가능성을 보여준다. 이들의 성공 여부는 곧 한국 교육의 미래를 좌우한다. 그러기에 혁신학교의 교육철학과 사회상의 정립은 더욱 중차대하다. 사회를 어떻게 보느냐에 따라 교육의 목적은 달라질 것이다. 현 사회가 불평등하고 부정의하다고 본다면 학교의 역할은 기존의 불안정한 사회 체제를 재생산하는 게 아니라, 사회를 더 정의롭고 좋은 것으로 변화시키는 데 있을 것이다. 그러기에 비판적 교수학의 주장과 한계는 곧 혁신교육의 주장과 한계로 치환될 수 있기에 저자의 대안적 사회 모델과 이상적 교육 모델을 귀감 삼아야 한다. 자칫 잘못하면 기술공학적 교수학습 방법론이나 신관료주의의 덫에 걸린 지난날의 "열린교육"의 한계를 노정할 수도 있기 때문이다.

한숨 돌려 『비판적 페다고지는 세상을 변화시킬 수 있는가?』를 곰곰이 읽으면 혁신교육의 정치적·문화적 토대를 공고하게 할 수 있을 것이다. 조시화 교수는 한국인으로서 한국의 진보교육운동에 남다른 관심을 갖고 있다. 그래서 그런지 책을 읽다가 보면 우리 교육 및 한국 사회가 안고 있는 문제를 꿰뚫어 보는 폭넓은 사회과학적 지식을 보고 감탄하지 않을 수 없다. 정치경제학과 문화정치학이 종합된 관점을 통해 교육의 근원적 문제를 정확하게 진단하고, 나아가 대안을 제시하는 통찰력에 놀라움을 금치 못한다. 이 책은 우리로 하여금 사회와 교육의 대안적 비전이라는 더 거대한 그림을 그리며 실천하고 운동할 것을 권고하는 것 같다. 진보적 교육자들은 이 책을 읽어 내려갈수록 대안적 사회 모델을 구상하면서 교육 실천을 하도록 고무할 것이다. 그리고 진보적 교육운동의 역사적 필연성을 자각하게 될 것이다. 자신들의 비판적 교육 활동을 재조명하거나, 실천의 방향성을 둘러싸고 갈피를 잡지 못하고 있는 교사들이나 활동가들에게는 새로운 관점과 안목을 갖게 함으로써 진보적 교육운동의 가능성과 희망을 새롭게 발견할 수 있을 것이다.

『비판적 페다고지는 세상을 변화시킬 수 있는가?』의 출판을 계기로 한국의 비판적 교육학이 학문적으로나, 실천적으로 그 기반을 튼튼히 다지는 계기가 되기를 기대해본다. 미국의 대학 교수이지만, 사회적 상황과 교육적 문제에 대해 늘 관심을 두고 추적해온 한국인 교수이기에 교육 실천의 지침이 되는 이론의 조망도와 좌표를 분명하게 발견할 수 있을 것이다. 사회 변화를 위한 학교와 교육, 그리고 사회 변화의 주체로서의 학교를 건설하고자 하는 교사들에게는 이 조그만 책을 읽음으로써 모두 한번쯤 앞으로 도래할 "저곳"의 대안적 사회와 교육 체제를 꿈꾸면서 진보적 교육 실천을 하는 체험을 맛보게 될 것이다.

심성보 씀

참고 문헌

Adoro, T. (1978/1938). On the fetish-character in music and the regression of listening. In A. Arato & E. Gebhardt (Eds.), *The essential Frankfurt School reader* (pp. 270-299). New York: Urizen Books.

Adorno, T. (1978/1962). Commitment. In A. Arato & E. Gebhardt (Eds.), *The essential Frankfurt School reader* (pp. 300-318). New York: Urizen Books.

Adorno, T. (1973). *Negative dialectics*. New York: Seabury Press.

Ahmad, A. (1995). Postcolonialism: What's in a name? In R. Campa, E. Kaplan & M. Sprinker (Eds.), *Late imperial culture* (pp. 11-32). New York: Verso.

Allen, R. L. (2004). Whiteness and critical pedagogy. *Educational Philosophy and Theory*, 36(2), 121-136.

Allman, P. (1999). *Revolutionary social transformation: Democratic hopes, political possibilities and critical education*. Westport, CT: Bergin & Garvey.

Allman, P. (2001). *Critical education against global capitalism*. Westport, CT: Bergin & Garvey.

Allman, P. (2007). *On Marx: An introduction to the revolutionary intellect of Karl Marx*. Rotterdam: Sense Publishers.

Althusser, L. (1971). *Lenin and philosophy and other essays*. B. Brewster (Trans.). New York: Monthly Review Press.

Amin, S. (1997). *Capitalism in the age of globalization*. New York: Zed Books.

Amin, S. (2004). *The liberal virus*. New York: Monthly Review Press.

Anyon, J. (2005). *Radical possibilities: Public policy, urban education, and a new social movement*. New York: Routledge.

Apple, M. (1979). *Ideology and curriculum*. New York: Routledge.

Apple, M. (1982). *Education and power*. Boston: Routledge & Kegan Paul.

Apple, M. (2000). Can critical pedagogies interrupt rightist policies? *Educational Theory, 50(2)*, 229-254.

Apple, M. (2001). *Educating the "right" way: Markets, standards, god, and inequality*. New York: RoutledgeFalmer.

Apple, M. (2010). *Global crises, social justice, and education: What can education do?* New York: Routledge.

Apple, M., Kenway, J., & Singh, M. (Eds.) (2005). *Globalizing education: policies, pedagogies, & politics*. New York: Peter Lang.

Apple, M., & Buras, K. (Eds.) (2006). *The subaltern speak: Curriculum, power, and educational struggles*. New York: Routledge.

Arato, A. (1978). Introduction: Esthetic theory and cultural criticism. In A. Arato & E. Gebhardt (Eds.), *The essential Frankfurt School reader* (pp. 185-219). New York: Urizen Books.

Arato, A., & Gebhardt, E. (Eds.) (1978). *The essential Frankfurt School reader*. New York: Urizen Books.

Aronowitz, S. (1989). Working-class identity and celluloid fantasies in the electronic age. In H. Giroux, R. Simon & Contributors. *Popular culture: Schooling & everyday life* (pp. 197-217). Granby, MA: Bergin & Garvey.

Aronowitz, S., & Giroux, H. (1991). *Postmodern education: Politics, culture, & social criticism*. Minneapolis, MN: University of Minnesota Press.

Baudrillard, J. (1994). *Simulacra and simulation*. Ann Arbor: University of Michigan Press.

Benjamin, W. (1978/1937). The author as producer. In A. Arato & E. Gebhardt (Eds.), *The essential Frankfurt School reader* (pp. 254-269). New York: Urizen Books.

Benton, T. (1993). *Natural relations: Ecology, animal rights and social justice*. London: Verso.

Bernal, D., et al. (Eds.) (2006). *Chicana/Latina education in everyday life: Feminista perspectives on pedagogy and epistemology*. Albany: State University of New York Press.

Biesta, G (1998). Say you want a revolution… Suggestions for the impossible future of critical pedagogy. *Educational Theory, 48(4)*, 499-510.

Biesta, G. (2006). *Beyond learning: Democratic education for a human nature*. Boulder: Paradigm.

Bourdieu, P. (1984). *Distinction: A social critique of the judgement of taste*. Cambridge, MA: Harvard University Press.

Bourdieu, P., & Passeron, J. (1977). *Reproduction in education, society and culture*. London: Sage.

Bourne, J. (1999). Racism, postmodernism and the flight from class. In D. Hill, et al (Eds.), *Postmodernism in educational theory: Education and the politics of human resistance* (pp. 131-146). London: The Tufnell Press.

Bowles, S., & Gintis, H. (1976). *Schooling in capitalist America: Educational reform and the contradictions of economic life*. New York: Basic Books.

Bowles, S., & Gintis, H. (1998). *Recasting egalitarianism: New rules for communities, states and markets*. New York: Verso.

Bowles, S., & Gintis, H. (2001). Schooling in Capitalist America revisited. Retrieved April 15, 2011, from http://www.umass.edu/preferen/gintis/soced.

pdf

Bratich, J., Packer, J., & McCarthy, C. (Eds.) (2003). *Foucault, cultural studies, and governmentality.* Albany: State University of New York Press.

Brennan, T. (2006). *Wars of position: The cultural politics of Left and Right.* New York: Columbia University Press.

Burbules, N., & Torres, C. (2000). *Globalization and education: Critical perspectives.* New York: Routledge.

Buras, K., & Motter, P. (2006). Toward a subaltern cosmopolitan multiculturalism. In M. Apple & K. Buras (Eds.), *The subaltern speak: Curriculum, power, and educational struggles* (pp. 243-270). New York: Routledge.

Butler, J. (1997). Merely Cultural. *Social Text, 15(3/4),* 264-277.

Carnoy, M., & Levin, H. (1985). *Schooling and work in the democratic state.* Stanford: Stanford University Press.

Carnoy, M., & Rhoten, D. (2002). What does globalization mean for educational change? A comparative approach. *Comparative Education Review, 46,* 1-9.

Carroll-Miranda, J. (2011). Emancipatory technologies: A dialogue between hackers and Freire. In C. Malott & B. Porfilio (Eds.), *Critical pedagogy in the twenty-first century: A new generation of scholars* (pp. 521-539). Charlotte, NC: Information Age Publishing.

Castells, M. (1996). *The rise of the network society.* Massachusetts: Blackwell Publishers.

Castells, M., et al. (1999). *Critical education in the new information age.* Lanham: Rowman & Littlefield Publishers.

Césaire, A. (2000/1955). *Discourse on colonialism.* New York: Monthly Review Press.

Chan-Tiberghien, J. (2004). Towards a "global educational justice" research paradigm: Cognitive justice, decolonizing methodologies and critical pedagogy. *Globalization, Societies and Education, 2(2),* 191-213.

Connell, R. W. (1995). *Masculinities.* Berkeley, CA: University of California Press.

Counts, G.S. (1932). *Dare the school build a new social order?* New York: John Day Company.

Cote, M., Day, R., & Peuter, G. (Eds.) (2007). *Utopian pedagogy: Radical experiments against neoliberal globalization.* Toronto: University of Toronto Press.

Dale, R., et al. (Eds.) (1981). *Education and the State.* Barcombe, Sussex: Falmer Press.

Darder, A., Baltodano, M., & Torres, R. (Eds.) (2003). *The critical pedagogy reader*. New York: Routledge/Falmer.

Darder, A., & Torres, R. (2004). *After Race: Racism after multiculturalism*. New York: New York University Press.

Davis, M. (1999). *Prisoners of the American dream: Politics and economy in the history of the U. S. working class*. New York: Verso.

Delpit, L. (1995). *Other people's children: Cultural conflict in the classroom*. New York: New Press.

Denning, M. (2004). *Culture in the age of three worlds*. New York: Verso.

Dewey, J. (1938/1902). *Experience and education*. New York: Macmillan Co.

Du Bois, W. E. B. (1975/1947). *The world and Africa*. New York: International Publishers.

Duncan-Andrade. J., & Morrell, E. (2007). Critical pedagogy and popular culture in an urban secondary English classroom. In P. McLaren & J. Kincheloe (Eds.), *Critical pedagogy: Where are we now?* (pp. 183-199). New York: Peter Lang.

Duncan-Andres, J., & Morrell, E. (2008). *Possibilities for moving from theory to practice in urban schools*. New York: Peter Lang.

D'Mello, B (2009). What is Maoism? Retrieved January 6, 2012, from http://monthlyreview.org/commentary/what-is-maoism.

Eagleton, T. (1991). *Ideology: An introduction*. New York: Verso.

Ebert, T. (1996). *Ludic Feminism: Postmodernism, desire, and labor in late capitalism*. Ann Arbor: University of Michigan press.

Elenes, C.A. (2003). Reclaiming the Borderlands: Chicana/o identity, difference, and critical pedagogy. In A. Darder, M. Baltodano, & R. Torres (Eds.), *The critical pedagogy reader* (pp. 191-210). New York: Routledge/Falmer.

Ellsworth, E. (1992/1988). Why doesn't this feel empowering? Working through the repressive myths of critical pedagogy. In C. Luke & J. Gore (Eds.), *Feminisms and critical pedagogy* (pp. 90-119). New York: Routledge.

Evans, P. (Ed.) (1996). *State-Society synergy: Government and social capital in development*. International and Area Studies, University of California at Berkeley.

Fanon, F. (1963). *The wretched of the earth*. New York: Grove Press.

Fine, M. (2003). Sexuality, schooling, and adolescent females: The missing discourse of desire. In A. Darder, M. Baltodano, & R. Torres (Eds.), *The critical pedagogy reader* (pp. 296-321). New York: Routledge/Falmer.

Fischman, G., et al. (Eds.) (2005). *Critical theories, radical pedagogies, and global conflicts*. Lanham: Rowman & Littlefield.

Foucault, M. (1977). *Discipline and punish: The birth of the prison*. New York: Vintage Books.

Foucault, M. (1980). *Power/Knowledge: Selected interviews & other writings 1972-1977*. New York: Pantheon Books.

Foucault, M. (1988). *Technologies of the self: A seminar with Michael Foucault*. Amherst, MA: University of Massachusetts Press.

Freire, P. (1997/1970). *Pedagogy of the oppressed*. M. Ramos (Trans.). New York: Continuum.

Gabbard, D. (2006). No 'Coppertops' left behind: Foucault, the matrix, and the future of compulsory schooling. In A. Beaulieu & D. Gabbard (Eds.), *Michel Foucault and power today* (pp. 37-50). Lanham: Lexington Books.

George, S. (2004). *Another world is possible, if*. New York: Verso.

Gilbert, A. (2011). Visions of hope and despair: Investigating the potential of critical science education. In C. Malott & B. Porfilio (Eds.), *Critical pedagogy in the twenty-first century: A new generation of scholars* (pp. 401-418). Charlotte, NC: Information Age Publishing.

Giroux, H. (1983). *Theory and resistance in education: A pedagogy for the opposition*. South Hadley, MA: Bergin & Garvey.

Giroux, H. (1988a). Border pedagogy in the age of postmodernism. *Journal of Education, 170(2)*, 162-181.

Giroux, H. (1988b). *Teachers as intellectuals: Toward a critical pedagogy of learning*. South Hadley, MA: Bergin & Garvey.

Giroux, H. (Ed.) (1991). *Postmodernism, feminism, and cultural studies: Redrawing educational boundaries*. New York: State University of New York Press.

Giroux, H. (1992). *Border crossings: Cultural workers and the politics of education*. New York: Routledge.

Giroux, H. (1995). Insurgent multiculturalism and the promise of radical pedagogy. In D. Goldberg. (Ed.), *Multiculturalism: A critical reader* (pp. 325-343). Oxford: Blackwell.

Giroux, H. (1997). *Pedagogy and the politics of hope: Theory, culture, and schooling*. Boulder, CO: Westview Press.

Giroux, H. (2004). *The terror of Neoliberalism: Authoritarianism and the eclipse of democracy*. Boulder, CO: Paradigm.

Giroux, H. (2007). Utopian thinking in dangerous times: Critical pedagogy and the project of educated hope. In M. Cote, R. Day & G. Peuter (Eds.), *Utopian pedagogy: Radical experiments against neoliberal globalization* (pp. 25-42). Toronto: University of Toronto Press.

Giroux, H., & McLaren, P. (1994). *Between borders: Pedagogy and the politics of cultural studies*. New York: Routledge.

Gitlin, T. (1980). *The whole world is watching: Mass media in the making and *unmaking of the new left*. Berkeley: University of California Press.

Gramsci, A. (1971). *Selections from the prison notebooks* (Q. Hoare & G. N. Smith Eds. & Trans.). New York: International.

Grande, S. (2004). *Red Pedagogy: Native American social and political thought*. Lanham: Rowman & Littlefield Publishers.

Greene, M. (1967). *Existential encounters for teachers*. New York, Random House.

Greene, M. (1988). *The dialectic of freedom*. New York: Teachers College Press.

Greene, M. (1995). *Releasing the imagination: Essays on education, the arts, and social change*. San Francisco: Jossey-Bass Publishers.

Gruenewald, D., & Smith, G. (Eds.) (2007). *Place-based education in the global age: Local diversity*. New York: Lawrence Erlbaum Associates.

Gur-Ze'ev, I. (1998). Toward a nonrepressive critical pedagogy. *Educational Theory, 48(4)*, 463-486.

Gur-Ze'ev, I. (2007). *Beyond the modern-postmodern struggle in education: Toward counter-education and enduring improvisation*. Rotterdam: Sense Publishers.

Habermas, J. (1975). *Legitimation crisis*. T. McCarthy (Trans.). Boston: Beacon Press.

Habermas, J. (2001). *The postnational constellation: Political essays*. Cambridge: MIT.

Hall, S. (1958). A sense of classlessness. *Universities and Left Review, 1(5)*, 26 -32.

Hall, S. (1980). Cultural studies: Two paradigms. *Media, Culture and Society, 2(1)*, 57-72.

Hardt, M., & Negri, A. (2000). *Empire*. Cambridge: Harvard University Press.

Harry, B., & Klingner, J. (2006). *Why are so many minority students in special education?: Understanding race & disability in schools*. New York: Teachers College Press.

Harvey, D. (1990). *The condition of postmodernity*. Malden, MA: Blackwell.

Harvey, D. (2000). *Spaces of hope*. Berkeley: University of California Press.

Harvey, D. (2003). *The new imperialism*. Oxford: Oxford University Press.

Harvey, D. (2010). Organizing for the anti-Capitalist transition. *Brecht Forum, January 2010*. Retrieved April 15, 2011, from http://postcapitalistproject.org/node/26.

Hearse, P. (Ed.) (2007). *Take the power to change the world: Globalisation and the debate on power*. London: Lighting Source.

Herbst, J. (2000). *States and power in Africa*. Princeton, NJ: Princeton

University Press.

Hickman, H. (2011). Disrupting heteronormativity through critical pedagogy and queer theory. In C. Malott & B. Porfilio (Eds.), *Critical pedagogy in the twenty-first century: A new generation of scholars* (pp. 69-86). Charlotte, NC: Information Age Publishing.

Hindess, B., & Hirst, P. (1977). *Mode of production and social formation*. London: Macmillan.

Hobsbawm, E. (1994). *The age of extremes: A history of the world, 1914-1991*. New York: Pantheon Book.

Hobsbawm, E. (2009). Socialism has failed. Now capitalism is bankrupt. So what comes next? *The Guardian*, April, 10, 2009. Retrieved April 15, 2011, from http://www.guardian.co.uk/commentisfree/2009/apr/10/financial-crisis-capitalism-socialism-alternatives.

Hoggart, R. (1957). *The use of literacy.* London: Penguin.

Holloway, J. (2002). *Change the world without taking power: The meaning of revolution today.* Ann Arbor: Pluto Press.

hooks, b. (1984). *Feminist theory: From margin to center.* Boston, MA: South End Press.

hooks, b. (1994). *Teaching to transgress: Education as the practice of freedom*. New York: Routledge.

Jackson, P. (1968). *Life in classrooms*. New York: Holt, Rinehart and Winston.

Janesick, V.(2007). Reflections on the violence of high-stakes testing and the soothing nature of critical pedagogy. In P. McLaren & J. Kincheloe (Eds.), *Critical pedagogy: Where are we now?* (pp. 239-248). New York: Peter Lang.

Jay, M. (1973). *The dialectical imagination: A history of the Frankfurt School and the Institute of Social Research, 1923-1950*. Boston: Little, Brown and Company.

Kahn, R. (2010). *Critical pedagogy, ecoliteracy, and planetary crisis*. New York: Peter Lang.

Karabel, J., & Halsey, A. (1977). Educational research: A review and an interpretation. In J. Karabel & A. Halsey (Eds.), *Power and ideology in education* (pp. 1-86). New York: Oxford University Press.

Kenny, L. (2000). *Daughters of suburbia: Growing up white, middle class, and female*. New Brunswick: Rutgers University Press.

Kincheloe, J. (2004). *Critical pedagogy primer*. New York: Peter Lang.

Kincheloe, J. (2007). Critical pedagogy in the Twenty-First century: Evolution for survival. In P. McLaren & J. Kincheloe (Eds.), *Critical pedagogy: Where are we now?* (pp. 9-42). New York: Peter Lang.

Kincheloe, J. & Steinberg, S. (1998). Addressing the crisis of whiteness:

Reconfiguring whiteness identity in a pedagogy of whiteness. In J. Kincheloe, et al (Eds.), *White reign: Deploying whiteness in America* (pp. 3-30). New York: St. Martin's Press.

Kress, T., & DeGennaro, D. (2011). Scaling the classroom walls: Lessons learned outside of schools about social media activism and education. In C. Malott & B. Porfilio (Eds.), *Critical pedagogy in the twenty-first century: A new generation of scholars* (pp. 473-495). Charlotte, NC: Information Age Publishing.

Laclau, E., & Mouffe, C. (1984). *Hegemony and socialist strategy.* New York: Routledge.

Ladson-Billings, G. (1994). *The dreamkeepers: Successful teachers of African American children.* San Francisco: Jossey-Bass Publisher.

Lareau, A. (1989). *Home advantage: Social class and parental intervention in elementary education.* New York: Falmer Press.

Lather, P. (1991). *Getting smart: Feminist research and pedagogy with/in the postmodern.* New York: Routledge.

Lather, P. (1992). Post-critical pedagogies: A feminist reading. In C. Luke & J. Gore (Eds.), *Feminisms and critical pedagogy* (pp. 120-137). New York: Routledge.

Lather, P. (1998). Critical pedagogy and its complicities: A praxis of stuck places, *Educational Theory, 48(4),* 487-498.

Lechner, F., & Boli, J. (2005). *World culture: Origins and consequences.* Malden, MA: Blackwell.

Leite, J. C. (2005). *The World Social Forum: Strategies of resistance.* Chicago: Haymarket Books.

Leonardo, Z. (2002). The souls of white folk: Critical pedagogy, whiteness studies, and globalization discourse. *Race Ethnicity & Education, 5(1),* 29-50.

Leonardo, Z. (2003a). Resisting capital: Simulationist and socialist strategies. *Critical Sociology, 29(2),* 211-236.

Leonardo, Z. (2003b). Reality on trial: Notes on ideology, education, and utopia. *Policy Futures in Education, 1(3),* 504-525.

Leonardo, Z. (2004a). The Color of Supremacy: Beyond the discourse of 'white privilege'. *Educational Philosophy and Theory, 36(2),* 137-152.

Leonardo, Z. (2004b). Critical social theory and transformative knowledge: The function of criticism in quality education. *Educational Researcher, 33(6),* 11-18.

Leonardo, Z. (Ed.). (2005). *Critical pedagogy and race.* Malden, MA: Blackwell.

Leonardo, Z. (2006). Reality on trail: Notes on ideology, education, and utopia. In M. Peters & J. Freeman-Moir (Eds.), *Edutopias: New utopian thinking in education* (pp. 79-98). Rotterdam: Sense Publishers.

Leonardo, Z., & Porter, R. (2010). Pedagogy of fear: Toward Fanonian theory of 'safety' in race dialogue. *Race, Ethnicity and Education, 13*, 139-157.

Lerner, M. (2006). *The Left hand of god: Taking back our country from the religious Right.* New York: HarperSanFrancisco.

Li, H. (2003). Bioregionalism and global action: A reexamination. *Educational Theory, 53(1)*, 55-73.

Liou, D., & Antrop-González, R. (2011). To upend the boat of teacher mediocrity: The challenges and possibilities of critical race pedagogy in diverse urban classrooms. In C. Malott & B. Porfilio (Eds.), *Critical pedagogy in the twenty-first century: A new generation of scholars* (pp. 455-470). Charlotte, NC: Information Age Publishing.

Lissovoy, N. (2008). *Power, crisis, and education for liberation: Rethinking critical pedagogy.* New York: Palgrave Macmillan.

Loomba, A. (1998). *Colonialism/postcolonialism.* New York: Routledge.

Lukas, G. (1923/1971). *History and class consciousness.* Cambridge, Mass: MIT Press.

Luke, C. (1992). Feminist politics in radical pedagogy. In C. Luke & J. Gore (Eds.), *Feminisms and critical pedagogy* (pp.25-53). New York: Routledge.

Luke, C., & Gore, J. (Eds.) (1992). *Feminisms and critical pedagogy.* New York: Routledge.

Lund, D., & Carr, P. (Eds.) (2008). *Doing democracy: Striving for political literacy and social justice.* New York: Peter Lang.

Lynn, M. (2004). Inserting the 'race' into critical pedagogy: An analysis of 'race-based epistemologies'. *Educational Philosophy and Theory, 36(2)*, 153-166.

Lyotard, J. (1984). *The postmodern condition: A report on knowledge.* Minneapolis: University of Minnesota Press.

Macdonald, A., & Sancher-Casal, S. (Eds.) (2002). *Twenty-First-Century feminist classrooms: Pedagogies of identity and difference.* New York: Palgrave Macmillan.

MacLeod, J. (1995). *Ain't no makin' it: Aspirations and attainment in a low-income neighborhood.* Boulder: Westview Press.

Mahler, F., & Tetreault, M. (Eds.) (2002). *The feminist classroom.* Lanham: Roman & Littlefield.

Marcuse, H. (1969). *An essay on liberation.* Boston, Beacon Press.

Marcuse, H. (1972). *Counterrevolution and revolt.* Boston, Beacon Press.

Marshall, J. (1998). Michel Foucault: Philosophy, education, and freedom as an exercise upon the self. In M. Peters (Ed.), *Naming the multiple:*

Poststructuralism and education (pp. 65-84). Westport, CO: Bergin & Garvey.

Martin, G., & Riele, K. (2011). A place-based critical pedagogy in turbulent times: Restoring hope for alternative futures. In C. Malott & B. Porfilio (Eds.), Critical pedagogy in the twenty-first century: A new generation of scholars (pp. 23-52). Charlotte, NC: Information Age Publishing.

McCarthy, C. (1998). The uses of culture: Education and the limits of ethnic affiliation. New York: Routledge.

McLaren, P. (1988). Schooling the postmodern body: Critical pedagogy and the politics of enfleshment. Journal of Education, 170(2), 53-83.

McLaren, P. (1989). Life in schools: An introduction to critical pedagogy in the foundations of education. New York: Longman.

McLaren, P. (1995). Critical pedagogy and predatory culture. New York: Routledge.

McLaren, P. (1997). Revolutionary multiculturalism: Pedagogies of dissent for the new millennium. Boulder, CO: Westview Press.

McLaren, P. (1998). "Revolutionary Pedagogy in Post-revolutionary times: Rethinking the political economy of critical education," Educational Theory, 48(4): 431-462.

McLaren, P. (1999). Traumatizing capital: Oppositional pedagogies in the age of consent. In M. Castells, et al. Critical education in the new information age (pp. 1-36). Lanham: Rowman & Littlefield Publishers.

McLaren, P. (2003). Critical Pedagogy: A look at the major concepts. In A. Darder, M. Baltodano & R. Torres (Eds.), The critical pedagogy reader (pp. 69-96). New York: RoutledgeFalmer.

McLaren, P. (2005). Capitalism & conquerors: A critical pedagogy against empire. Lanham: Rowman & Littlefield.

McLaren, P., & Farahmandpur, R. (2001). Class, cultism, and multiculturalism: A notebook on forging a revolutionary politics. Multicultural Education, 8(3), 2-14.

McLaren, P., & Farahmandpur, R. (2005). Teaching against global capitalism and the new imperialism: A critical pedagogy. Lanham: Rowman & Littlefield.

McLaren, P. & Jaramillo, N. (2007). Pedagogy and praxis in the age of empire: Towards a new Humanism. Rotterdam: Sense Publisher.

Mertes, T. (Ed.) (2004). A movement of movements: Is another world really possible? New York: Verso.

Mies, M. (1986). Patriarchy and accumulation on a world scale. New York: Zed Books.

Moore, R., & Muller, J. (1999). The discourse of 'voice' and the problem of knowledge and identity in the sociology of education. *British Journal of Sociology of Education, 20(2)*, 189-206.

Morrow, R., & Torres, C. (2002). *Reading Freire and Habermas: Critical pedagogy and transformative social change*. New York: Teachers College Press.

Nanda, M. (1997). "History is what hurts": A materialist feminist perspective on the Green Revolution and its ecofeminist critics. In R. Hennessy & C. Ingraham (Eds.), *Materialist feminism: A reader in class, difference, and women's lives* (pp. 364-394). New York: Routledge.

Naples, N. (2003). *Feminism and method: Ethnography, discourse analysis, and activist research*. New York: Routledge.

Nash, G., Crabtree, C., & Dunn, R. (1997). *History on trial: Culture wars and the teaching of the past*. New York: Random House.

Noddings, N. (2005). *The challenge to care in schools: An alternative approach to education*. New York: Teachers College Press.

Olssen, M., & Peters, M. (2007). Marx, education, and the possibilities of a fairer world: Reviving radical political economy through Foucault. In A. Green, G. Rikowski, & H. Raduntz (Eds.), *Renewing dialogues in Marxism and education* (pp. 151-179). New York: Palgrave Macmillan.

Ong, A. (1987). *Spirits of resistance and capitalist discipline: Factory women in Malaysia*. Albany: State University of New York Press.

Orelus, P. (2011). When theory walks with praxis: critical pedagogy and the life of transnational and postcolonial subjects of color. In C. Malott & B. Porfilio (Eds.), *Critical pedagogy in the twenty-first century: A new generation of scholars* (pp. 3-21). Charlotte, NC: Information Age Publishing.

Orner, M. (1992). Interrupting the calls for student voice in "liberatory" education: A feminist poststructuralist perspective. In C. Luke & J. Gore (Eds.), *Feminisms and critical pedagogy* (pp. 74-89). New York: Routledge.

Paik, S., & Walberg, H. (Eds.) (2007). *Narrowing the achievement gap: Strategies for educating Latino, Black and Asian students*. New York: Springer.

Palermo, J. (2002). *Poststructuralist readings of the pedagogical encounter*. New York: Peter Lang.

Parker, L. & Stovale, D. (2004). Actions following words: Critical race theory connects to critical pedagogy. *Educational Philosophy and Theory, 36(2)*, 167-182.

Peters, M. & Roberts, P. (2000). Universities, futurology and education. *Discourse, 21(2)*, 125-139.

Peters, M., & Freeman-Moir, J. (2006). *Edutopias: New utopian thinking in education*. Rotterdam: Sense Publishers.

Peters, M., & Besley, T. (2007). *Subjectivity and truth: Foucault, education, and the culture of self*. New York: Peter Lang.

Petras, J. (1997). Imperialism and NGOs in Latin America, *Monthly Review, 49(7)*, 10-33.

Petras, J., & Veltmeyer, H. (2005). *Social movements and State power: Argentina, Brazil, Olivia, Ecuador*. Ann Arbor: Pluto Press.

Piccone, P. (1978). General introduction. In A. Arato & E. Gebhardt (Eds.), *The essential Frankfurt School reader* (pp. Xi-xxiii). New York: Urizen Books.

Pinar, W. (2010). Foreword. In J. Sandlin, B. Schulyz & J. Burdick (Eds.), *Handbook of public pedagogy: Education and learning beyond schooling* (pp. xv-xix). New York: Routledge.

Pollock, F. (1978/1941). State capitalism: Its possibilities and limitations. In A. Arato & E. Gebhardt (Eds.), *The essential Frankfurt School reader* (pp. 71-94). New York: Urizen Books.

Popkewitz, T., & Brennan, M. (1997). *Foucault's challenge: Discourse, knowledge, and power in education*. New York: Teachers College Press.

Popkewitz, T., & Fendler, L. (Eds.) (1999). *Critical theories in education: Changing terrains of knowledge and politics*. New York: Routledge.

Putnam, R. (1993). *Making democracy work: Civic traditions in modern Italy*. Princeton, NJ: Princeton University Press.

Reay, D. (1998). *Class work: Mothers' involvement in their children's primary schooling*. New York: Routledge.

Reid, A. (2005). Rethinking the democratic purposes of public schooling in a globalizing world. In M. Apple, J. Kenway & M. Singh (Eds.), *Globalizing education: Policies, pedagogies, & politics* (pp. 281-296). New York: Peter Lang.

Rethinking Schools (1994). *Rethinking our classrooms: Teaching for equity and justice*. Milwaukee, WI: Rethinking Schools.

Ropers-Huilman, B. (1998). *Feminist teaching in theory and practice: situating power and knowledge in poststructural classrooms*. New York: Teachers College Press.

Sader, E. (2004). Beyond civil society. In T. Mertes (Ed.), *A movement of movements: Is another world really possible?* (pp. 248-261). New York: Verso.

Sanbonmatsu, J. (2004). *The postmodern prince*. New York: Monthly Review Press.

Sandlin, J., Schulyz, B., & Burdick, J. (Eds.) (2010). *Handbook of public pedagogy: Education and learning beyond schooling*. New York: Routledge.

Santos, S. S. B. (2006). *The rise of the global Left: The World Social Forum and beyond*. New York: Zed Books.

Saul, J. (2005). *The next liberation struggle: Capitalism, socialism and democracy in southern Africa*. New York: Monthly Review Press.

Scatamburlo-D'Annibale, V., & McLaren, P. (2004). Class Dismissed? Historical materialism and the politics of difference. *Educational Philosophy and Theory, 36(2)*, 183-199.

Scott, J. (1992). "Experience". In J. Butler & J. Scott (Eds.), *Feminists theorize the political* (pp. 22-40). New York: Routledge.

Shaker, P., & Heilman, E. (2008). *Reclaiming education for democracy: Thinking beyond No Child Left Behind*. New York: Routledge.

Shilling, C. (1992). Reconceptualising structure and agency in the sociology of education: Structuration theory and schooling. *British Journal of Sociology of Education, 13(1)*, 69-87.

Shiva, V. (2005). *Earth democracy*. Cambridge, MA: South End Press.

Shor, I. (1992). *Empowering education: Critical teaching for social change*. Chicago: The University of Chicago Press.

Sidorkin, A. (1997). Carnival and domination: Pedagogies of neither care nor justice, *Educational Theory, 47(2)*, 229-238.

Singh, M., Kenway, J., & Apple, M. (2005). Globalizing education: Perspectives from above and below. In M. Apple, J. Kenway & M. Singh (Eds.), *Globalizing education: Policies, pedagogies, & politics* (pp. 1-29). New York: Peter Lang.

Sloterdijk, P. (1997). *Critique of cynical reason*. M. Eldred (Trans.). Minneapolis: University of Minnesota Press.

Smith, M. (2000). *Culture: Reinventing the social sciences*. Philadelphia: Open University Press.

Sparks, C. (1996). Stuart Hall, cultural studies and Marxism. In D. Morley & K. Chen (Eds.), *Stuart Hall: Critical dialogues in cultural studies* (pp. 71-101). New York: Routledge.

Spring, J. (1989). *The sorting machine revisited: National educational policy since 1945*. New York: Longman.

Spring, J. (2007). *A new paradigm for global school systems: Education for a long and life*. Mahwah: Lawrence Erlbaum.

Spring, J. (2008a). *The intersection of cultures: Multicultural education in the United States and the global economy*. New York: Lawrence Erlbaum Associates.

Spring, J. (2008b). Research on globalization and education. *Review of Educational Research, 78(2)*, 330-363.

St. Pierre, E., & Pillow, W. (2000). *Working the ruins: Feminist poststructural theory and methods in education.* New York: Routledge.

Stromquist, N., & Monkman, K. (Eds.) (2000). *Globalization and education: Integration and contestation across Cultures.* Lanham, MD: Rowman & Littlefield.

Suoranta, J., & Vadén, T. (2007). From social to socialist media: The critical potential of the Wikiworld. In P. McLaren & J. Kincheloe (Eds.), *Critical pedagogy: Where are we now?* (pp. 143-162). New York: Peter Lang.

Szwed, J. (1997). *Space is the place: The lives and times of Sun Ra.* New York: Pantheon Books.

Tang, E. (2005). The non-profit & the autonomous grassroots. *Left Turn magazine, 18,* November 01, 2005. Retrieved April 15, 2011, from http://postcapitalistproject.org/node/56.

Teodori, M. (Ed.) (1969). *The New Left: A documentary history.* Indianapolis: Bobbs-Merrill Company.

Thompson, E. P. (1957). Socialism and the intellectuals. *Universities and Left Review, 1(1),* 31-36.

Thompson, E. P. (1958). Agency and choice: A reply to criticism. *New Reasoner (Summer),* 88-106.

Tilly, C. (2004). *Social movements, 1768-2004.* Boulder: Paradigm Publishers.

Touraine, A. (1971). *The May movement: Revolt and reform.* New York: Random House.

Trifonas, P. (Ed.) (2003). *Pedagogies of difference: Rethinking education for social change.* New York: RoutledgeFalmer.

Villegas, M., Neugebauer, S., & Venegas, K. (Eds.) (2008). *Indigenous knowledge and education: Sites of struggle, strength, and survivance.* Cambridge: Harvard Educational Review.

Vygotsky, L. (1978). *Mind in society: The development of higher psychological processes.* Cambridge: Harvard University Press.

Vygotsky, L. (1997). *Educational psychology.* Boca Raton, FL: St. Lucie Press.

Wallerstein, I. (1995). *After Liberalism.* New York: The New Press.

Wallerstein, I. (2004a). *World-Systems analysis: An introduction.* Durham: Duke University Press.

Wallerstein, I. (2004b). New revolts against the system. In T. Mertes (Ed.), *A movement of movements: Is another world really possible?* (pp. 262-273). New York: Verso.

Wallerstein, I. (2006). *European universalism: The rhetoric of power.* New York: The New Press.

Watkins, W. (Ed.) (2005). *Black protest thought and education.* New York: Peter Lang.

Weiler, K., & Mitchell, C. (Eds.) (1992). *What schools can do: Critical pedagogy and practice*. Albany: State University of New York Press.

Weis, L. (1990). *Working class without work: High school students in a de-industrializing economy*. New York: Routledge.

Williams, R. (1961). *The long revolution*. London: Chatto & Windus.

Williams, R. (1963). *Culture and society, 1780-1950*. London: Penguin.

Willis, P. (1977). *Learning to Labor: How working class kids get working class jobs*. New York: Columbia University Press.

Wrigley, T. (2006). *Another school is possible*. London: Bookmarks Publications & Trentham Books.

Young, M. (Ed.) (1971). *Knowledge and control: New directions for the sociology of education*. London: Collier Macmillan Ltd.

Young, M. (2000). Rescuing the Sociology of Educational Knowledge from the Extremes of Voice Discourse: Towards a new theoretical basis for the sociology of curriculum. *British Journal of Sociology of Education, 21(4)*, 523-536.

Zavarzadeh, M., & Morton, D. (1994). *Theory as resistance: Politics and culture after (post)structuralism*. New York: Guilford Press.

삶의 행복을 꿈꾸는 교육은
어디에서 오는가? 미래 100년을 향한 새로운 교육

 혁신교육을 실천하는 교사들의 필독서

▶ 교육혁명을 앞당기는 배움책 이야기
혁신교육의 철학과 잉걸진 미래를 만나다!

 핀란드 교육혁명
한국교육연구네트워크 총서 01 | 320쪽 | 값 15,000원

 일제고사를 넘어서
한국교육연구네트워크 총서 02 | 284쪽 | 값 13,000원

 새로운 사회를 여는 교육혁명
한국교육연구네트워크 총서 03 | 380쪽 | 값 17,000원

 교장제도 혁명
한국교육연구네트워크 총서 04 | 268쪽 | 값 14,000원

 새로운 사회를 여는 교육자치 혁명
한국교육연구네트워크 총서 05 | 312쪽 | 값 15,000원

 교육은 사회를 바꿀 수 있을까?
마이클 애플 지음 | 강희룡·김선우·박원순·이형빈 옮김
352쪽 | 값 16,000원

 혁신학교
성열관·이순철 지음 | 224쪽 | 값 12,000원

 **비판적 페다고지는
세상을 변화시킬 수 있는가?**
Cho Seewha 지음 | 심성보·조시화 옮김 | 280쪽 | 값 14,000원

 행복한 혁신학교 만들기
초등교육과정연구모임 지음 | 264쪽 | 값 13,000원

 서울형 혁신학교 이야기
이부영 지음 | 320쪽 | 값 15,000원

 혁신교육, 철학을 만나다
브렌트 데이비스·데니스 수마라 지음
현인철·서용선 옮김 | 304쪽 | 값 15,000원

 혁신교육 존 듀이에게 묻다
서용선 지음 | 292쪽 | 값 14,000원

 미래교육의 열쇠, 창의적 문화교육
심광현·노명우·강정석 지음 | 368쪽 | 값 16,000원

 프레이리와 교육
존 엘리아스 지음 | 한국교육네트워크 옮김
276쪽 | 값 14,000원

 대한민국 교사, 어떻게 가르칠 것인가?
윤성관 지음 | 320쪽 | 값 15,000원

 교사, 선생이 되다
김태은 외 지음 | 260쪽 | 값 13,000원

 아이들을 어떻게 가르칠 것인가
사토 마나부 지음 | 박찬영 옮김 | 232쪽 | 값 13,000원

 아이들의 배움은 어떻게 깊어지는가
이시이 준지 지음 | 방지현·이창희 옮김
200쪽 | 값 11,000원

 다시 읽는 조선 교육사
이만규 지음 | 750쪽 | 값 33,000원

 대한민국 교육혁명
교육혁명공동행동 연구위원회 지음 | 152쪽 | 값 5,000원

▶ 평화샘 프로젝트 매뉴얼 시리즈
학교 폭력에 대한 근본적인 예방과 대책을 찾는다

학교 폭력 어떻게 만들어지는가
문재현 외 지음 | 300쪽 | 값 14,000원

아이들을 살리는 동네
문재현·신동명·김수동 지음 | 204쪽 | 값 10,000원

학교 폭력, 멈춰!
문재현 외 지음 | 348쪽 | 값 15,000원

평화! 행복한 학교의 시작
문재현 외 지음 | 252쪽 | 값 12,000원

왕따, 이렇게 해결할 수 있다
문재현 외 지음 | 236쪽 | 값 12,000원

▶ 비고츠키 선집 시리즈
발달과 협력의 교육학 어떻게 읽을 것인가?

생각과 말
레프 세묘노비치 비고츠키 지음
배희철·김용호·D. 켈로그 옮김 | 690쪽 | 값 33,000원

어린이의 상상과 창조
L.S. 비고츠키 지음 | 비고츠키연구회 옮김
280쪽 | 값 15,000원

도구와 기호
비고츠키·루리야 지음 | 비고츠키연구회 옮김
336쪽 | 값 16,000원

비고츠키 생각과 말 쉽게 읽기
비고츠키 교육학 실천연구모임 지음 | 316쪽 | 값 15,000원

어린이 자기행동숙달의 역사와 발달 Ⅰ
L.S. 비고츠키 지음 | 비고츠키연구회 옮김
564쪽 | 값 28,000원

비고츠키와 인지 발달의 비밀
A.R. 루리야 지음 | 배희철 옮김 | 280쪽 | 값 15,000원

어린이 자기행동숙달의 역사와 발달 Ⅱ
L.S. 비고츠키 지음 | 비고츠키연구회 옮김
552쪽 | 값 28,000원

▶ 창의적인 협력수업을 지향하는 삶이 있는 국어 교실
우리말 글을 배우며 세상을 배운다

중학교 국어 수업 어떻게 할 것인가?
김미경 지음 | 332쪽 | 값 15,000원

이야기 꽃 1
박용성 엮어 지음 | 276쪽 | 값 9,800원

토론의 숲에서 나를 만나다
명혜정 엮음 | 312쪽 | 값 15,000원

이야기 꽃 2
박용성 엮어 지음 | 294쪽 | 값 13,000원

▶ 교과서 밖에서 만나는 역사 교실

상식이 통하는 살아 있는 역사를 만나다

 전봉준과 동학농민혁명
조광환 지음 | 336쪽 | 값 15,000원

 남도의 기억을 걷다
노성태 지음 | 344쪽 | 값 14,000원

 응답하라 한국사 1
김은석 지음 | 356쪽 | 값 15,000원

 응답하라 한국사 2
김은석 지음 | 368쪽 | 값 15,000원

 즐거운 국사수업 32강
김남선 지음 | 280쪽 | 값 11,000원

 즐거운 세계사 수업
김은석 지음 | 328쪽 | 값 13,000원

 한국 고대사의 비밀
김은석 지음 | 304쪽 | 값 13,000원

 아이들이 주인공이 되는 주제통합수업
이윤미 외 지음 | 268쪽 | 값 13,000원

 교과서 밖에서 배우는 역사 공부
정은교 지음 | 292쪽 | 값 14,000원

 통하는 공부
김태호·김형우·이경석·심우근·허진만 지음
324쪽 | 값 15,000원

 팔만대장경도 모르면 빨래판이다
전병철 지음 | 360쪽 | 값 16,000원

 빨래판도 잘 보면 팔만대장경이다
전병철 지음 | 360쪽 | 값 16,000원

 김창환 교수의 DMZ 지리 이야기
김창환 지음 | 264쪽 | 값 15,000원

 영화는 역사다
강성률 지음 | 288쪽 | 값 13,000원

 친일 영화의 해부학
강성률 지음 | 264쪽 | 값 15,000원

 광주의 기억을 걷다
노성태 지음 | 348쪽 | 값 15,000원

▶ 살림터 참교육 문예 시리즈

영혼이 있는 삶을 가르치는 온 선생님을 만나다!

 꽃보다 귀한 우리 아이는
조재도 지음 | 244쪽 | 값 12,000원

 성깔 있는 나무들
최은숙 지음 | 244쪽 | 값 12,000원

 아이들에게 세상을 배웠네
명혜정 지음 | 240쪽 | 값 12,000원

 선생님이 먼저 때렸는데요
강병철 지음 | 248쪽 | 값 12,000원

 서울 여자, 시골 선생님 되다
조경선 지음 | 252쪽 | 값 12,000원

 행복한 창의 교육
최창의 지음 | 328쪽 | 값 15,000원

▶ 정의로운 세상을 여는 인문사회 과학
사람의 존엄과 평등의 가치를 배운다

밥상혁명
강양구·강이현 지음 | 298쪽 | 값 13,800원

좌우지간 인권이다
안경환 지음 | 288쪽 | 값 13,000원

도덕 교과서 무엇이 문제인가?
김대용 지음 | 272쪽 | 값 14,000원

민주시민교육
심성보 지음 | 544쪽 | 값 25,000원

자율주의와 진보교육
조엘 스프링 지음 | 심성보 옮김 | 320쪽 | 값 15,000원

민주시민을 위한 도덕교육
심성보 지음 | 496쪽 | 값 25,000원

민주화 이후의 공동체 교육
심성보 지음 | 392쪽 | 값 15,000원

교과서 밖에서 배우는 인문학 공부
정은교 지음 | 276쪽 | 값 13,000원

갈등을 넘어 협력 사회로
이창언·오수길·유문종·신윤관 지음 | 280쪽 | 값 15,000원

오래된 미래교육
정재걸 지음 | 392쪽 | 값 18,000원

동양사상과 마음교육
정재걸 외 지음 | 356쪽 | 값 16,000원

수업과 교육의 지평을 확장하는 수업 비평
윤양수 지음 | 316쪽 | 값 15,000원

▶ 남북이 하나 되는 두물머리 평화교육
분단 극복을 위한 치열한 배움과 실천을 만나다!

10년 후 통일
정동영·지승호 지음 | 328쪽 | 값 15,000원

선생님, 통일이 뭐예요?
정경호 지음 | 252쪽 | 값 13,000원

▶ 출간예정

근간
독일 교육은 왜 강한가?
박성희 지음

근간
강화도의 기억을 걷다
최보길 지음

근간
파랑새를 찾아 떠나는 북유럽 교육 기행
정애경 외 지음

참된 삶과 교육에 관한
생각 줍기